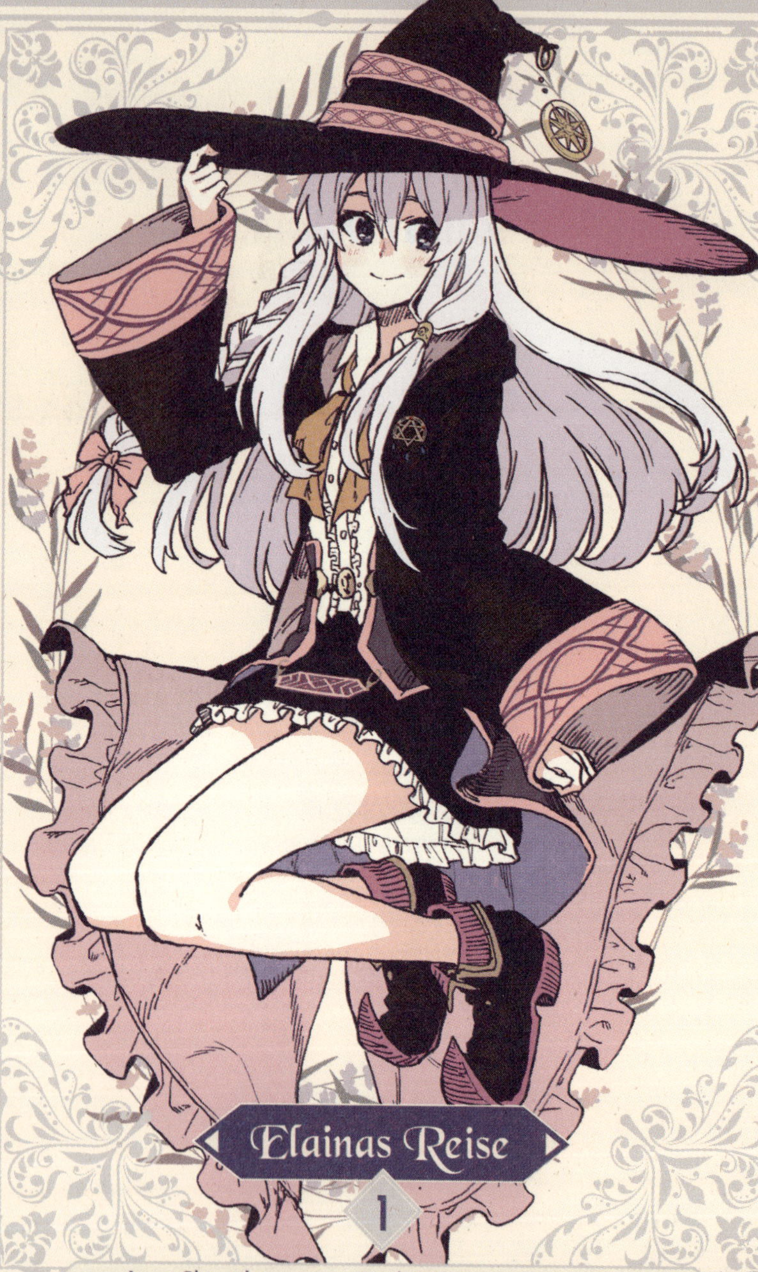

Story: Jougi Shiraishi Artwork: Itsuki Nanao Character Design: Azure

Elainas Reise

1

Inhalt

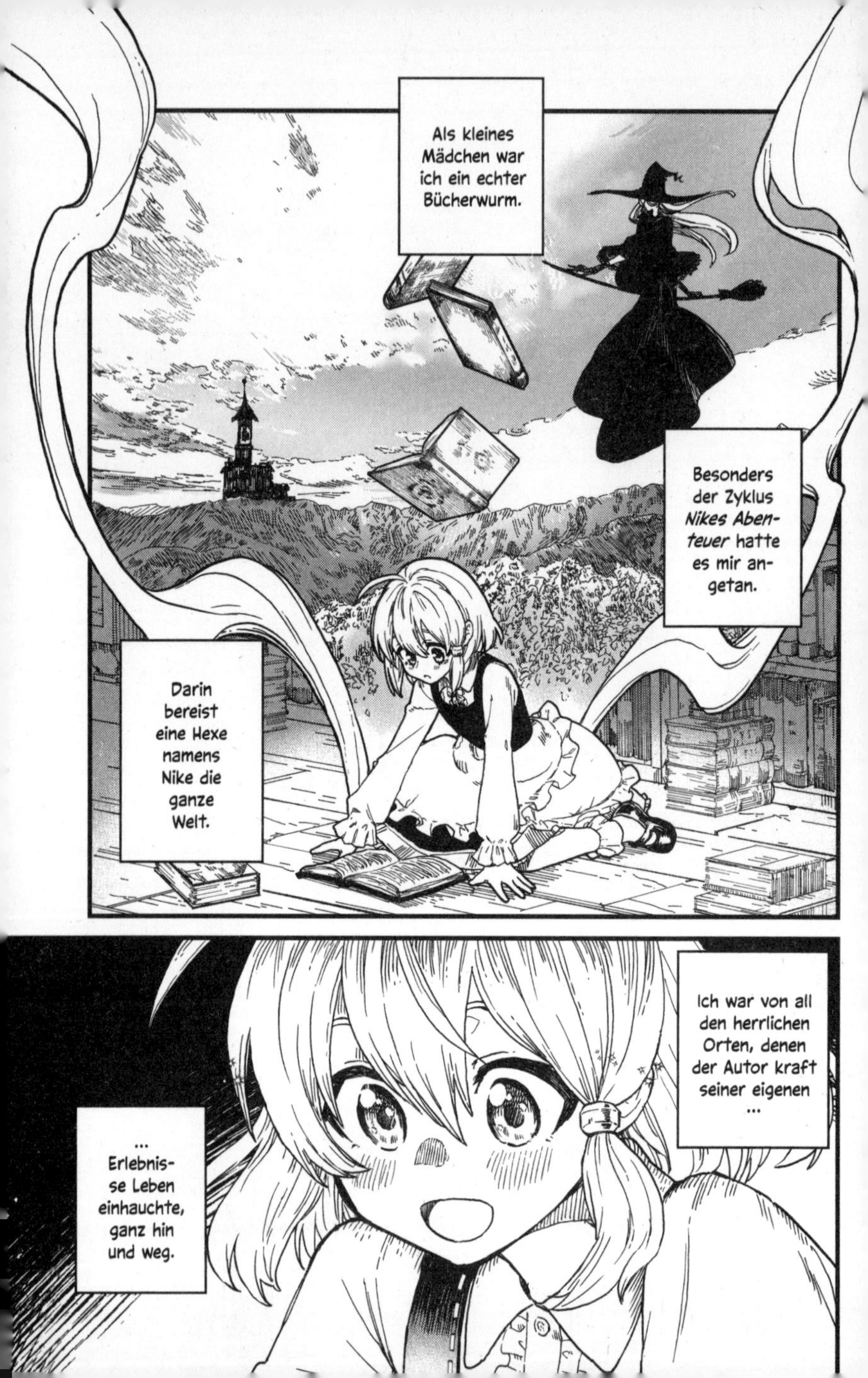
Als kleines Mädchen war ich ein echter Bücherwurm.
Besonders der Zyklus *Nikes Abenteuer* hatte es mir angetan.
Darin bereist eine Hexe namens Nike die ganze Welt.
Ich war von all den herrlichen Orten, denen der Autor kraft seiner eigenen ...
... Erlebnisse Leben einhauchte, ganz hin und weg.

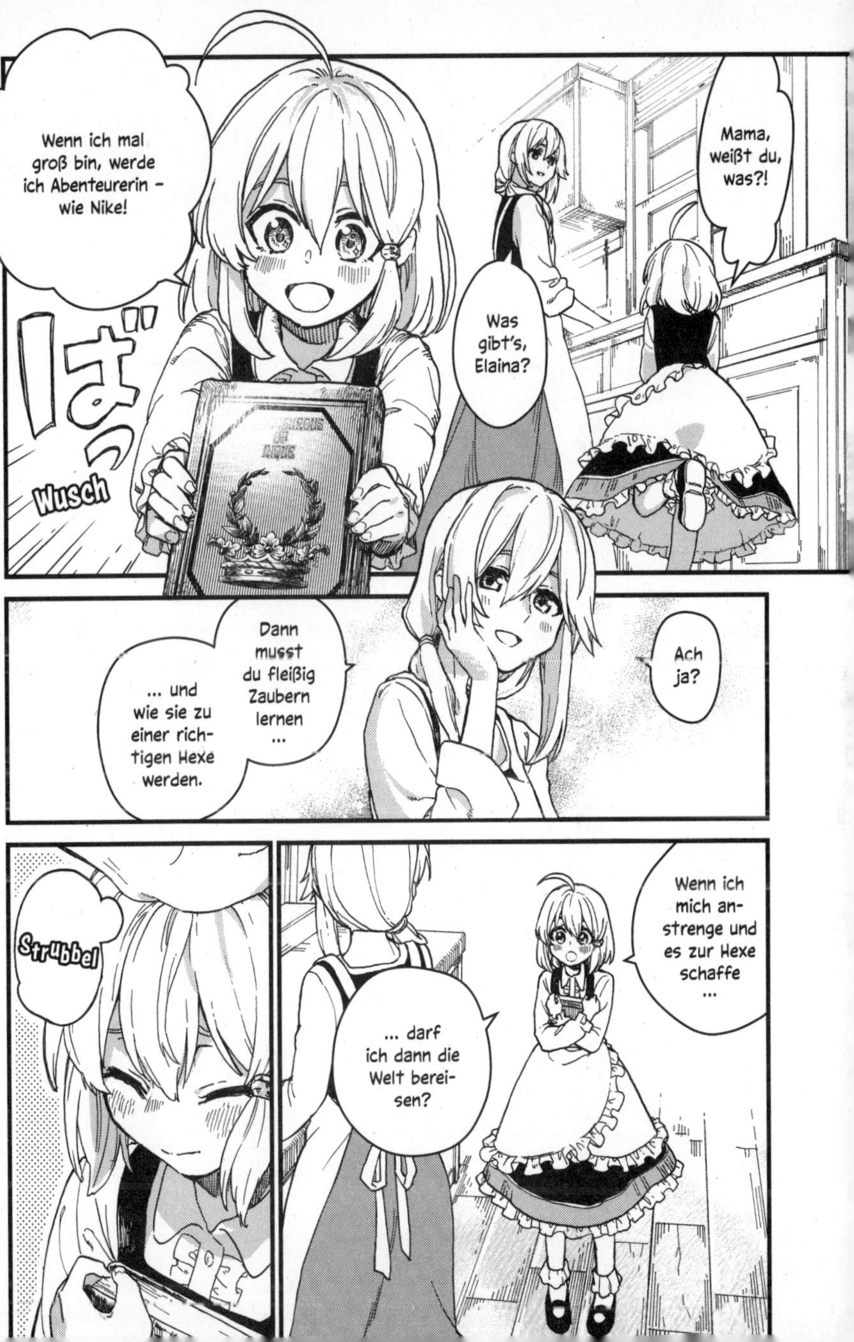
Mama, weißt du, was?!
Was gibt's, Elaina?
Wenn ich mal groß bin, werde ich Abenteurerin – wie Nike!
ばっ
Wusch
Ach ja?
Dann musst du fleißig Zaubern lernen …
… und wie sie zu einer richtigen Hexe werden.
Wenn ich mich anstrenge und es zur Hexe schaffe …
… darf ich dann die Welt bereisen?
Strubbel

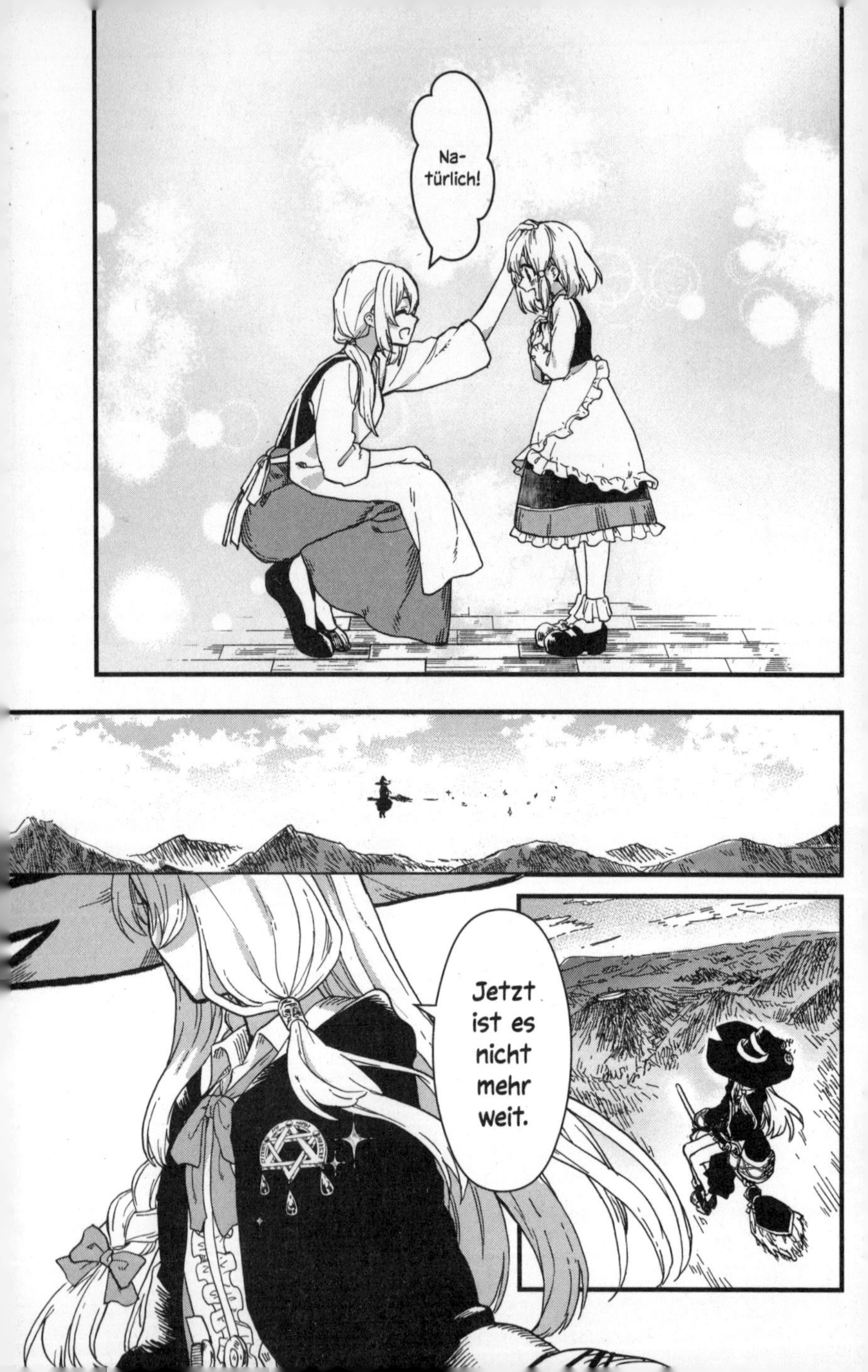
Na-
türlich!
Jetzt
ist es
nicht
mehr
weit.

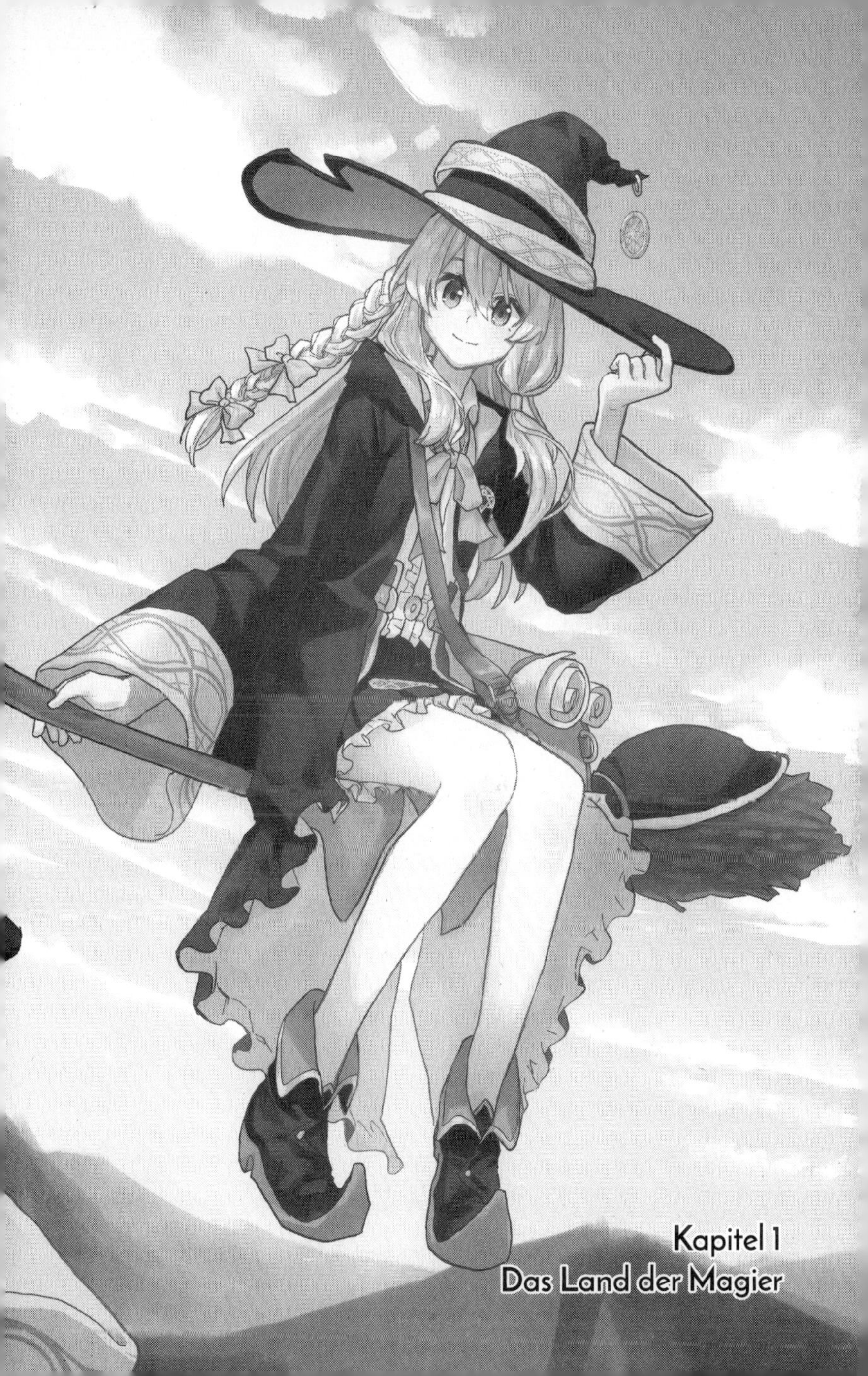

Kapitel 1
Das Land der Magier

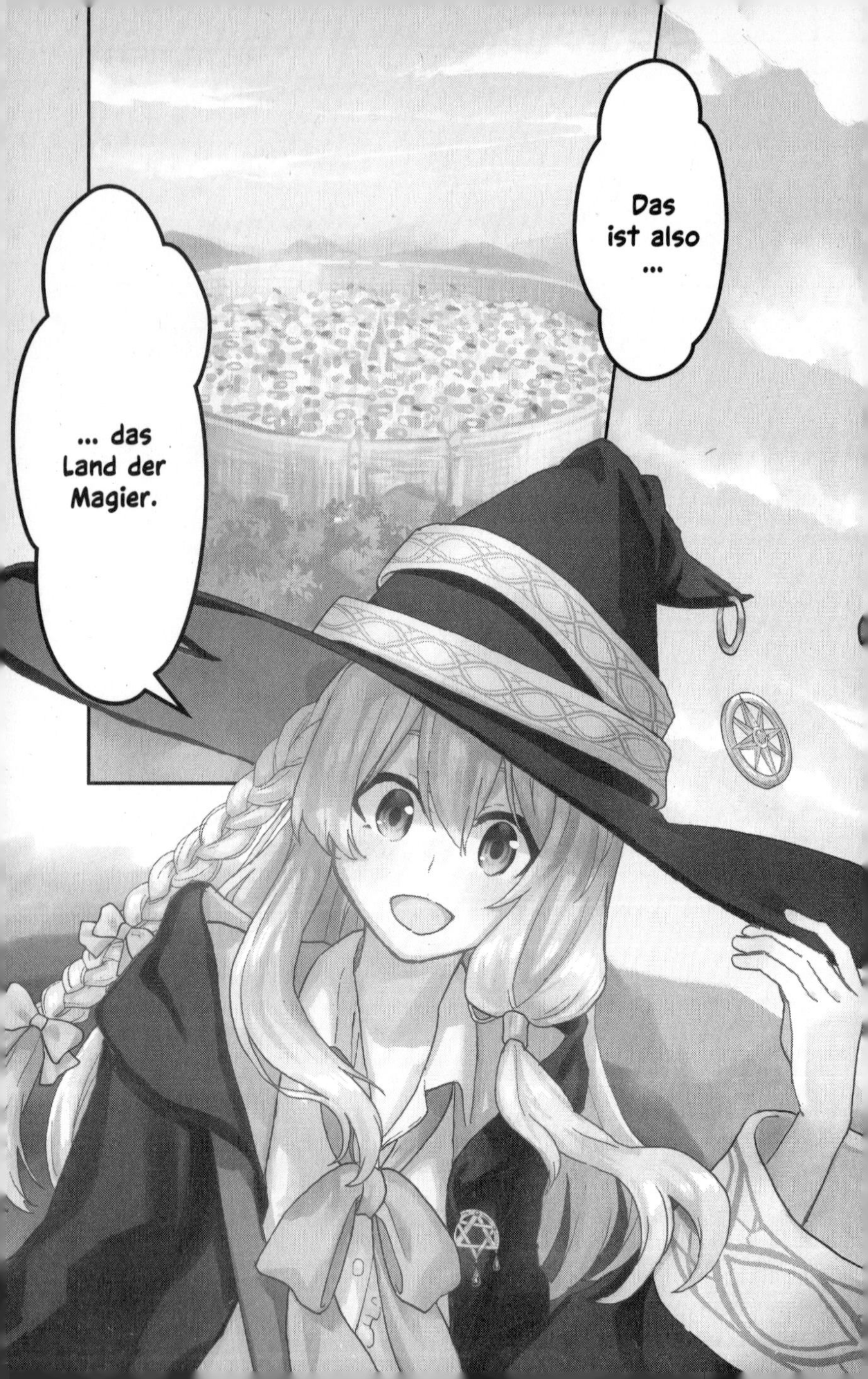
Das ist also ...
... das Land der Magier.

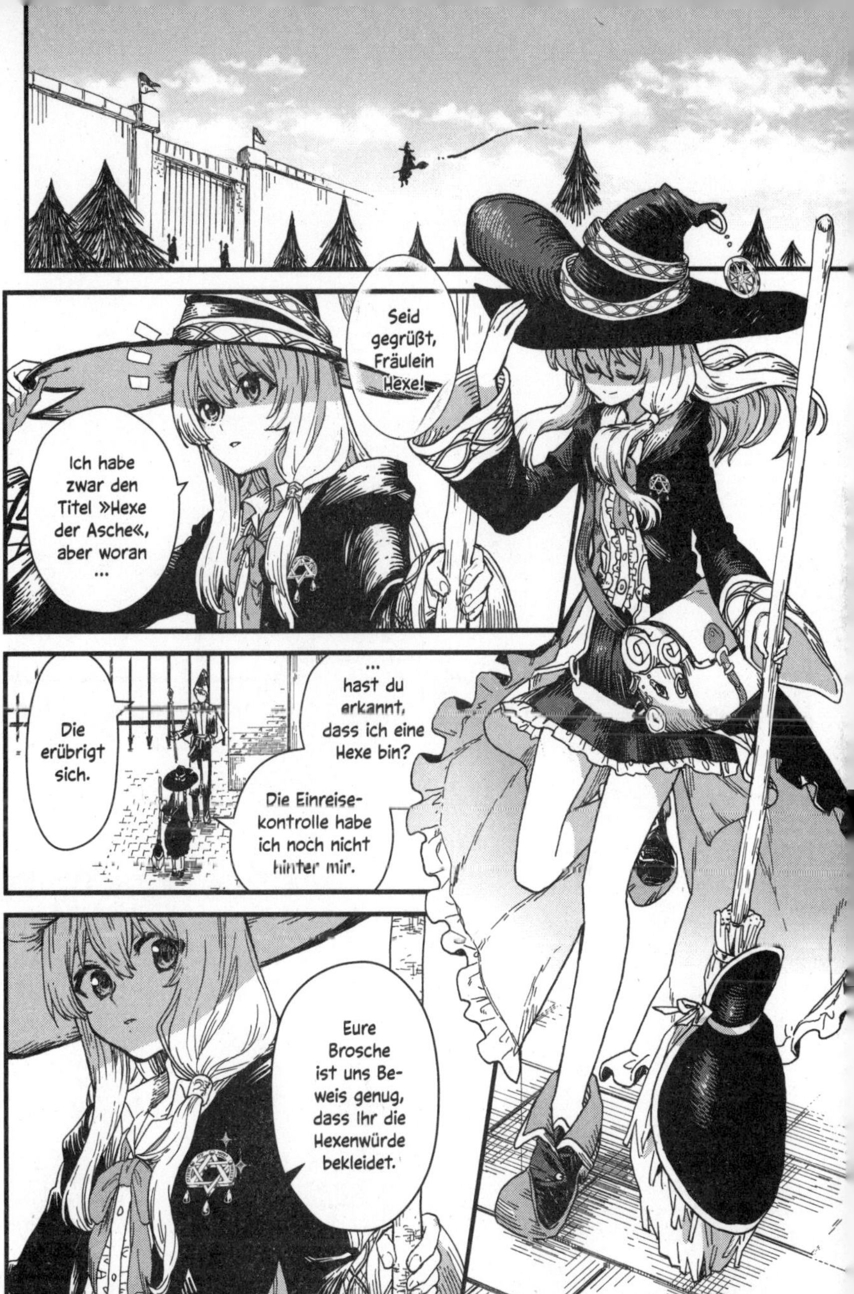
Seid gegrüßt, Fräulein Hexe!
Ich habe zwar den Titel »Hexe der Asche«, aber woran ...
... hast du erkannt, dass ich eine Hexe bin?
Die Einreisekontrolle habe ich noch nicht hinter mir.
Die erübrigt sich.
Eure Brosche ist uns Beweis genug, dass Ihr die Hexenwürde bekleidet.

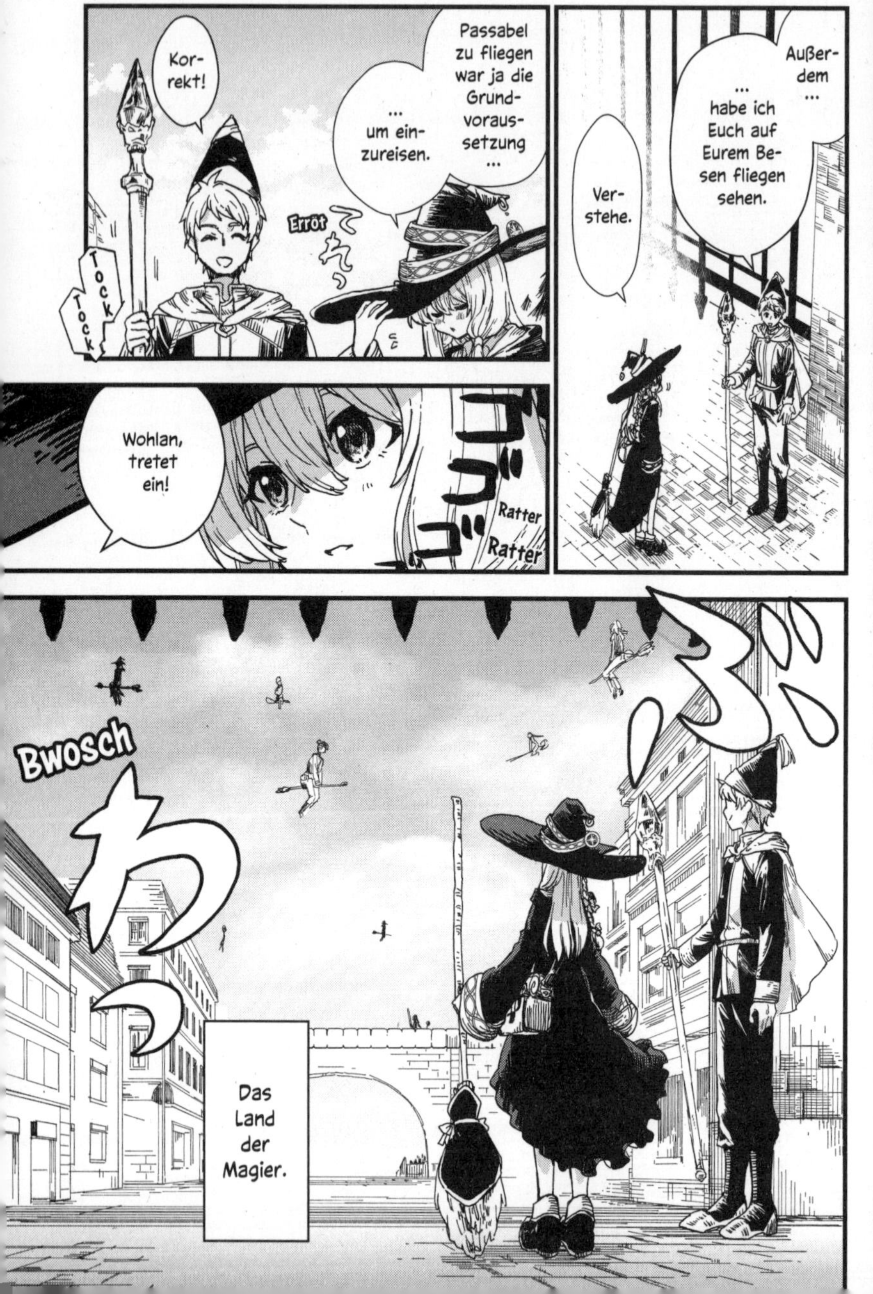
Außer-dem ...
... habe ich Euch auf Eurem Be-sen fliegen sehen.
Ver-stehe.
Passabel zu fliegen war ja die Grund-voraus-setzung ...
... um ein-zureisen.
Errötてれっ
Kor-rekt!
Tock Tock
ゴゴゴ Ratter Ratter
Wohlan, tretet ein!
ふわっ
Bwosch
Das Land der Magier.

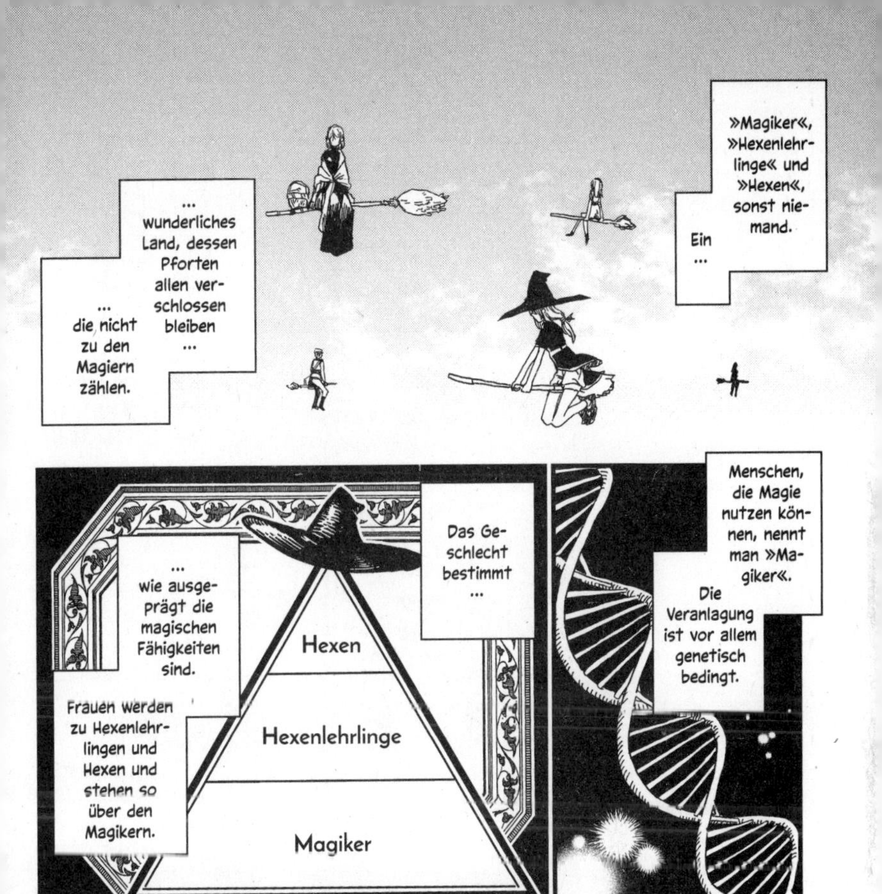
»Magiker«, »Hexenlehrlinge« und »Hexen«, sonst niemand.
Ein ...
... wunderliches Land, dessen Pforten allen verschlossen bleiben ...
... die nicht zu den Magiern zählen.
Menschen, die Magie nutzen können, nennt man »Magiker«.
Die Veranlagung ist vor allem genetisch bedingt.
Das Geschlecht bestimmt ...
... wie ausgeprägt die magischen Fähigkeiten sind.
Hexen
Hexenlehrlinge
Magiker
Frauen werden zu Hexenlehrlingen und Hexen und stehen so über den Magikern.
Wird die Zulassungsprüfung bestanden, bekommen die Lehrlinge eine Ansteckblume.
Erst wenn sich die Kandidatinnen anstrengen und offiziell als Hexen anerkannt werden ...
... erhalten sie Brosche und Namen.

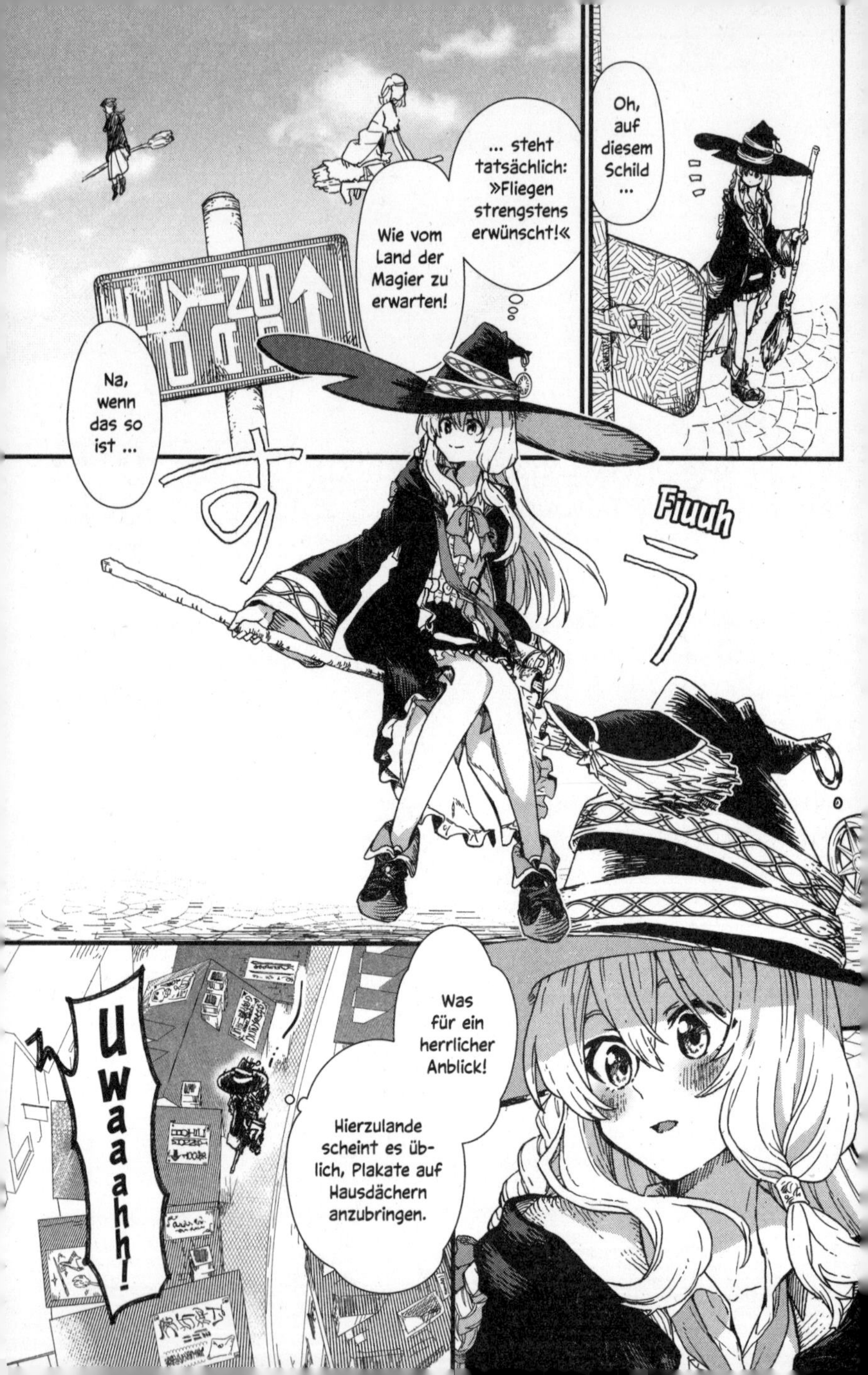
Oh,
auf
diesem
Schild
...
... steht
tatsächlich:
»Fliegen
strengstens
erwünscht!«
Wie vom
Land der
Magier zu
erwarten!
Na,
wenn
das so
ist ...
Fiuuh
Was
für ein
herrlicher
Anblick!
Hierzulande
scheint es üb-
lich, Plakate auf
Hausdächern
anzubringen.
Uwaaaahh!

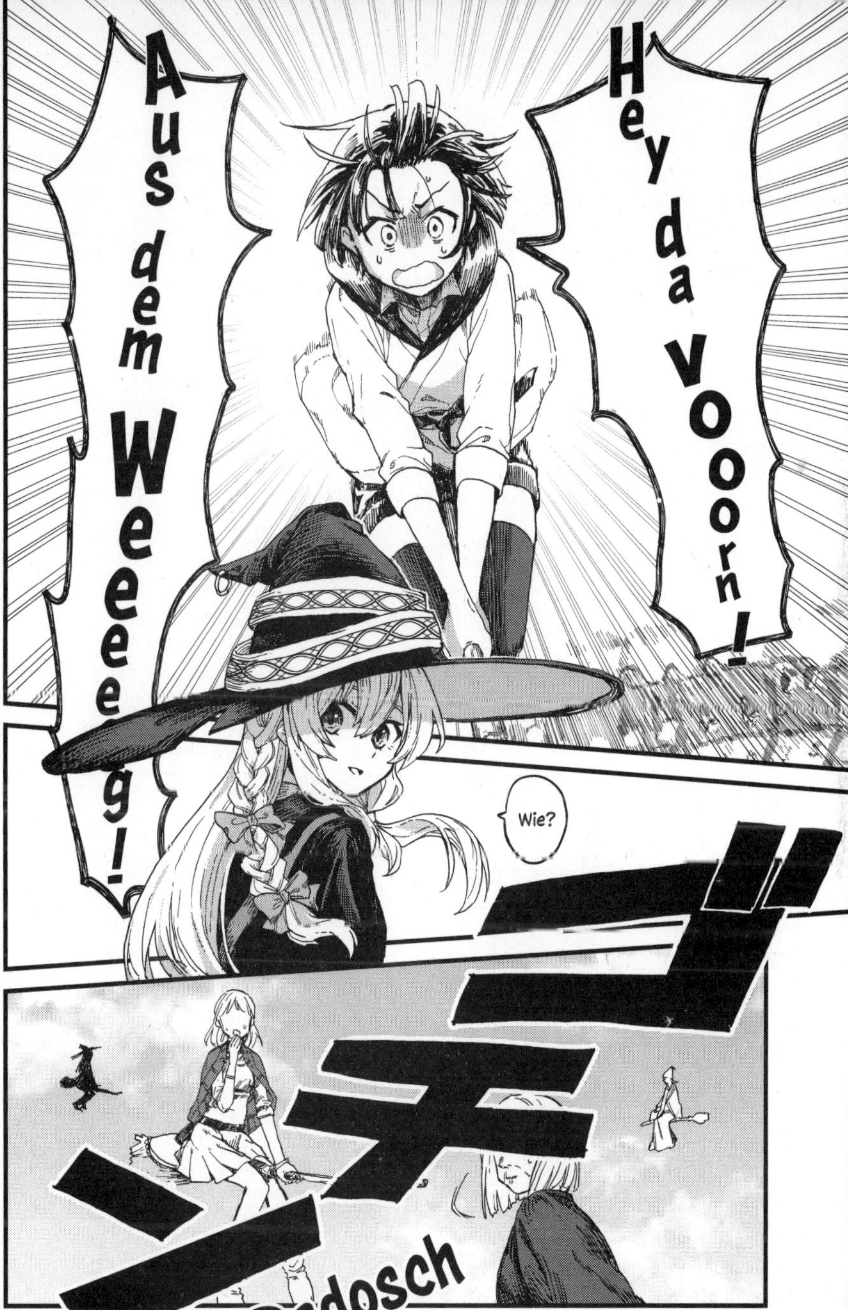
Hey da Vooorn!
Aus dem Weeeeeg!
Wie?
Badosch

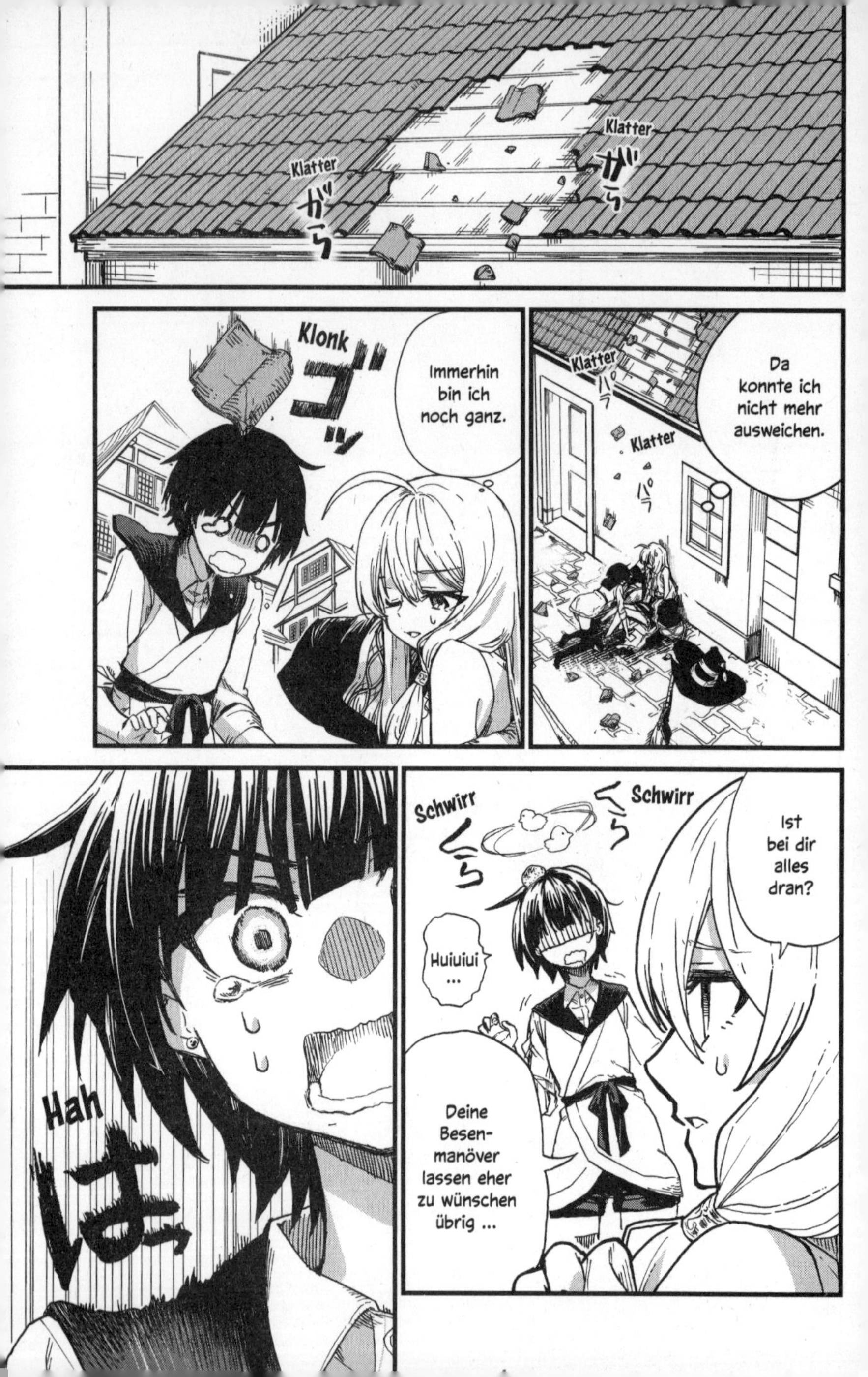

Klatter
がら
Klatter
がら
Da konnte ich nicht mehr ausweichen.
Klatter
パラ
Klatter
パラ
Immerhin bin ich noch ganz.
Klonk
ゴッ
Schwirr
くら
Schwirr
くら
Ist bei dir alles dran?
Huiuiui ...
Deine Besen-manöver lassen eher zu wünschen übrig ...
Hah
はっ

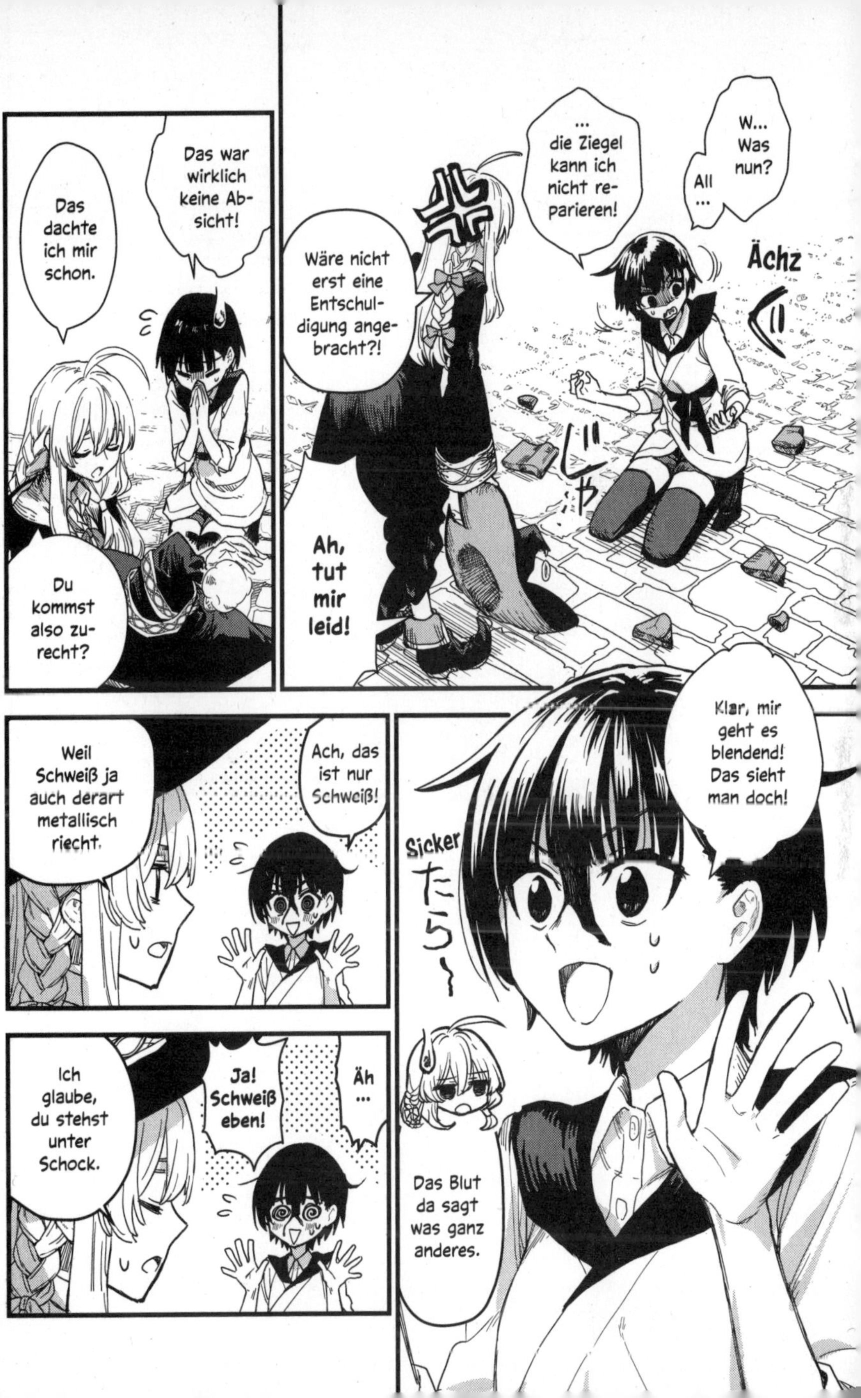
W... Was nun?
All ...
Ächz
... die Ziegel kann ich nicht reparieren!
Wäre nicht erst eine Entschuldigung angebracht?!
Ah, tut mir leid!
Das war wirklich keine Absicht!
Das dachte ich mir schon.
Du kommst also zurecht?
Klar, mir geht es blendend! Das sieht man doch!
Sicker
たら〜
Das Blut da sagt was ganz anderes.
Ach, das ist nur Schweiß!
Weil Schweiß ja auch derart metallisch riecht.
Äh ...
Ja! Schweiß eben!
Ich glaube, du stehst unter Schock.

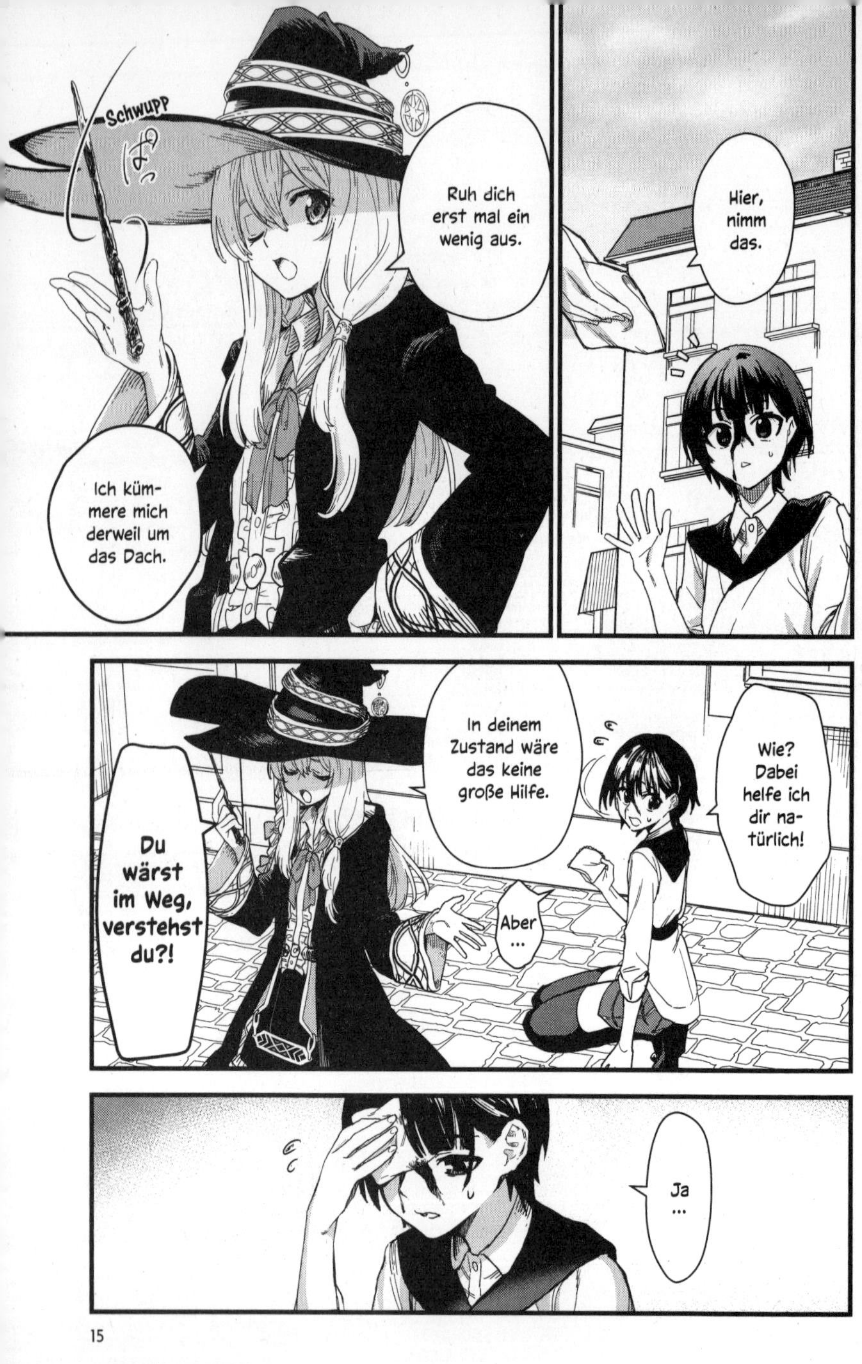
Hier, nimm das.
Schwupp
ぱっ
Ruh dich erst mal ein wenig aus.
Ich kümmere mich derweil um das Dach.
Wie? Dabei helfe ich dir natürlich!
In deinem Zustand wäre das keine große Hilfe.
Aber ...
Du wärst im Weg, verstehst du?!
Ja ...

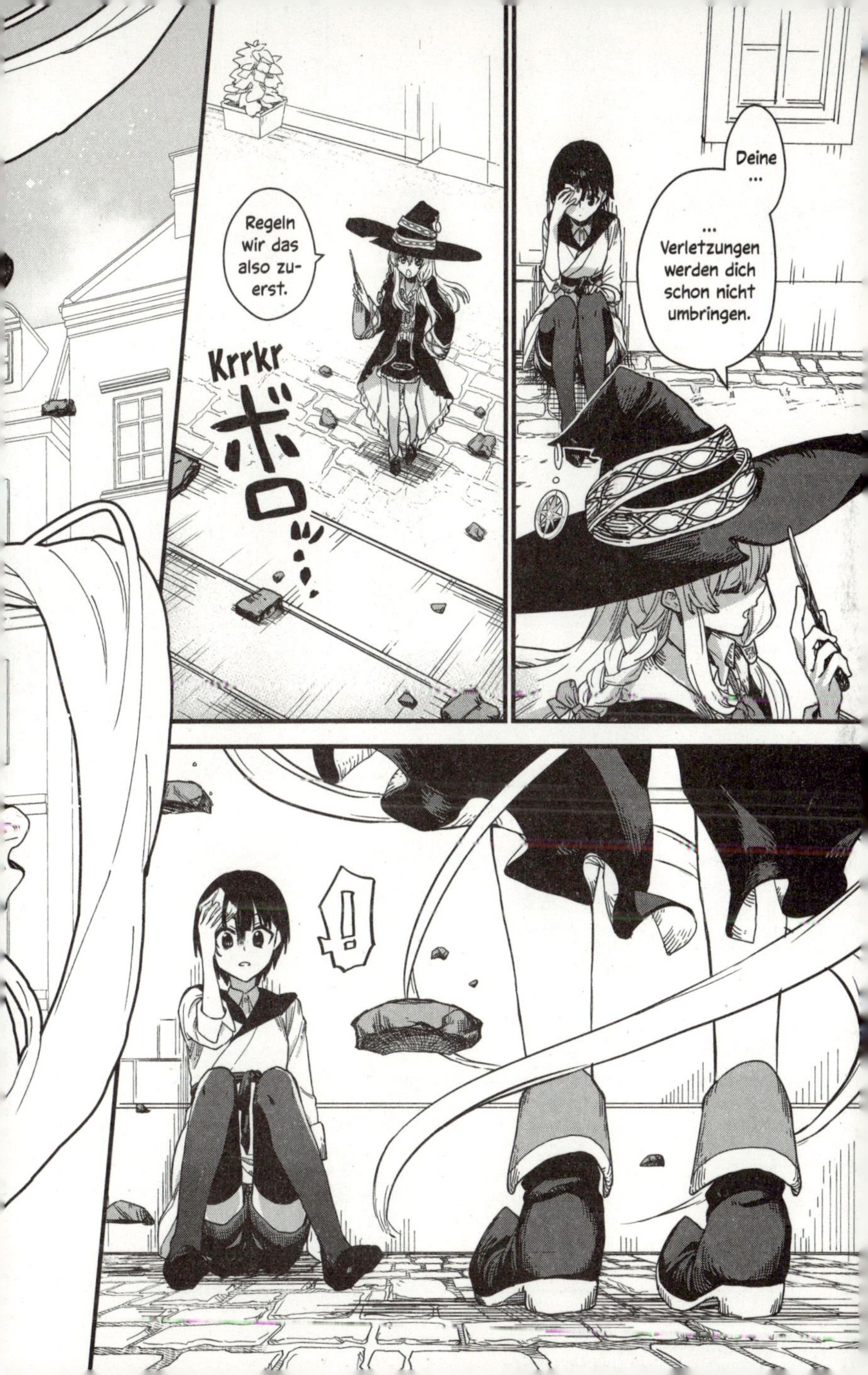
Deine ...
... Verletzungen werden dich schon nicht umbringen.
Regeln wir das also zu-erst.
Krrkr
ボロッ
!

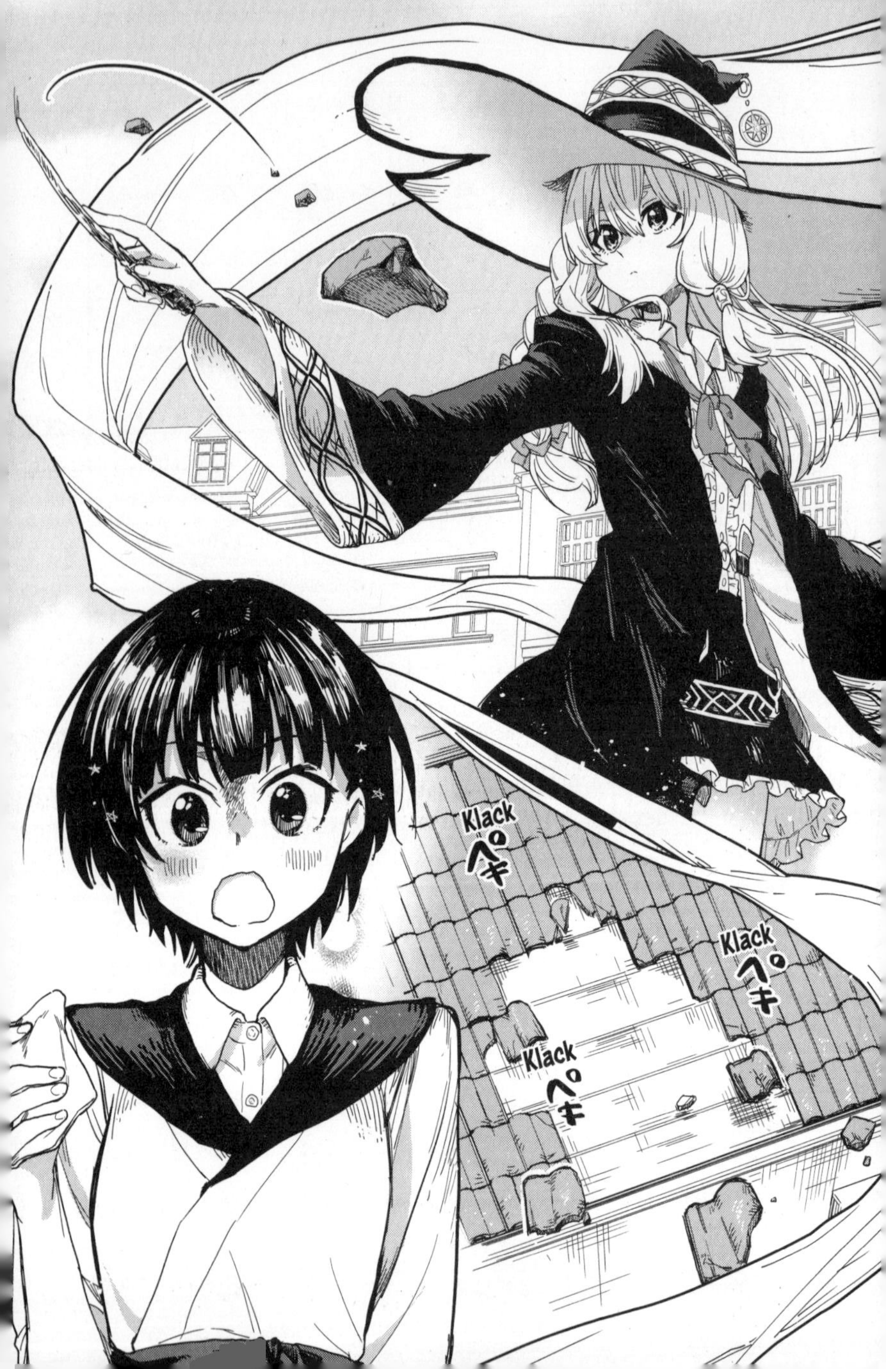
Klack
ペキ
Klack
ペキ
Klack
ペキ

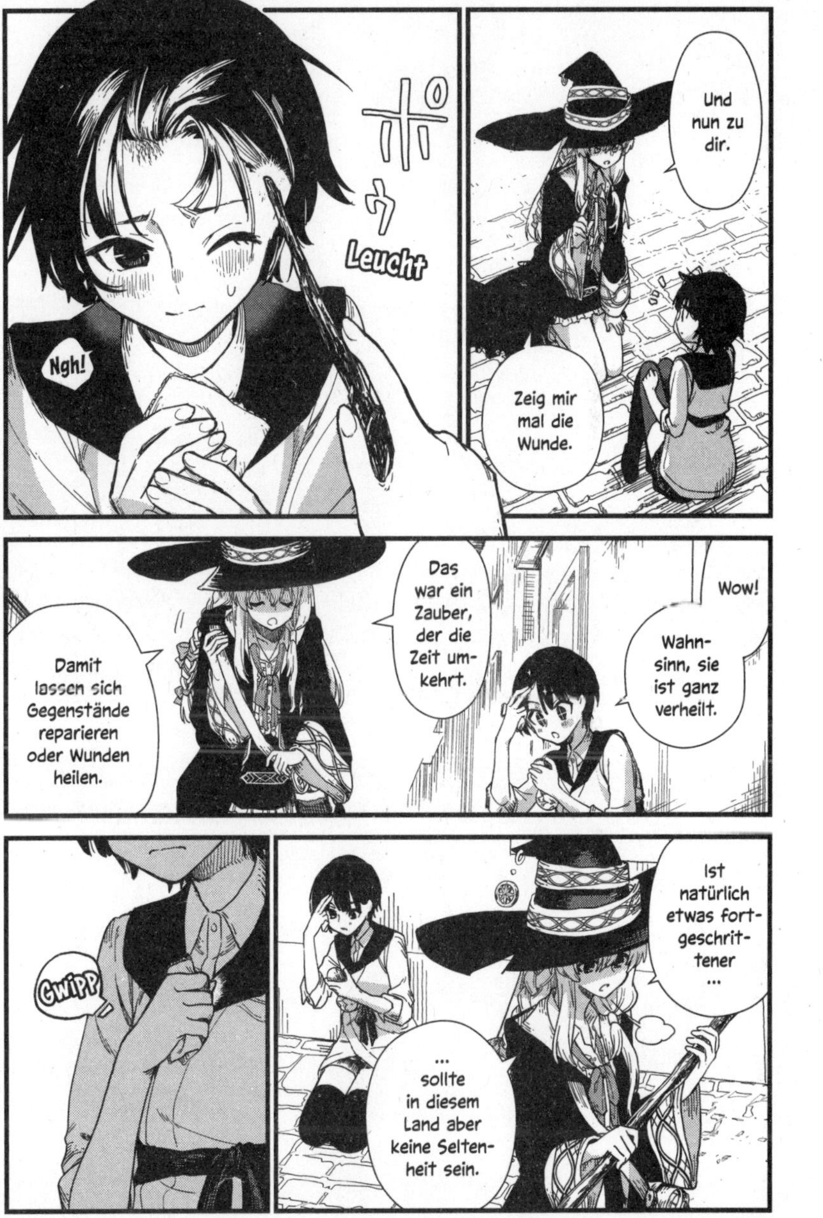
Und nun zu dir.
Zeig mir mal die Wunde.
ポゥ
Leucht
Ngh!
Wow!
Wahn-sinn, sie ist ganz verheilt.
Das war ein Zauber, der die Zeit um-kehrt.
Damit lassen sich Gegenstände reparieren oder Wunden heilen.
Ist natürlich etwas fort-geschrit-tener ...
... sollte in diesem Land aber keine Selten-heit sein.
GWIPP

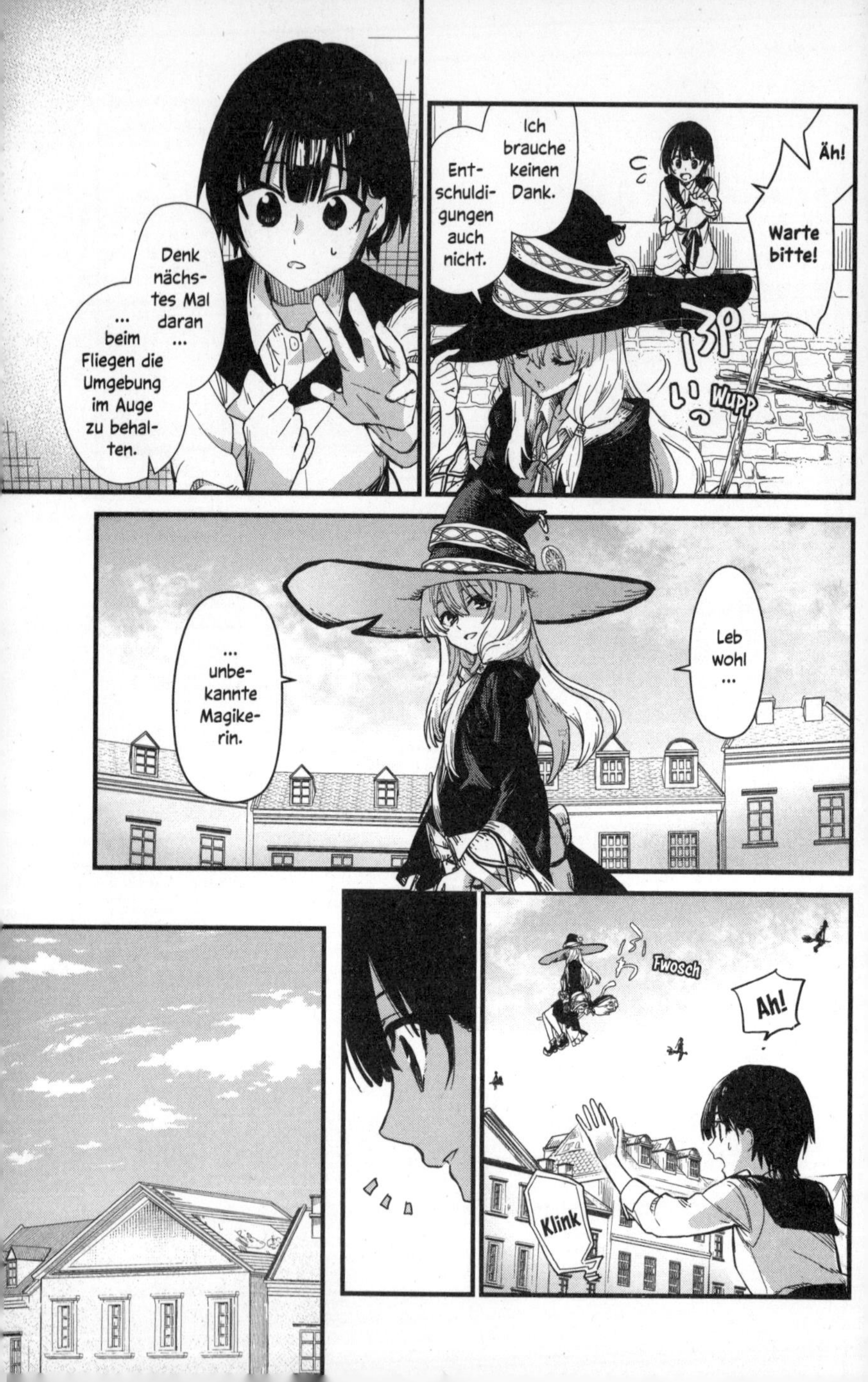
Äh!
Warte bitte!
Ich brauche keinen Dank.
Entschuldigungen auch nicht.
Wupp
Denk nächstes Mal daran ...
... beim Fliegen die Umgebung im Auge zu behalten.
Leb wohl ...
... unbekannte Magikerin.
Fwosch
Ah!
Klink

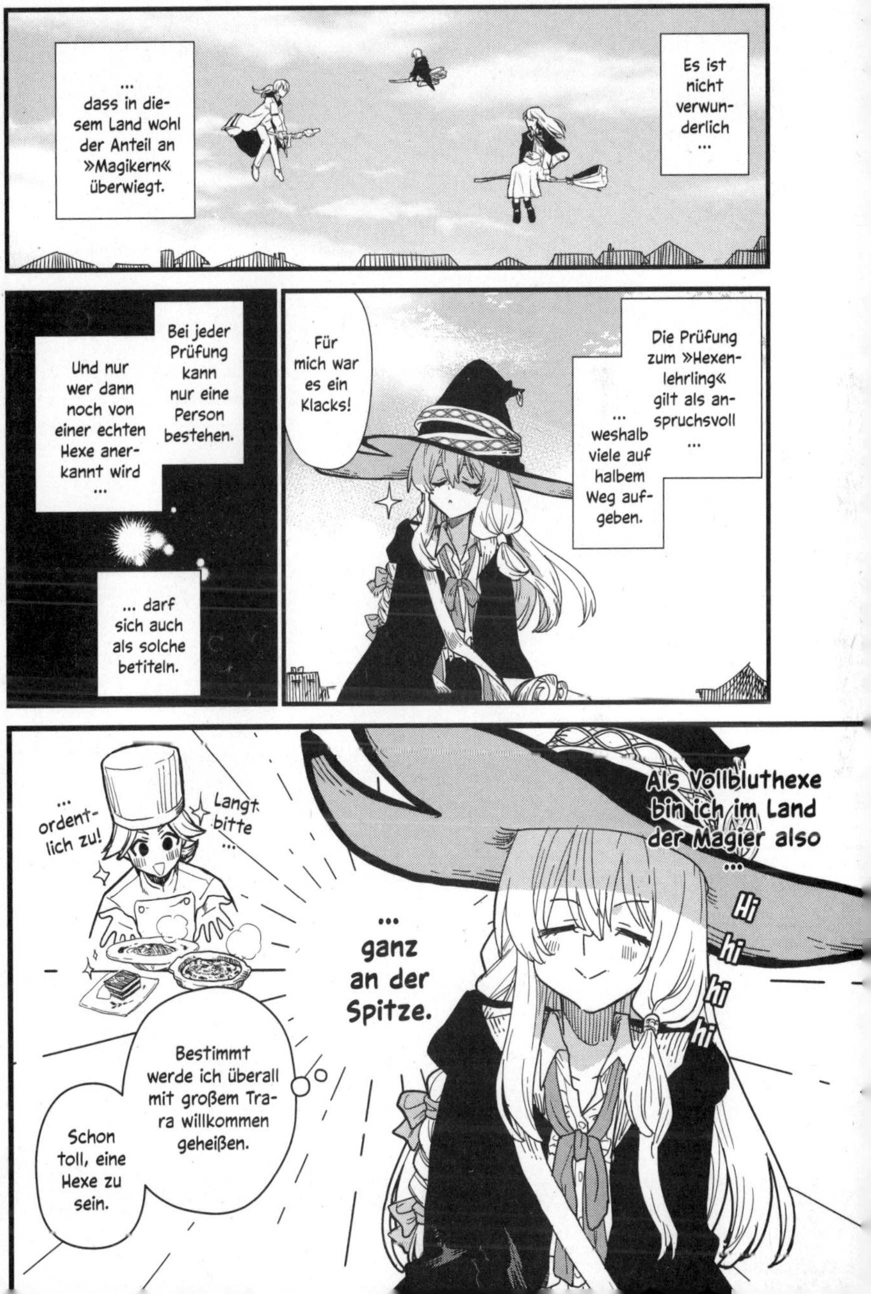

Es ist nicht verwunderlich ...
... dass in diesem Land wohl der Anteil an »Magikern« überwiegt.
Die Prüfung zum »Hexenlehrling« gilt als anspruchsvoll ...
... weshalb viele auf halbem Weg aufgeben.
Für mich war es ein Klacks!
Bei jeder Prüfung kann nur eine Person bestehen.
Und nur wer dann noch von einer echten Hexe anerkannt wird ...
... darf sich auch als solche betiteln.
Als Vollbluthexe bin ich im Land der Magier also ...
Hi hi hi hi
... ganz an der Spitze.
Langt bitte ...
... ordentlich zu!
Bestimmt werde ich überall mit großem Trara willkommen geheißen.
Schon toll, eine Hexe zu sein.

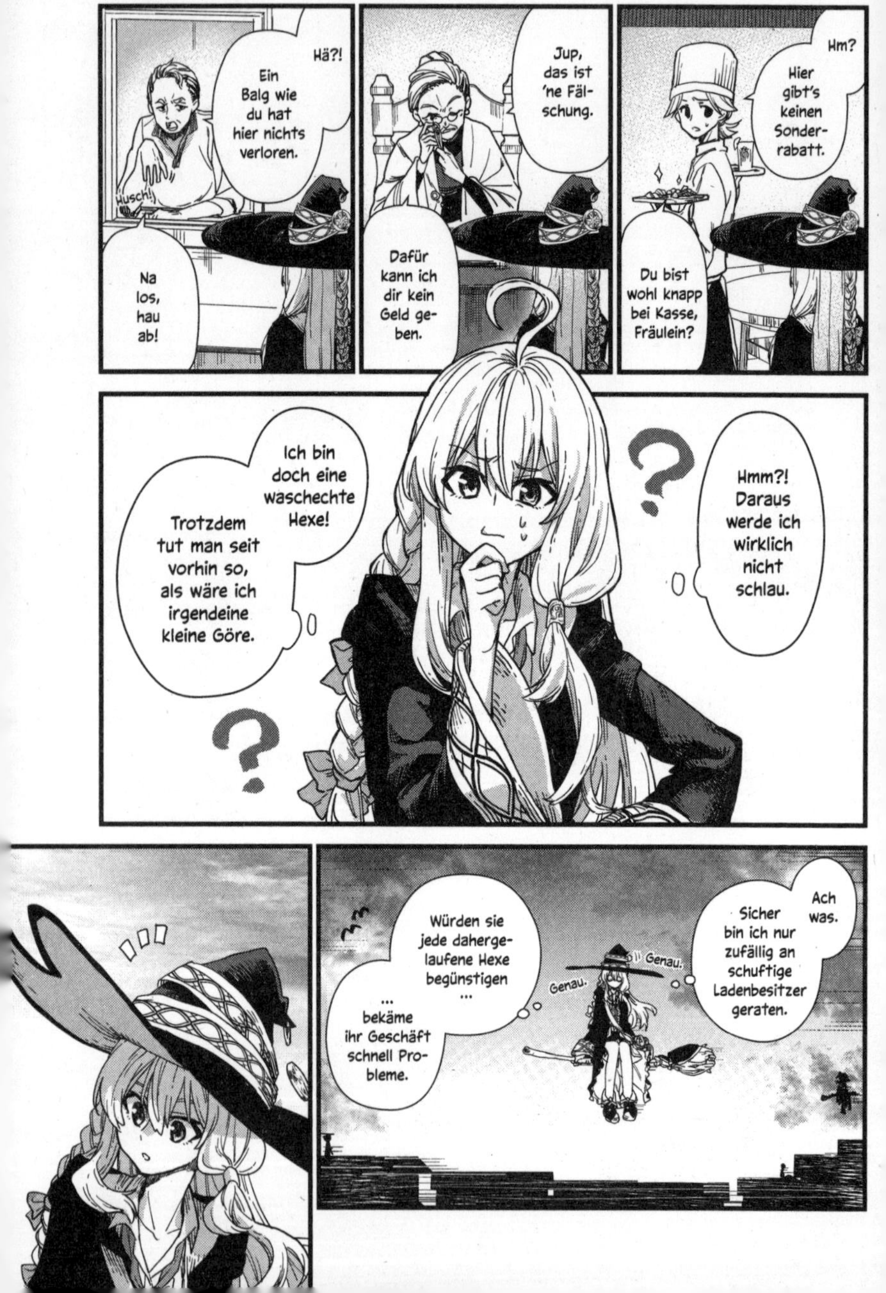
Hm?
Hier gibt's keinen Sonder-rabatt.
Du bist wohl knapp bei Kasse, Fräulein?
Jup, das ist 'ne Fäl-schung.
Dafür kann ich dir kein Geld ge-ben.
Hä?!
Ein Balg wie du hat hier nichts verloren.
Husch!
Na los, hau ab!
Hmm?! Daraus werde ich wirklich nicht schlau.
Ich bin doch eine waschechte Hexe!
Trotzdem tut man seit vorhin so, als wäre ich irgendeine kleine Göre.
Ach was.
Sicher bin ich nur zufällig an schuftige Ladenbesitzer geraten.
Genau.
Genau.
Würden sie jede daherge-laufene Hexe begünstigen ...
... bekäme ihr Geschäft schnell Pro-bleme.

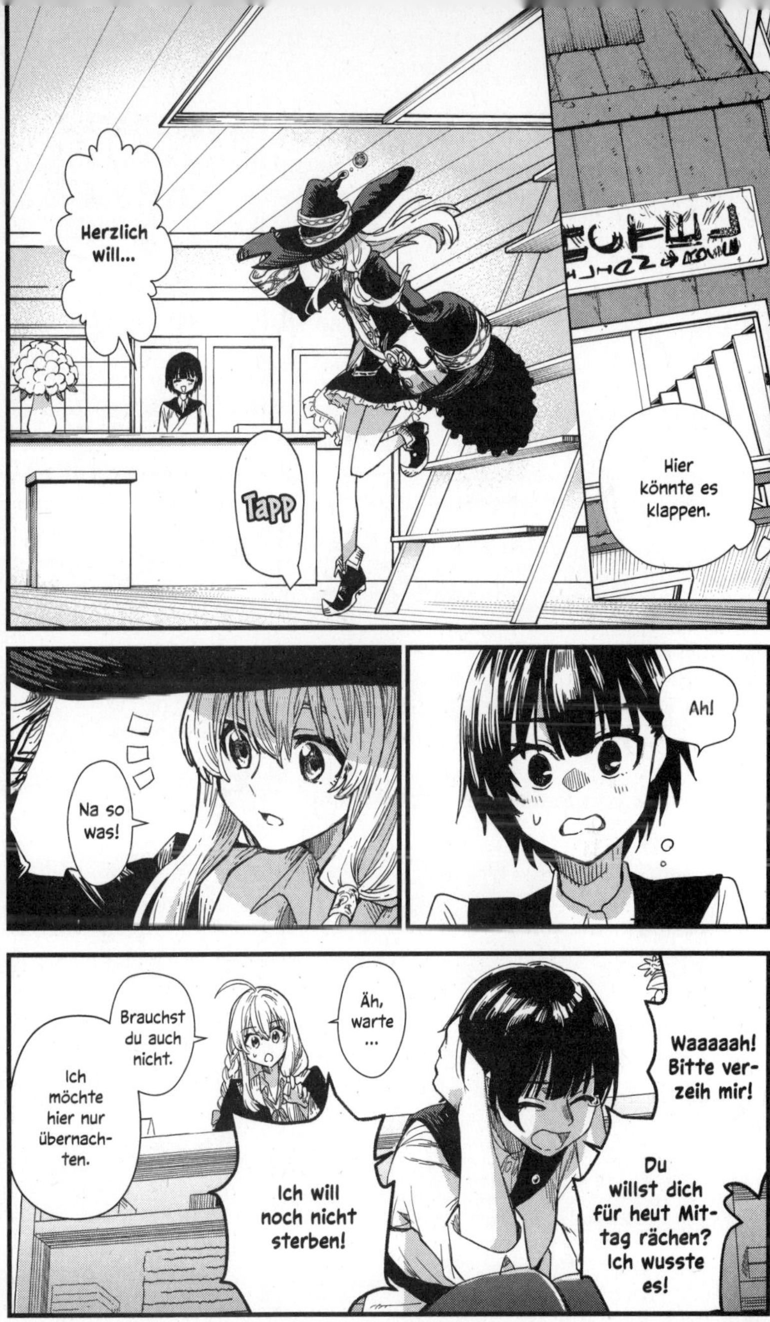
Hier könnte es klappen.
Herzlich will...
Tapp
Ah!
Na so was!
Waaaaah! Bitte verzeih mir!
Du willst dich für heut Mittag rächen? Ich wusste es!
Ich will noch nicht sterben!
Äh, warte ...
Brauchst du auch nicht.
Ich möchte hier nur übernachten.

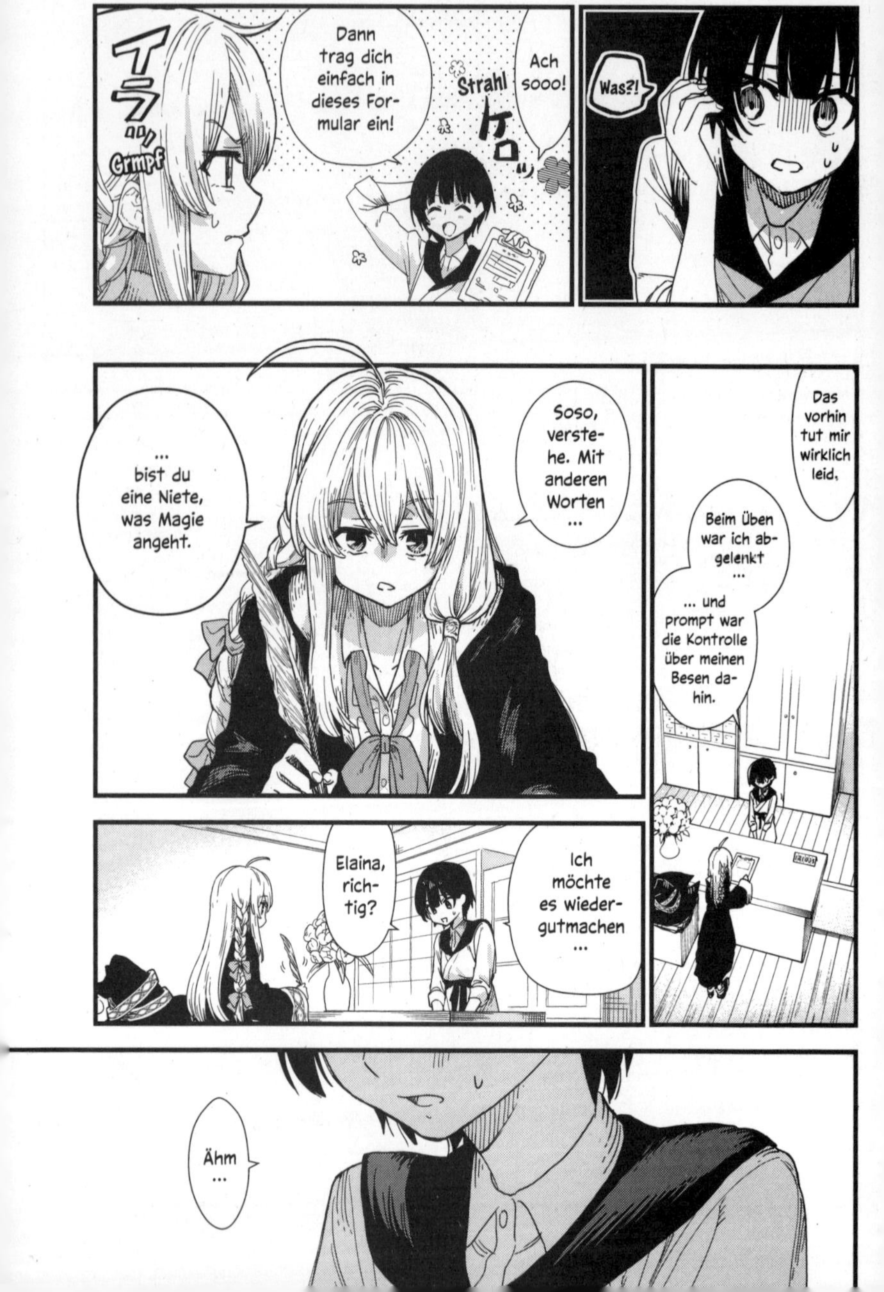
Was?!
Ach sooo!
Strahl
ケロ
Dann trag dich einfach in dieses Formular ein!
イラ
Grrmpf
Das vorhin tut mir wirklich leid.
Beim Üben war ich abgelenkt ...
... und prompt war die Kontrolle über meinen Besen dahin.
Soso, verstehe. Mit anderen Worten ...
... bist du eine Niete, was Magie angeht.
Ich möchte es wiedergutmachen ...
Elaina, richtig?
Ähm ...

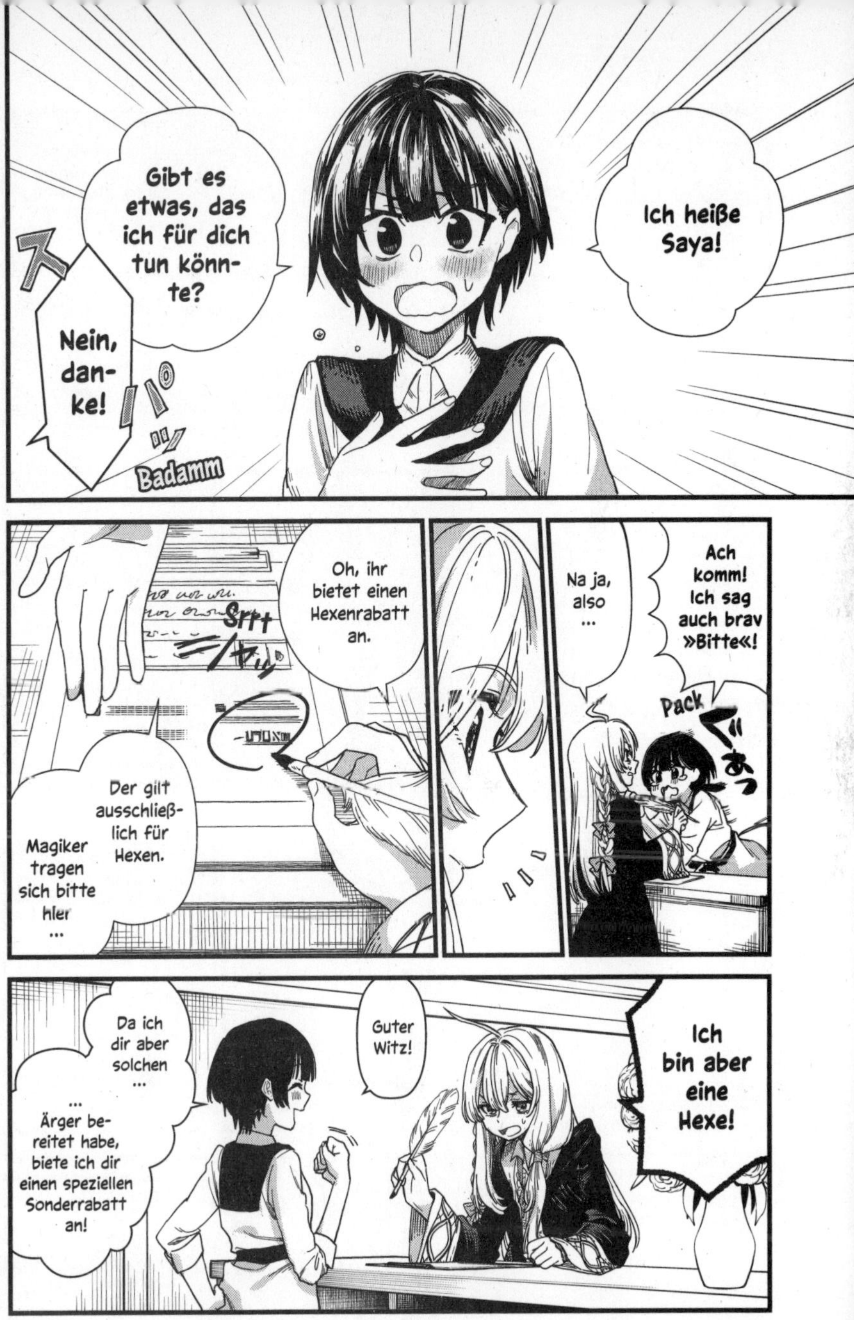

Ich heiße Saya!
Gibt es etwas, das ich für dich tun könnte?
Nein, danke!
Badamm
Ach komm! Ich sag auch brav »Bitte«!
Pack
Na ja, also …
Oh, ihr bietet einen Hexenrabatt an.
Srrt
Der gilt ausschließlich für Hexen.
Magiker tragen sich bitte hier …
Ich bin aber eine Hexe!
Guter Witz!
Da ich dir aber solchen …
… Ärger bereitet habe, biete ich dir einen speziellen Sonderrabatt an!

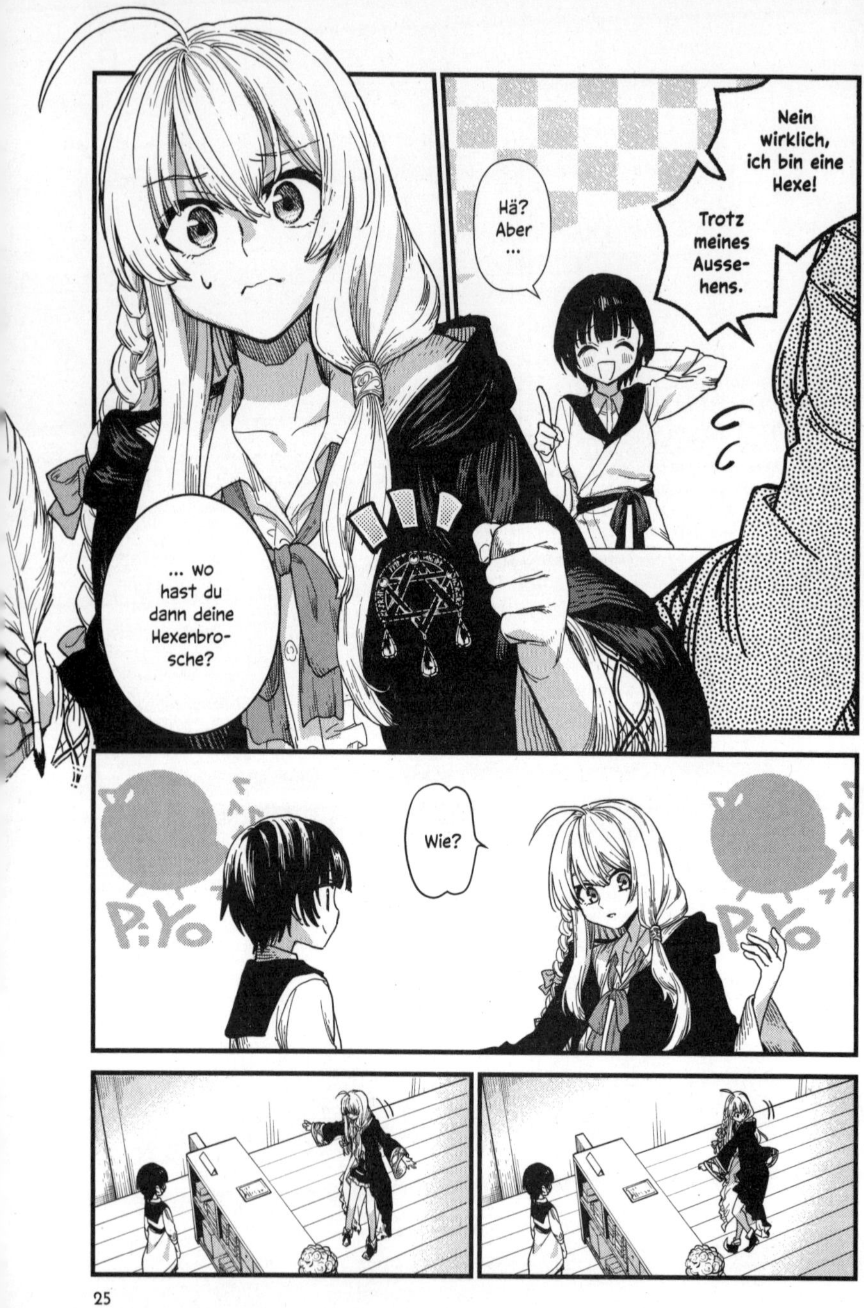
Nein wirklich, ich bin eine Hexe!
Trotz meines Aussehens.
Hä? Aber ...
... wo hast du dann deine Hexenbrosche?
Wie?
PiYo
PiYo

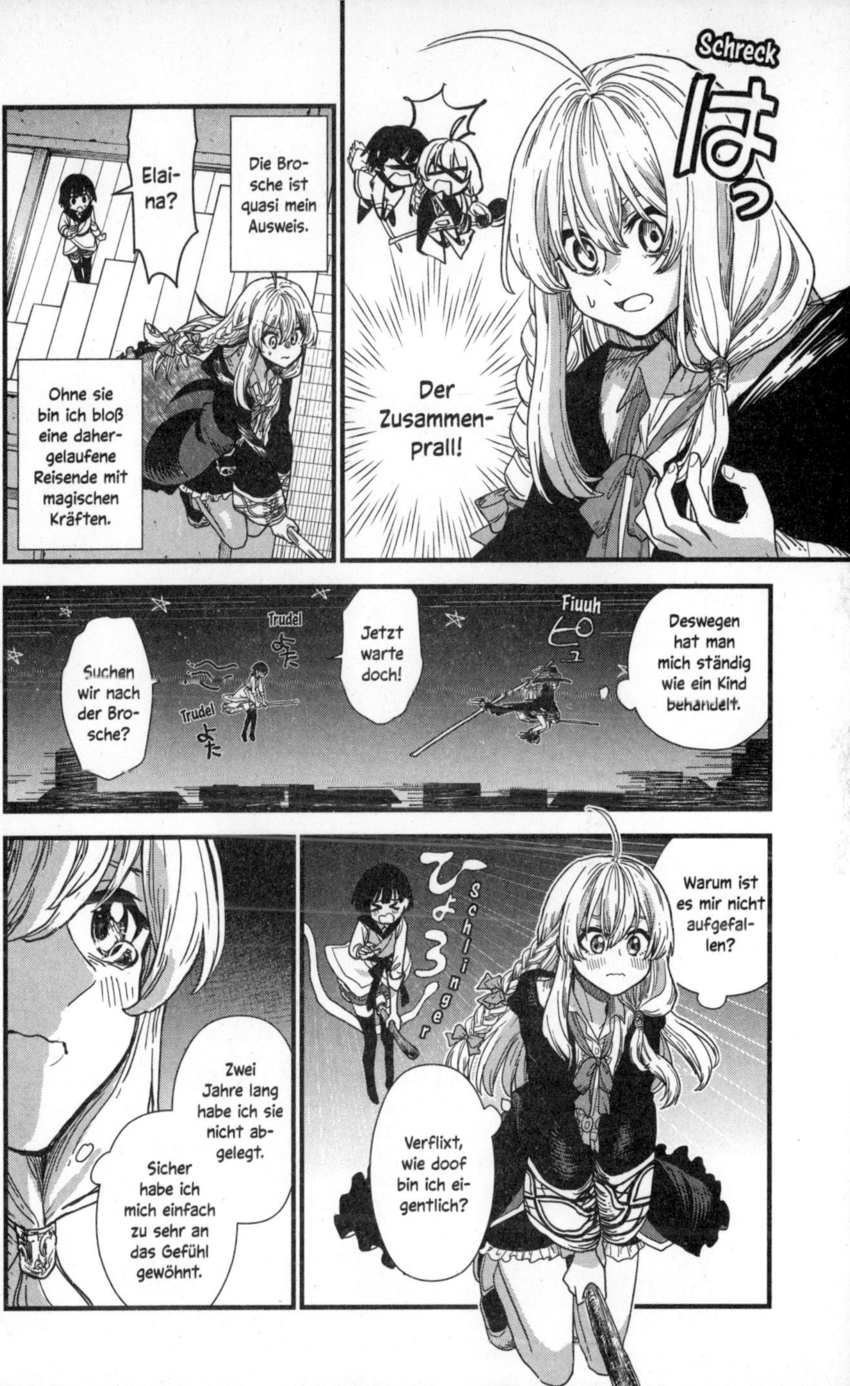
Schreck
はっ
Der Zusammen-prall!
Die Bro-sche ist quasi mein Ausweis.
Elai-na?
Ohne sie bin ich bloß eine daher-gelaufene Reisende mit magischen Kräften.
Deswegen hat man mich ständig wie ein Kind behandelt.
Fiuuh
ヒュ
Jetzt warte doch!
Trudel
よた
Trudel
よた
Suchen wir nach der Bro-sche?
Warum ist es mir nicht aufgefal-len?
ひょろ
Schlinger
Verflixt, wie doof bin ich ei-gentlich?
Zwei Jahre lang habe ich sie nicht ab-gelegt.
Sicher habe ich mich einfach zu sehr an das Gefühl gewöhnt.

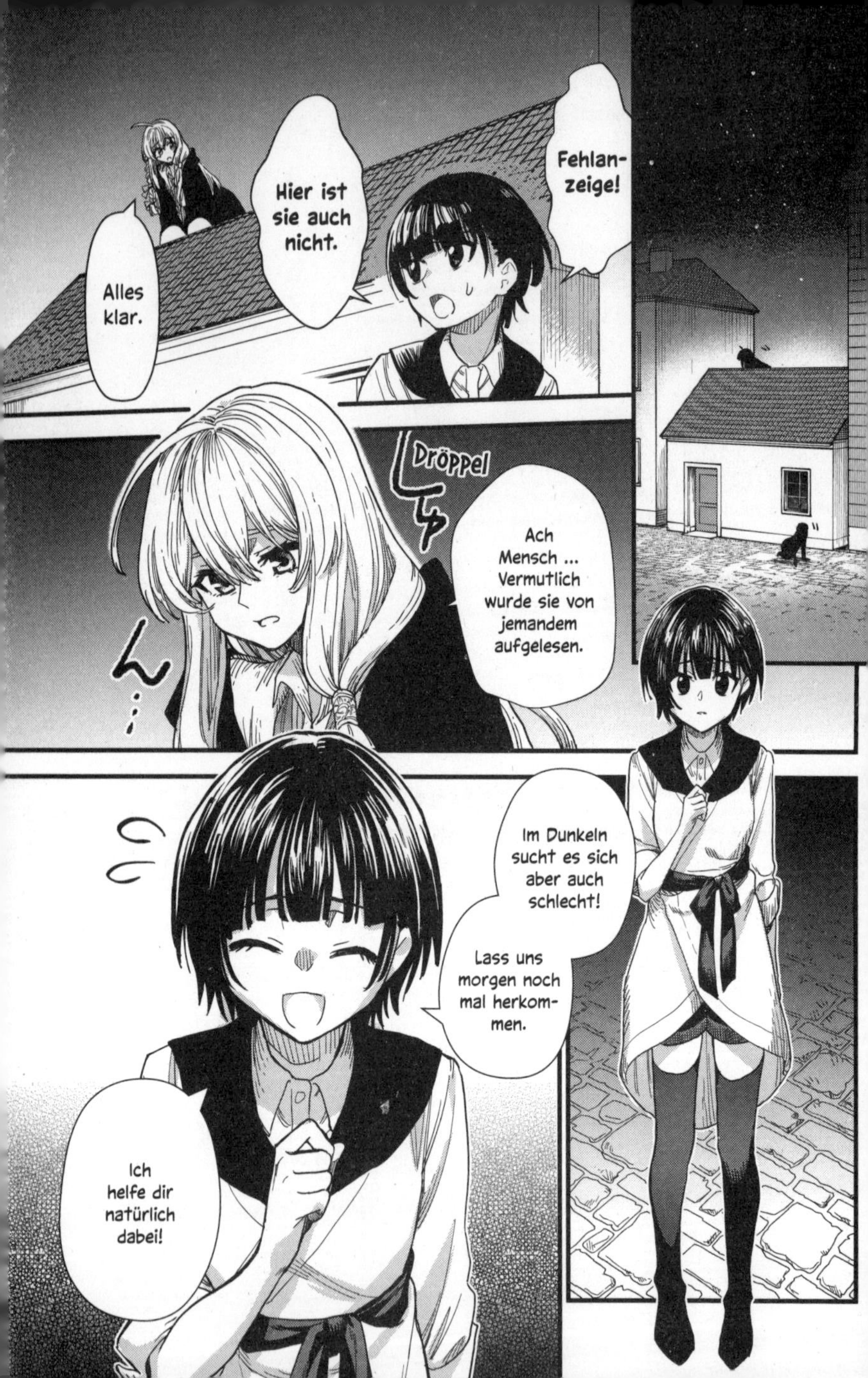
Fehlanzeige!
Hier ist sie auch nicht.
Alles klar.
Dröppel
Ach Mensch … Vermutlich wurde sie von jemandem aufgelesen.
Im Dunkeln sucht es sich aber auch schlecht!
Lass uns morgen noch mal herkommen.
Ich helfe dir natürlich dabei!

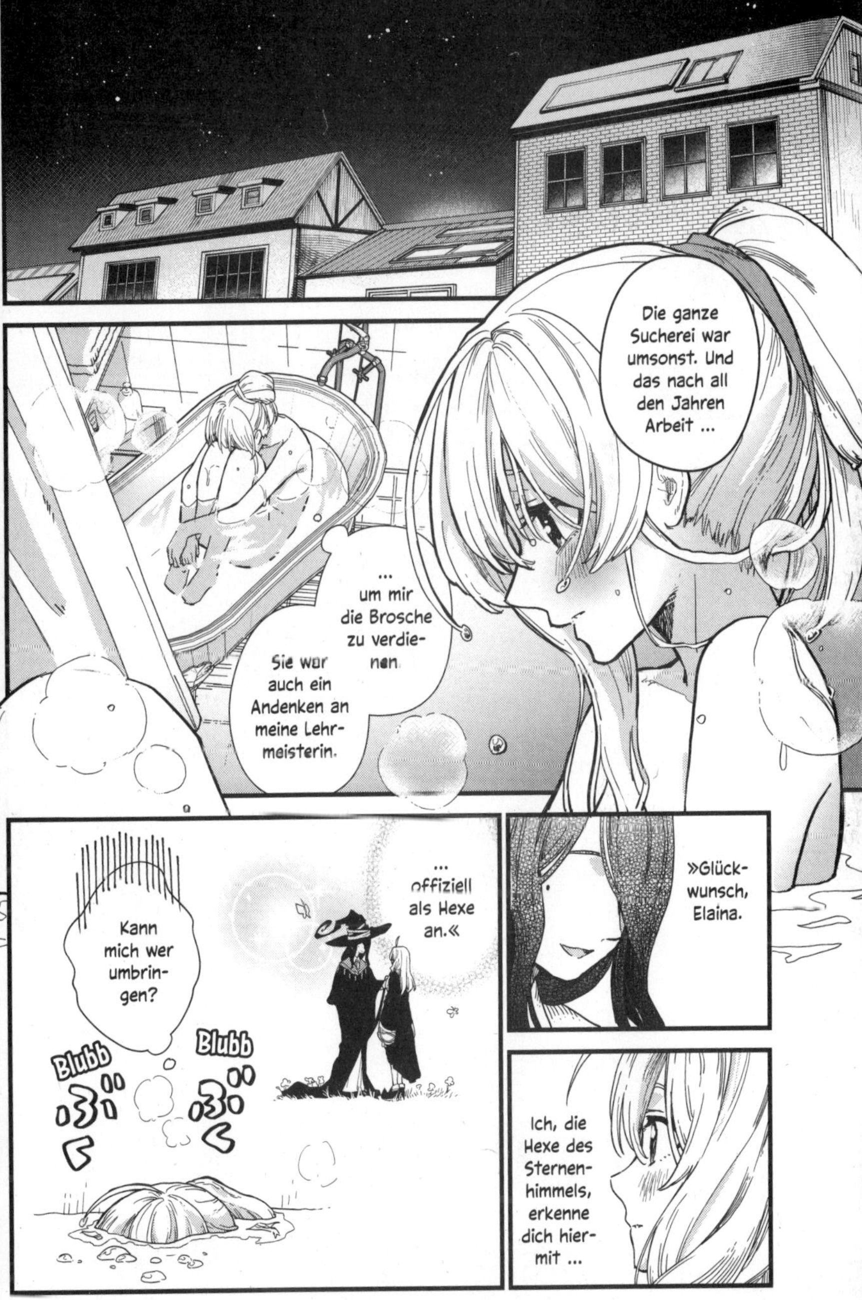
Die ganze Sucherei war umsonst. Und das nach all den Jahren Arbeit ...
... um mir die Brosche zu verdienen.
Sie war auch ein Andenken an meine Lehrmeisterin.
»Glückwunsch, Elaina.
Ich, die Hexe des Sternenhimmels, erkenne dich hiermit ...
... offiziell als Hexe an.«
Kann mich wer umbringen?
Blubb
Blubb

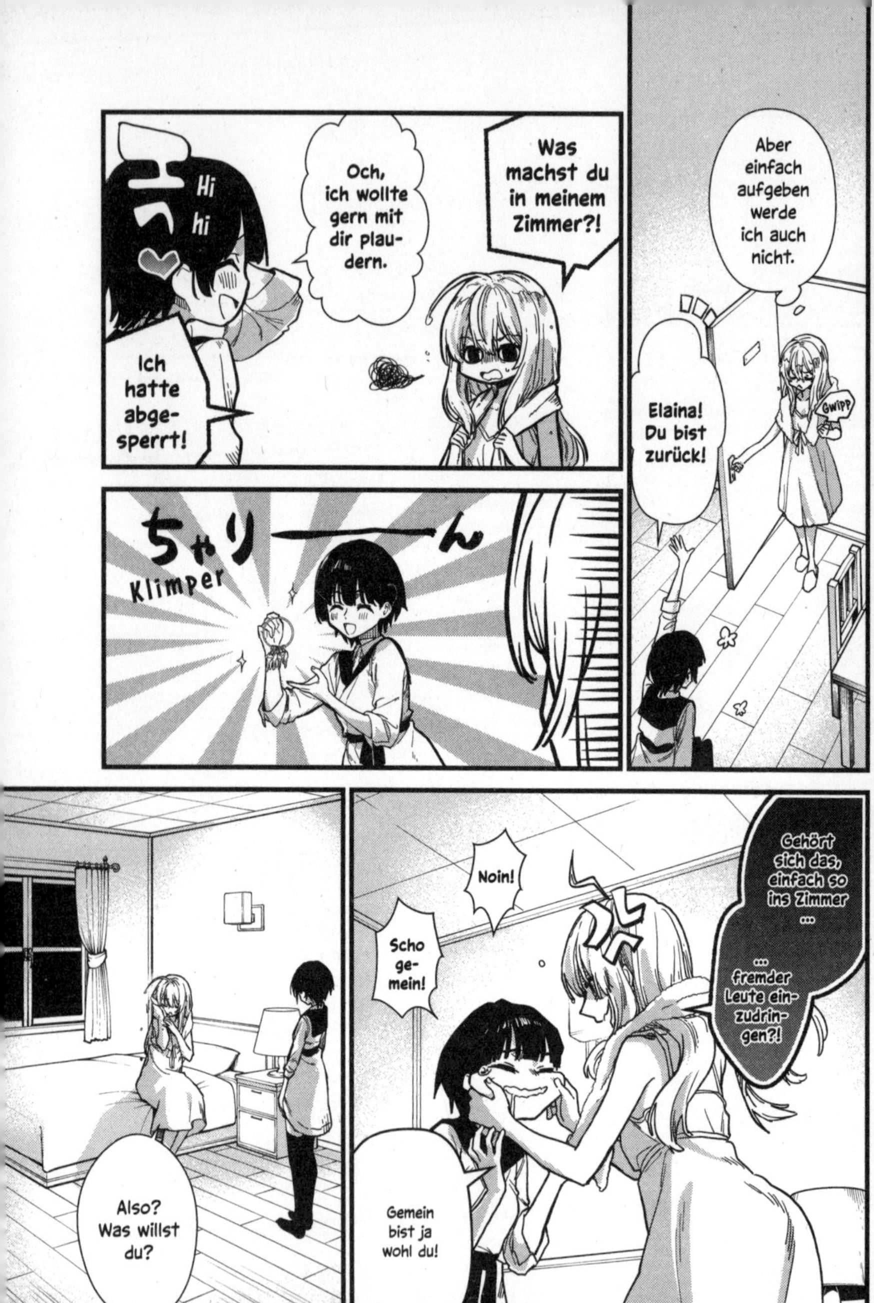

Aber einfach aufgeben werde ich auch nicht.
Elaina! Du bist zurück!
GWIPP
Was machst du in meinem Zimmer?!
Och, ich wollte gern mit dir plaudern.
Hi hi
Ich hatte abgesperrt!
ちゃりーーーん
Klimper
Gehört sich das, einfach so ins Zimmer ...
... fremder Leute einzudringen?!
Noin!
Scho gemein!
Gemein bist ja wohl du!
Also? Was willst du?

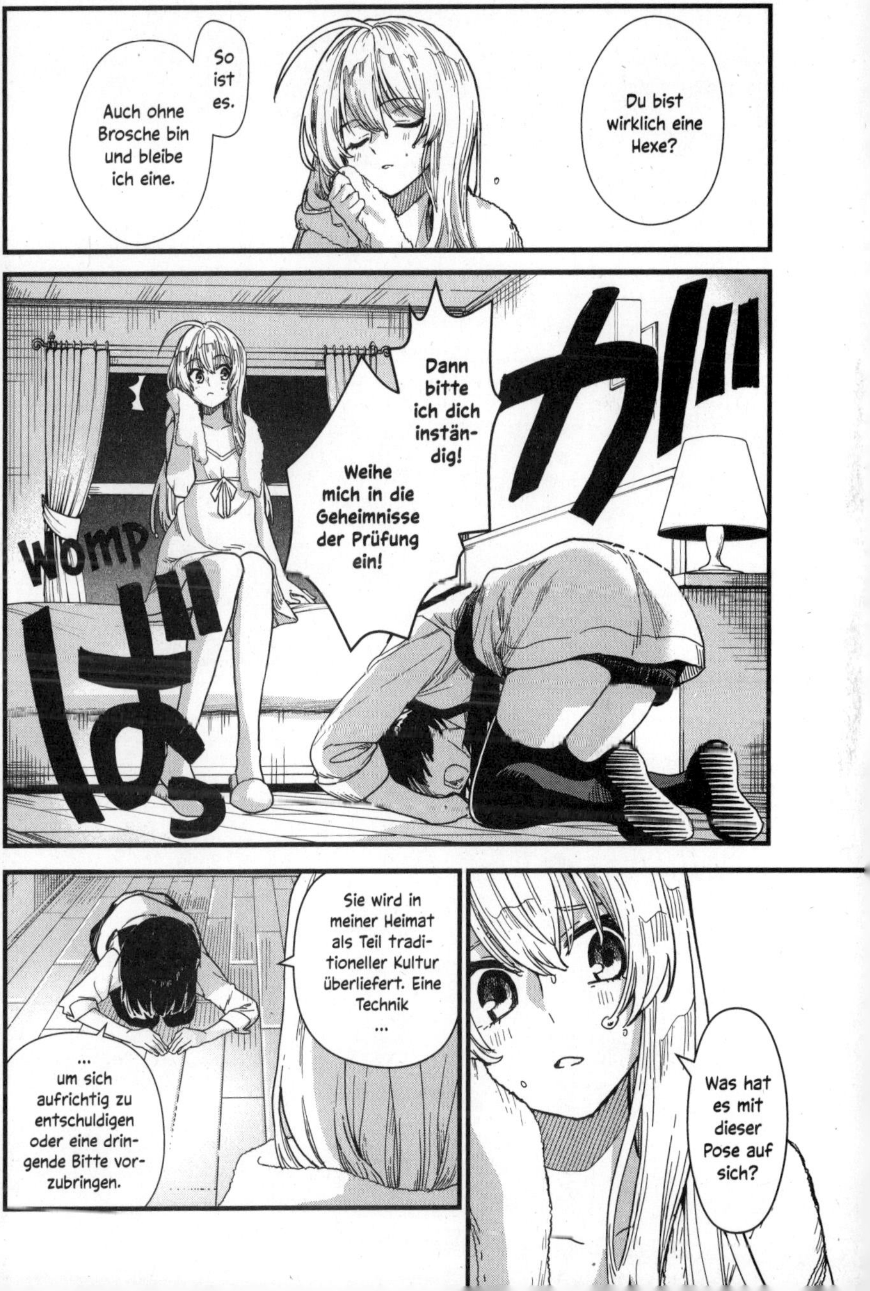
Du bist wirklich eine Hexe?
So ist es.
Auch ohne Brosche bin und bleibe ich eine.
Dann bitte ich dich inständig!
Weihe mich in die Geheimnisse der Prüfung ein!
WOMP
Was hat es mit dieser Pose auf sich?
Sie wird in meiner Heimat als Teil traditioneller Kultur überliefert. Eine Technik ...
... um sich aufrichtig zu entschuldigen oder eine dringende Bitte vorzubringen.

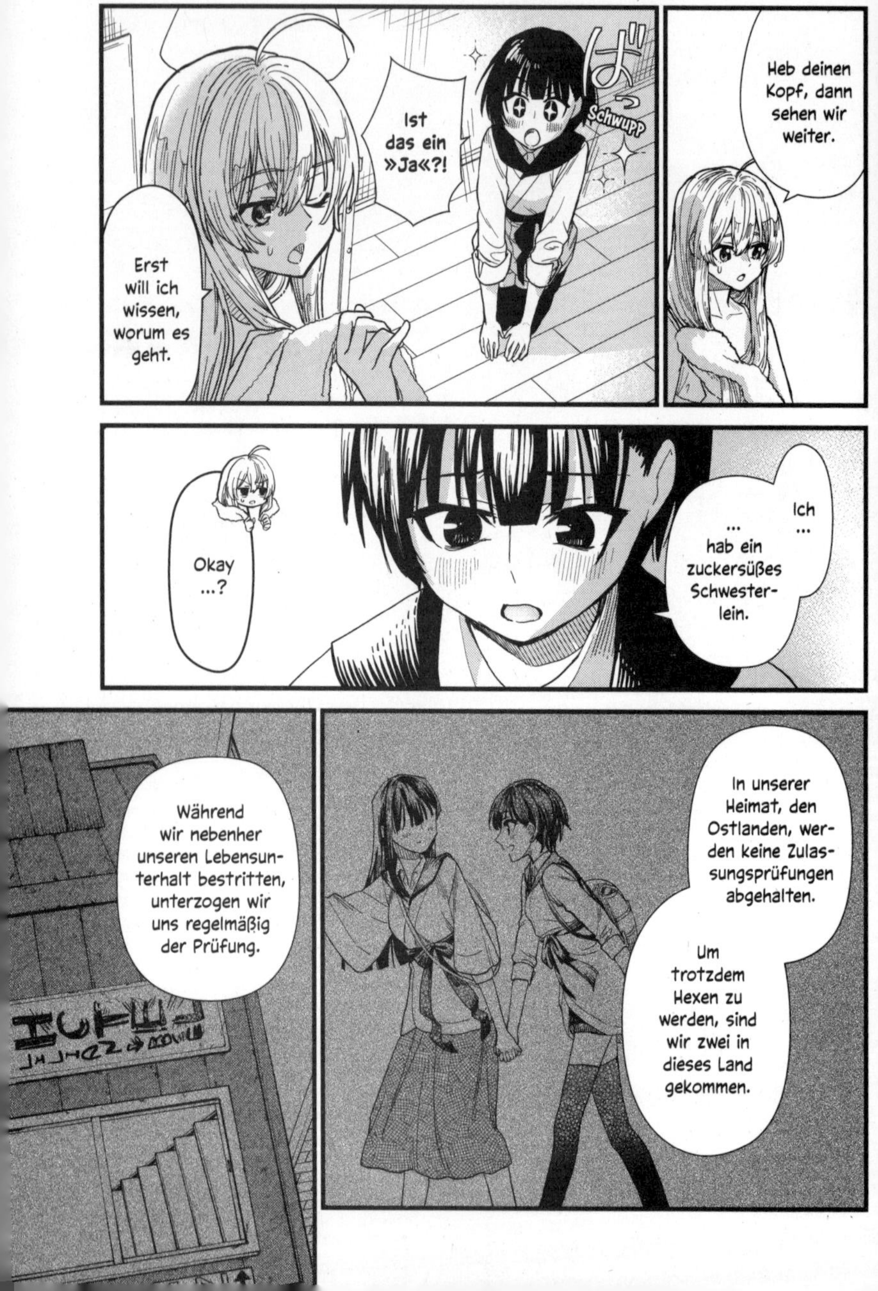
Heb deinen Kopf, dann sehen wir weiter.
Ist das ein »Ja«?!
Schwupp
Erst will ich wissen, worum es geht.
Ich ... hab ein zuckersüßes Schwester-lein.
Okay ...?
In unserer Heimat, den Ostlanden, wer-den keine Zulas-sungsprüfungen abgehalten.
Um trotzdem Hexen zu werden, sind wir zwei in dieses Land gekommen.
Während wir nebenher unseren Lebensun-terhalt bestritten, unterzogen wir uns regelmäßig der Prüfung.

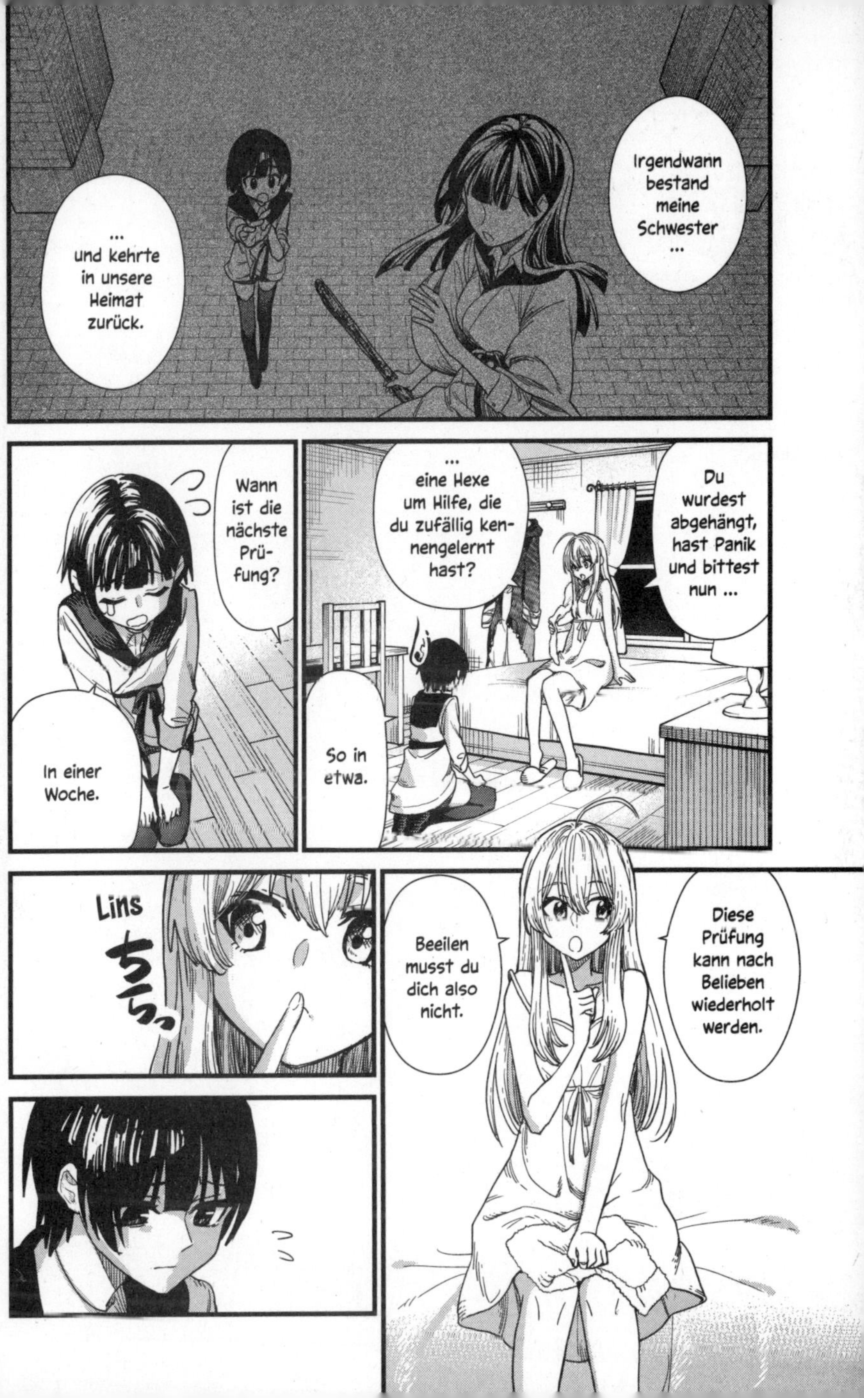
Irgendwann bestand meine Schwester ...
... und kehrte in unsere Heimat zurück.
Du wurdest abgehängt, hast Panik und bittest nun ...
... eine Hexe um Hilfe, die du zufällig kennengelernt hast?
So in etwa.
Wann ist die nächste Prüfung?
In einer Woche.
Diese Prüfung kann nach Belieben wiederholt werden.
Beeilen musst du dich also nicht.
Lins
ちらっ

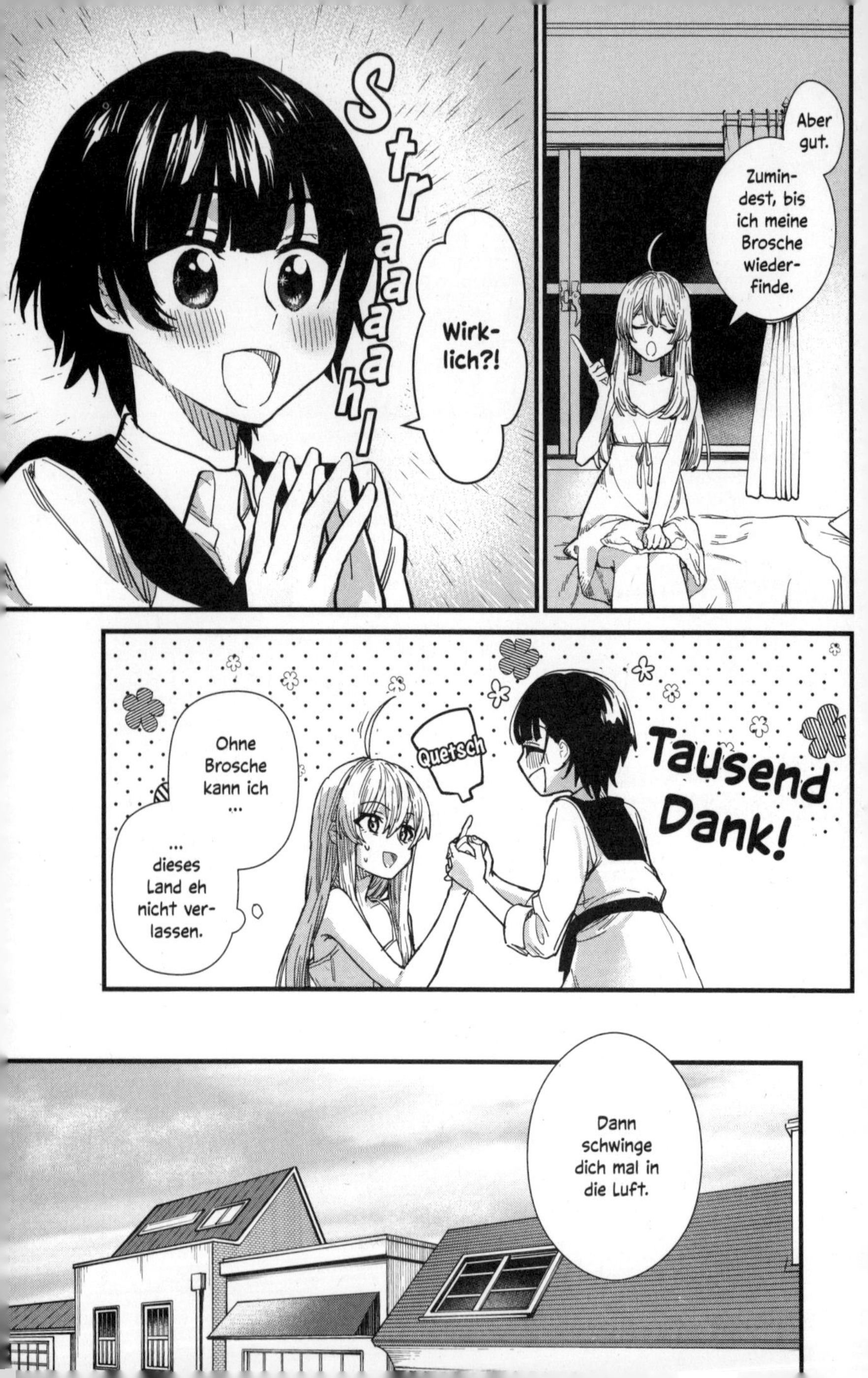
Aber gut.
Zumindest, bis ich meine Brosche wiederfinde.
Wirklich?!
Straaaaahl
Tausend Dank!
Quetsch
Ohne Brosche kann ich ...
... dieses Land eh nicht verlassen.
Dann schwinge dich mal in die Luft.

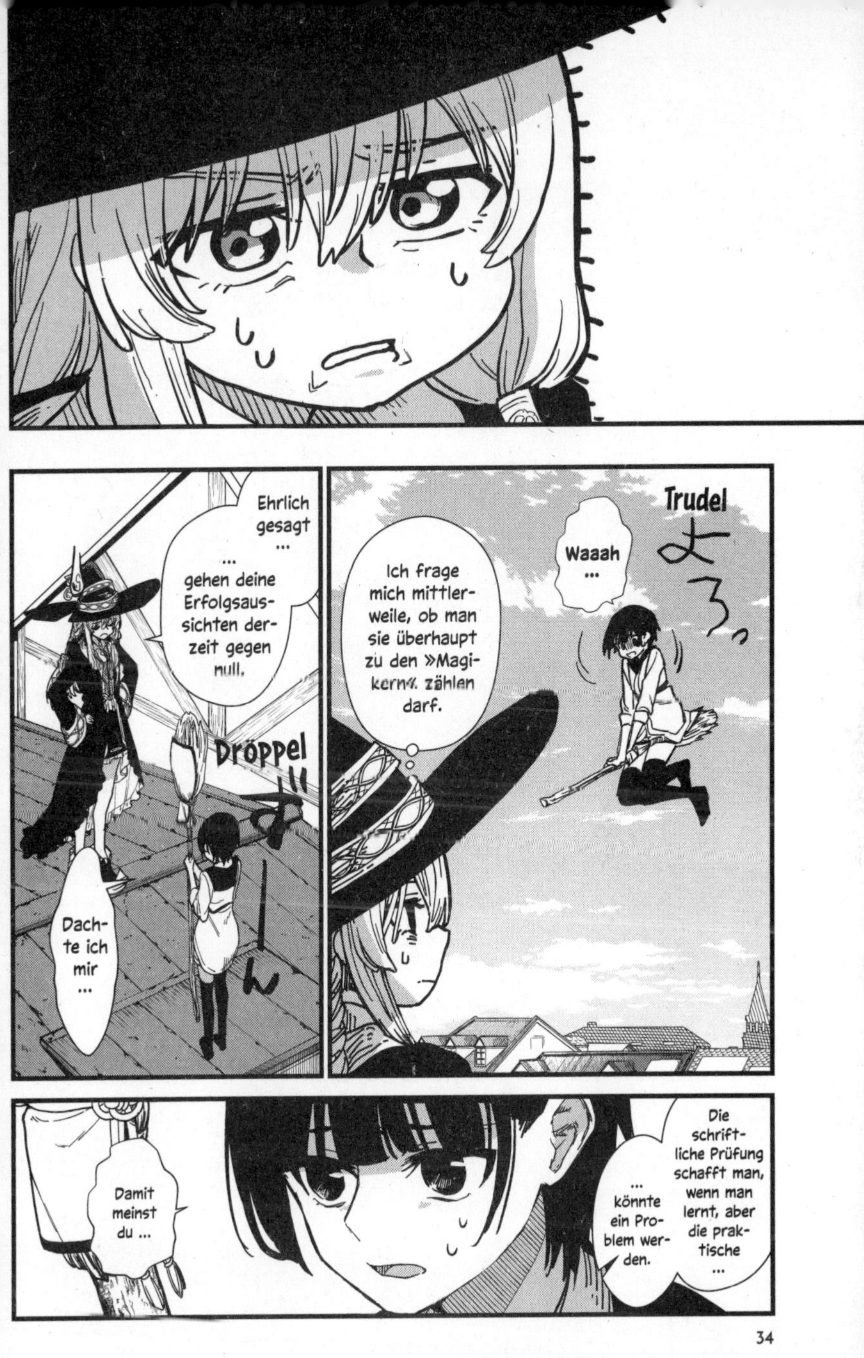
Trudel
よろっ
Waaah ...
Ich frage mich mittlerweile, ob man sie überhaupt zu den »Magikern« zählen darf.
Ehrlich gesagt ...
... gehen deine Erfolgsaussichten derzeit gegen null.
Dröppel
Dachte ich mir ...
Die schriftliche Prüfung schafft man, wenn man lernt, aber die praktische ...
... könnte ein Problem werden.
Damit meinst du ...

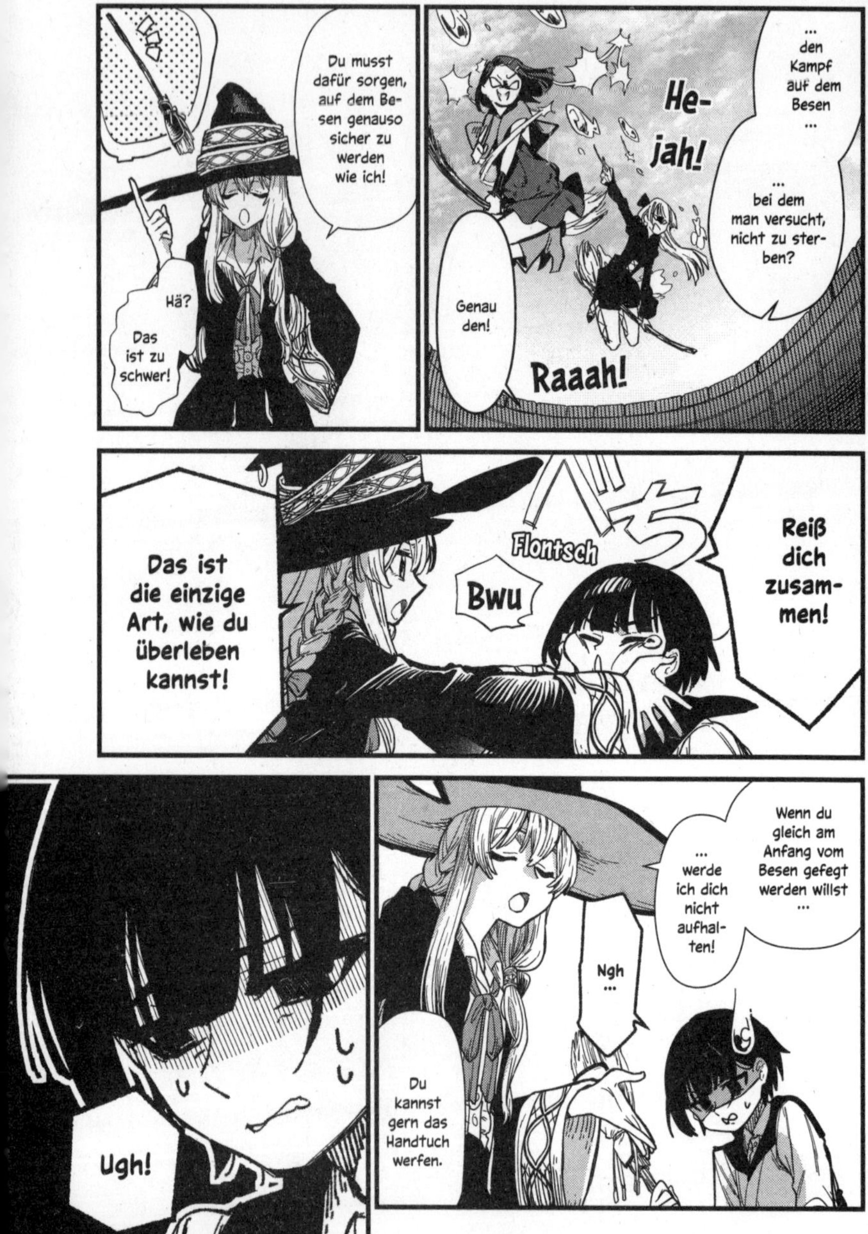

... den Kampf auf dem Besen ...
... bei dem man versucht, nicht zu sterben?
He-jah!
Genau den!
Raaah!
Du musst dafür sorgen, auf dem Besen genauso sicher zu werden wie ich!
Hä? Das ist zu schwer!
Reiß dich zusammen!
Flontsch
Bwu
Das ist die einzige Art, wie du überleben kannst!
Wenn du gleich am Anfang vom Besen gefegt werden willst ...
... werde ich dich nicht aufhalten!
Ngh ...
Du kannst gern das Handtuch werfen.
Ugh!

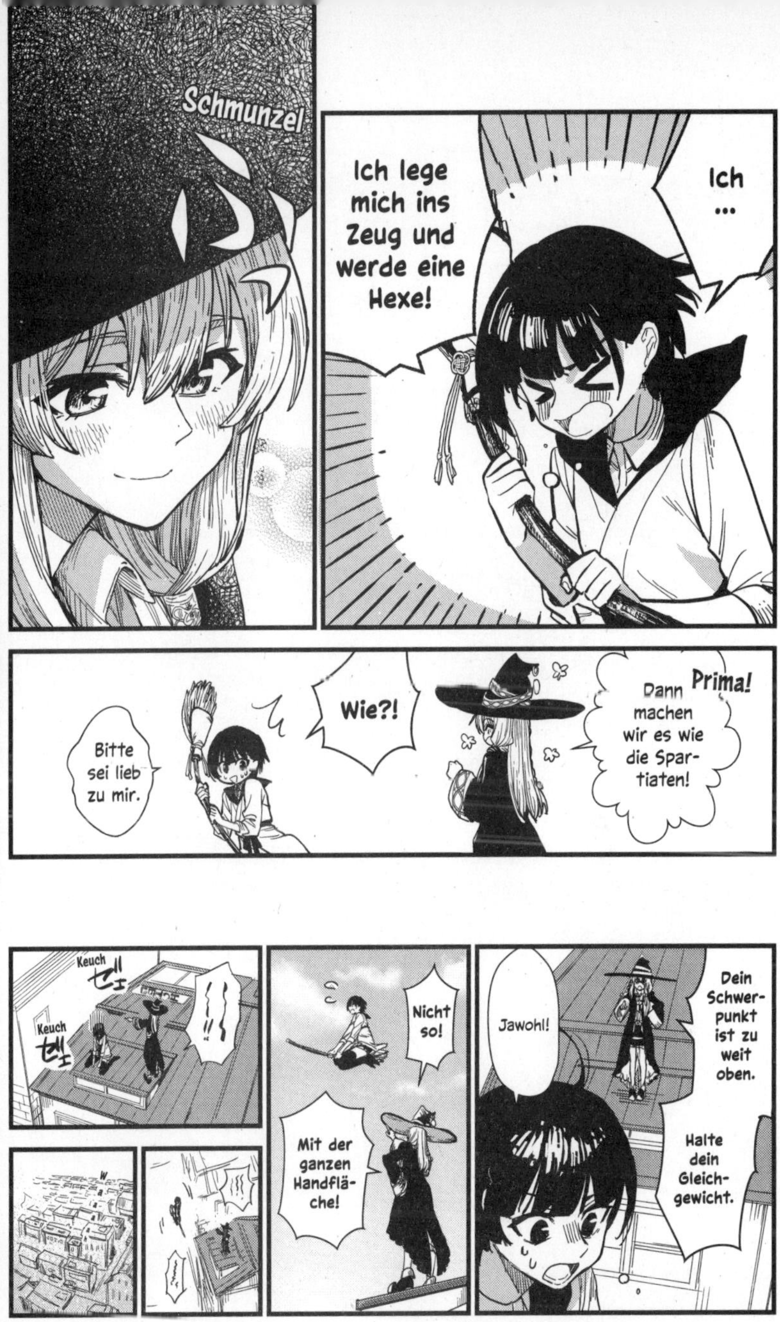
Ich ...
Ich lege mich ins Zeug und werde eine Hexe!
Schmunzel
Prima!
Dann machen wir es wie die Spartiaten!
Wie?!
Bitte sei lieb zu mir.
Dein Schwerpunkt ist zu weit oben.
Jawohl!
Halte dein Gleichgewicht.
Nicht so!
Mit der ganzen Handfläche!
Keuch
Keuch

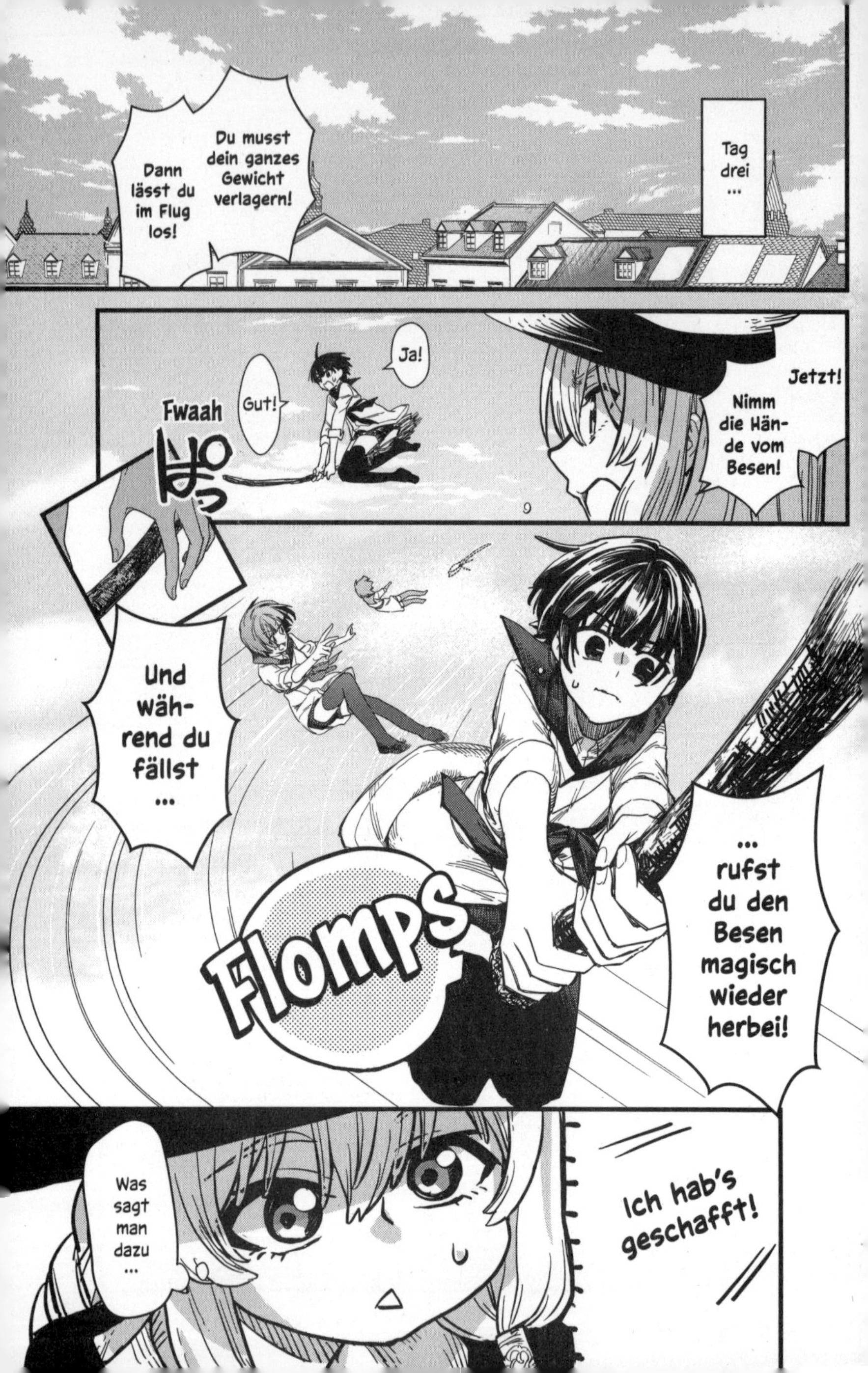

Tag drei ...
Du musst dein ganzes Gewicht verlagern!
Dann lässt du im Flug los!
Jetzt! Nimm die Hände vom Besen!
Ja!
Gut!
Fwaah
ぱっ
Und während du fällst ...
... rufst du den Besen magisch wieder herbei!
Flomps
Ich hab's geschafft!
Was sagt man dazu ...

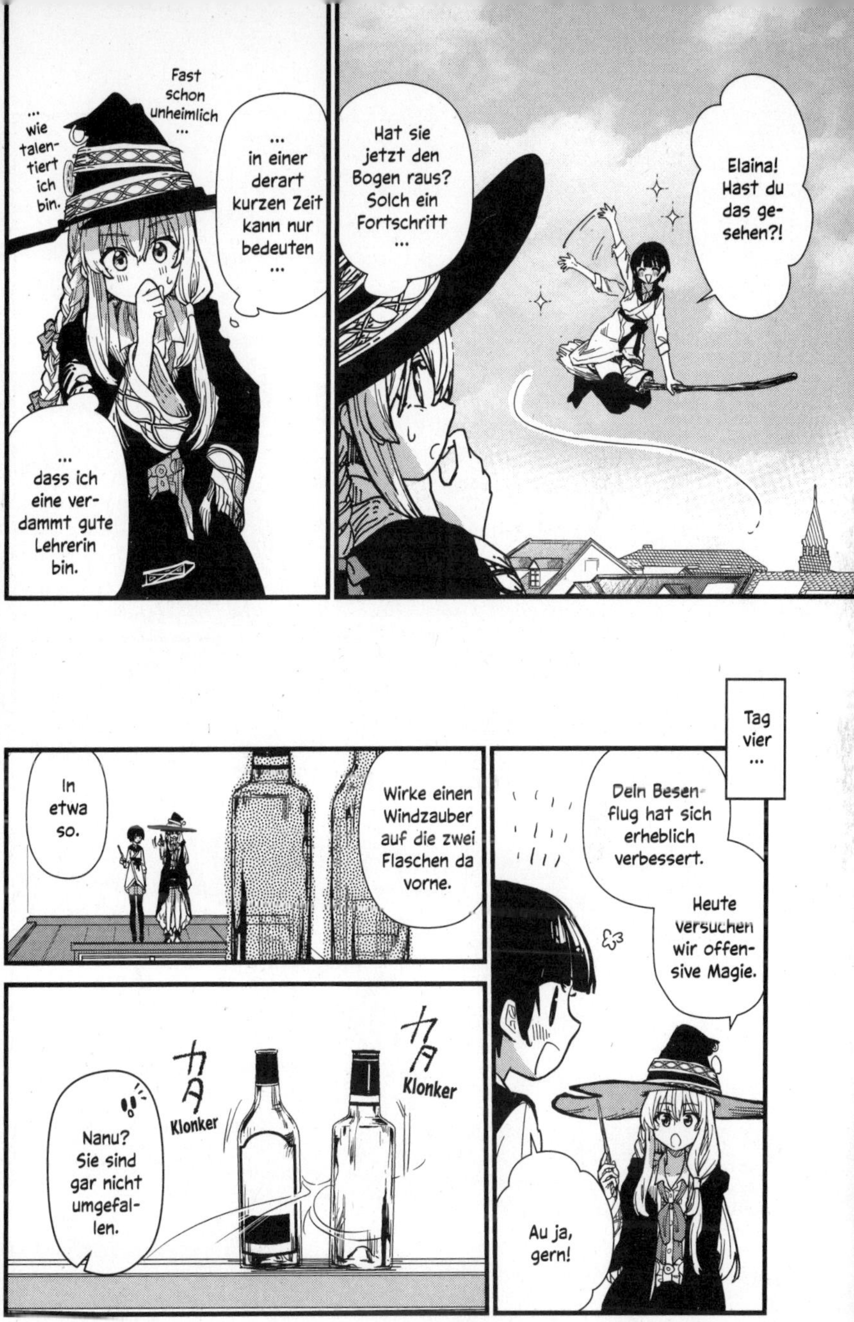
Elaina! Hast du das gesehen?!
Hat sie jetzt den Bogen raus? Solch ein Fortschritt ...
... in einer derart kurzen Zeit kann nur bedeuten ...
Fast schon unheimlich ...
... wie talentiert ich bin.
... dass ich eine verdammt gute Lehrerin bin.
Tag vier ...
Dein Besenflug hat sich erheblich verbessert.
Heute versuchen wir offensive Magie.
Au ja, gern!
Wirke einen Windzauber auf die zwei Flaschen da vorne.
In etwa so.
カタ
Klonker
カタ
Klonker
Nanu? Sie sind gar nicht umgefallen.

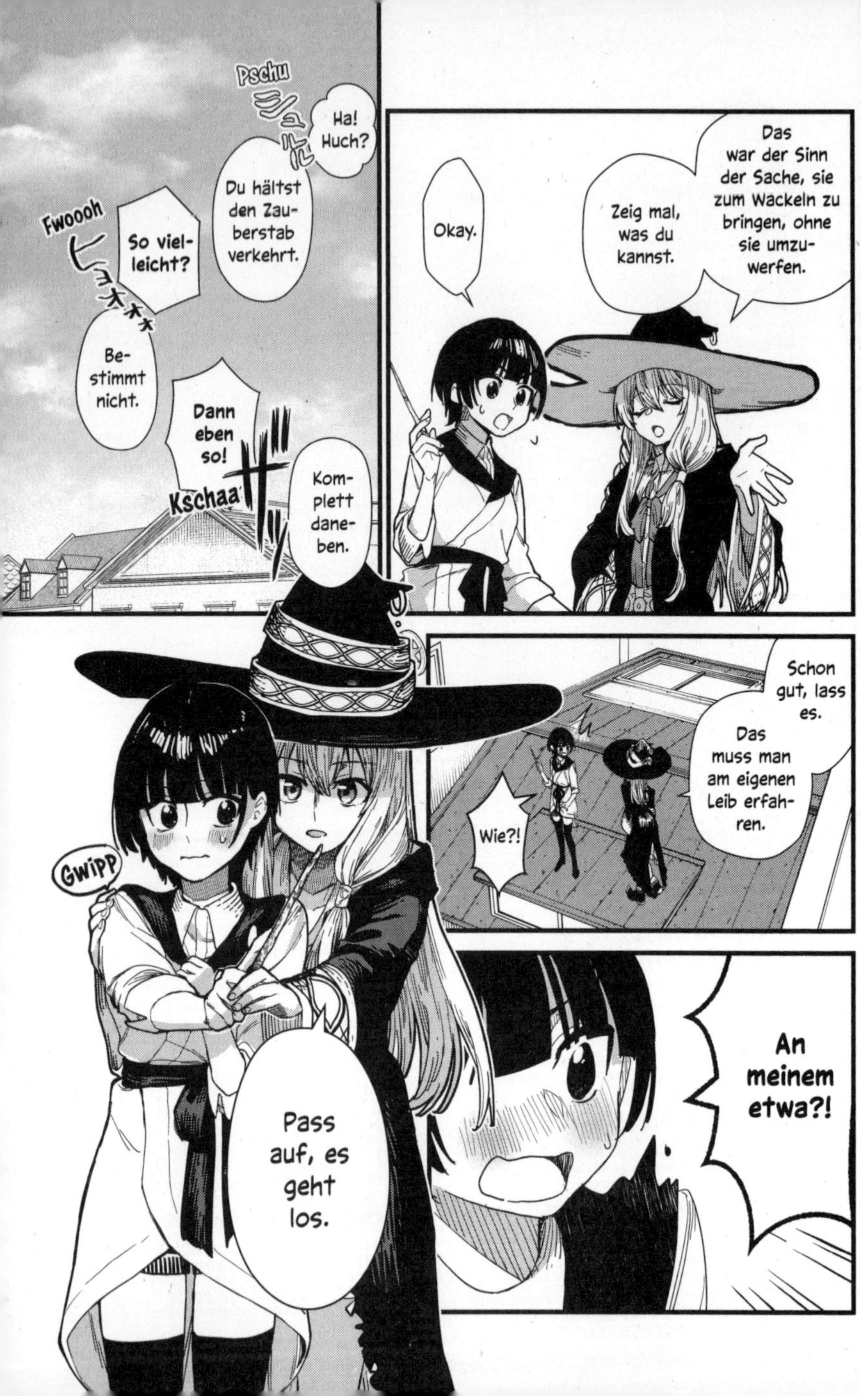
Das war der Sinn der Sache, sie zum Wackeln zu bringen, ohne sie umzuwerfen.
Zeig mal, was du kannst.
Okay.
Pschu
Ha! Huch?
Du hältst den Zauberstab verkehrt.
Fwoooh
So vielleicht?
Bestimmt nicht.
Dann eben so!
Kschaa
Komplett daneben.
Schon gut, lass es.
Das muss man am eigenen Leib erfahren.
Wie?!
An meinem etwa?!
Gwipp
Pass auf, es geht los.

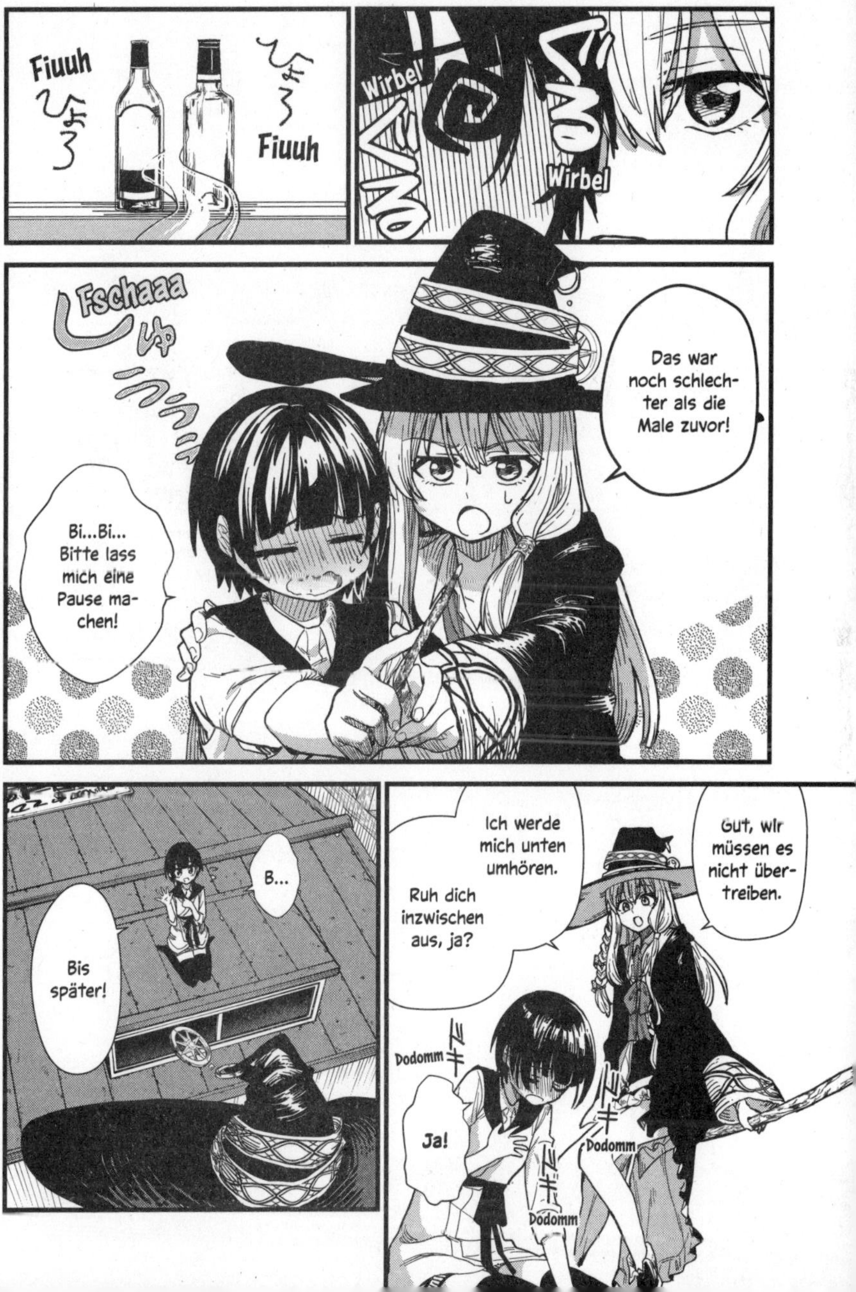

Fiuuh
ひょろ
ひょろ
Fiuuh
Wirbel
ぐるぐる
Wirbel
ぐるぐる
Fschaaa
しゅ
Das war noch schlechter als die Male zuvor!
Bi...Bi... Bitte lass mich eine Pause machen!
Gut, wir müssen es nicht übertreiben.
Ich werde mich unten umhören.
Ruh dich inzwischen aus, ja?
Dodomm
Dodomm
Dodomm
Ja!
B...
Bis später!

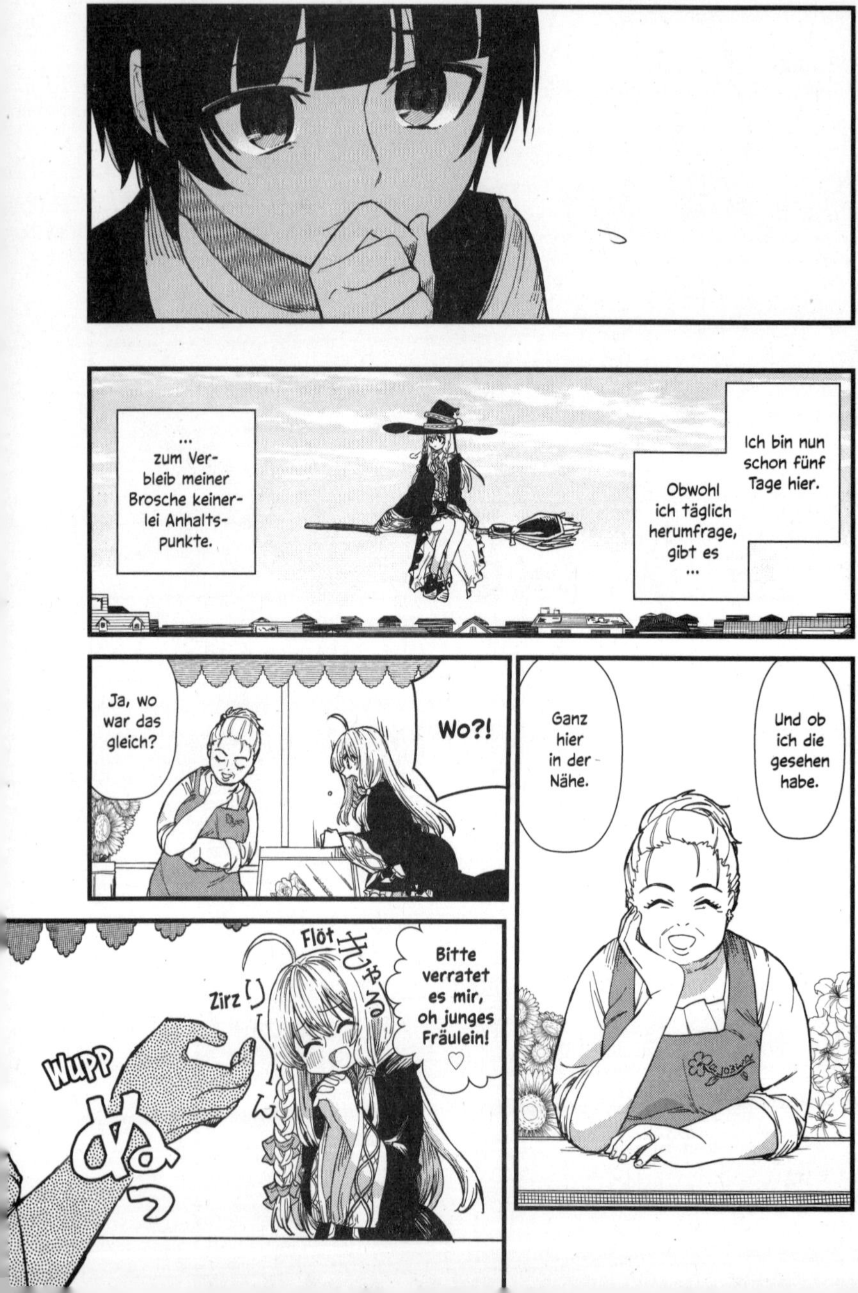
Ich bin nun schon fünf Tage hier.
Obwohl ich täglich herumfrage, gibt es ...
... zum Verbleib meiner Brosche keinerlei Anhaltspunkte.
Und ob ich die gesehen habe.
Ganz hier in der Nähe.
Wo?!
Ja, wo war das gleich?
Bitte verratet es mir, oh junges Fräulein! ♡
Flöt
きゃる
Zirz
りーん
WUPP
ぬっ

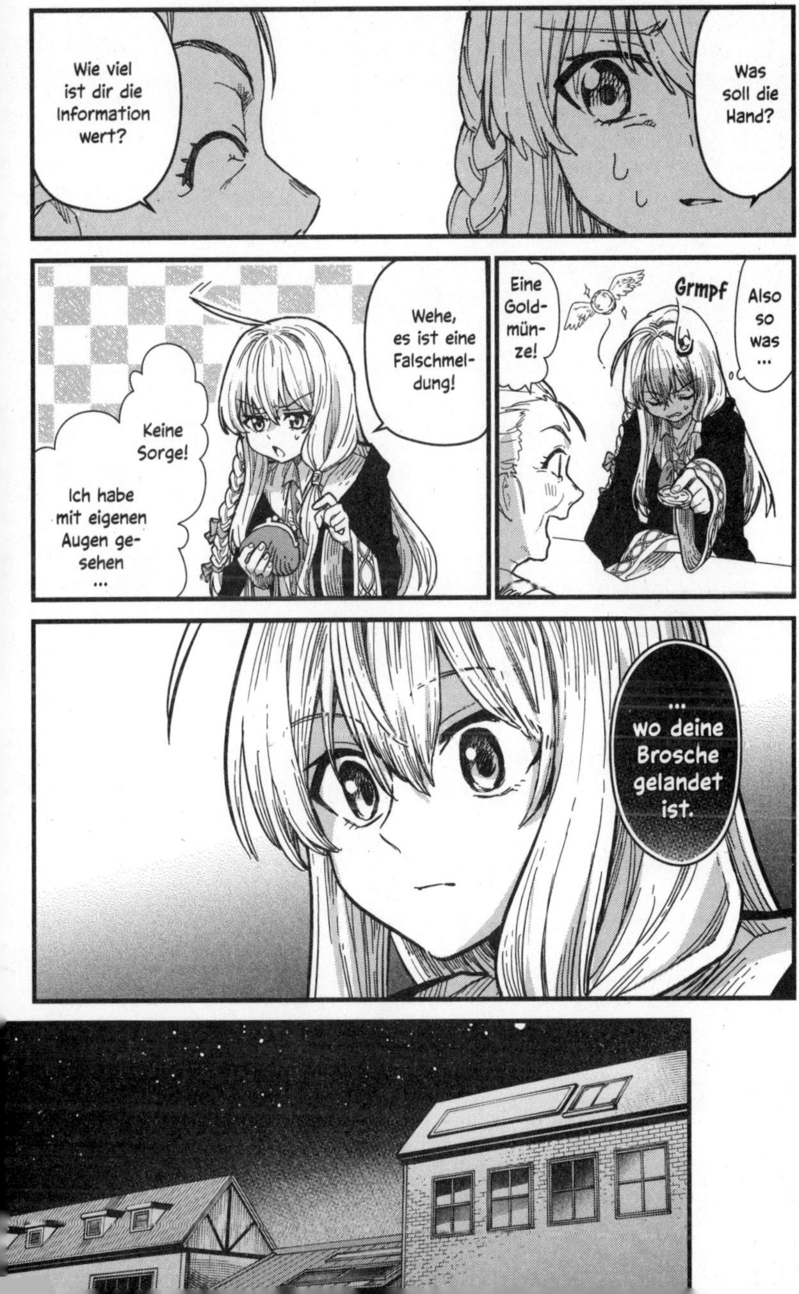
Was soll die Hand?
Wie viel ist dir die Information wert?
Also so was ...
Grmpf
Eine Goldmünze!
Wehe, es ist eine Falschmeldung!
Keine Sorge!
Ich habe mit eigenen Augen gesehen ...
... wo deine Brosche gelandet ist.

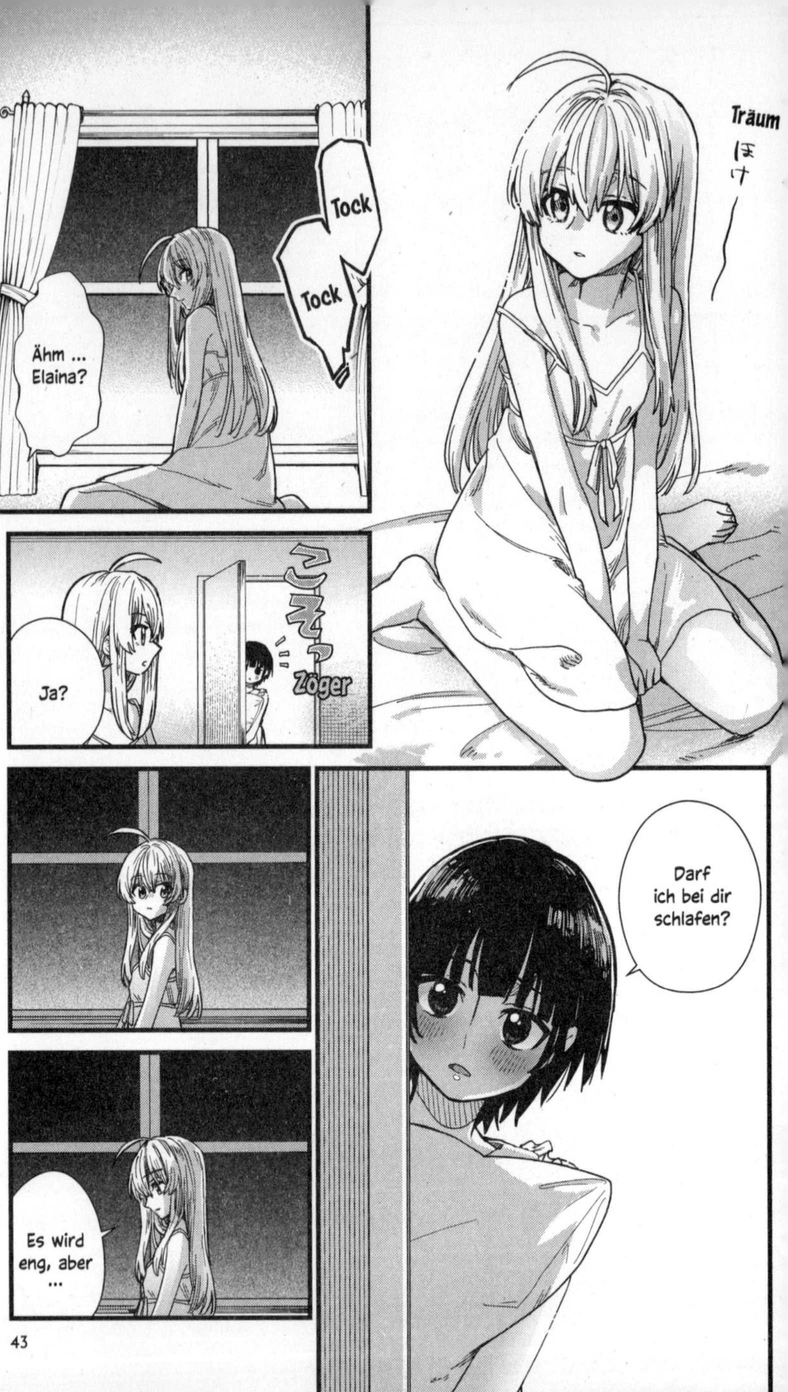
Träum
ほけ
Tock
Tock
Ähm ... Elaina?
こそっ
Zöger
Ja?
Darf ich bei dir schlafen?
Es wird eng, aber ...

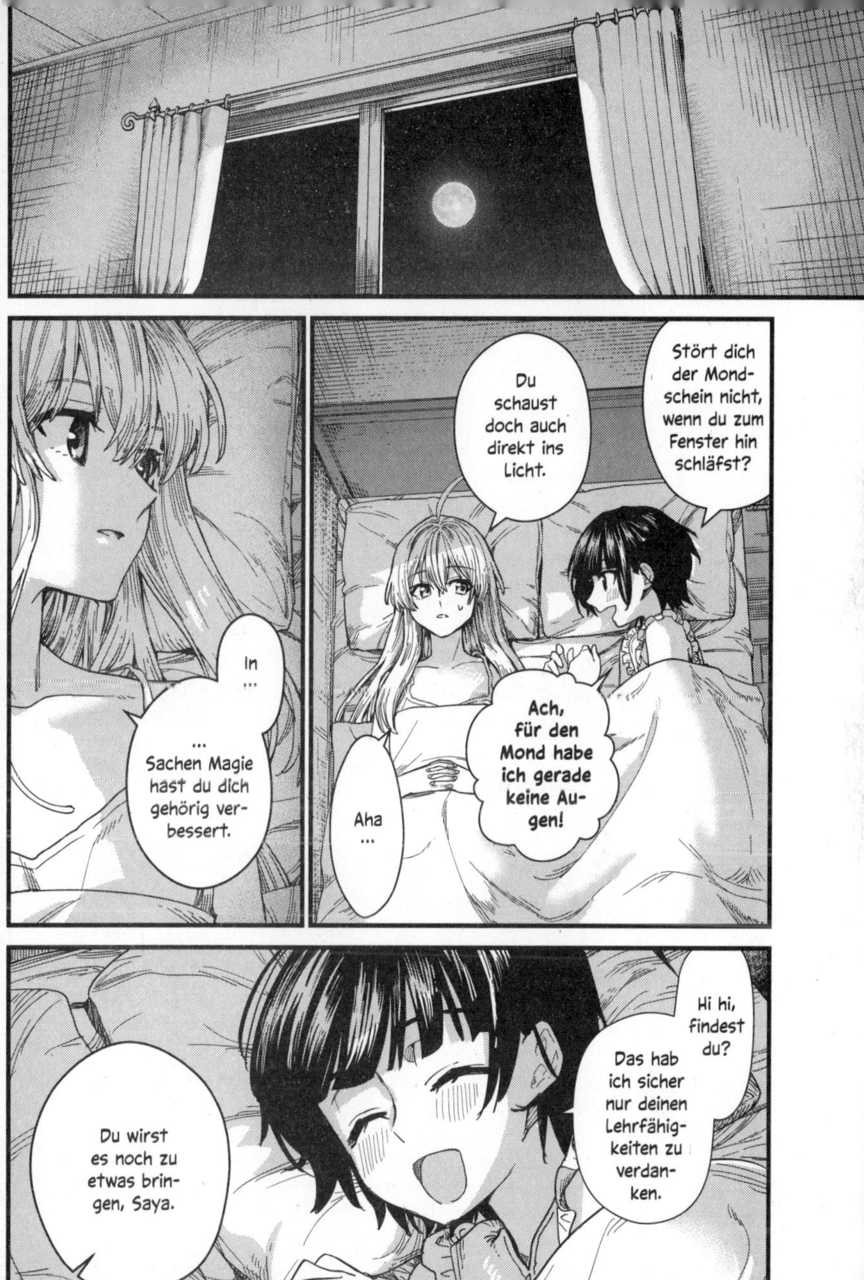
Stört dich der Mondschein nicht, wenn du zum Fenster hin schläfst?
Du schaust doch auch direkt ins Licht.
Ach, für den Mond habe ich gerade keine Augen!
Aha ...
In ...
... Sachen Magie hast du dich gehörig verbessert.
Hi hi, findest du?
Das hab ich sicher nur deinen Lehrfähigkeiten zu verdanken.
Du wirst es noch zu etwas bringen, Saya.

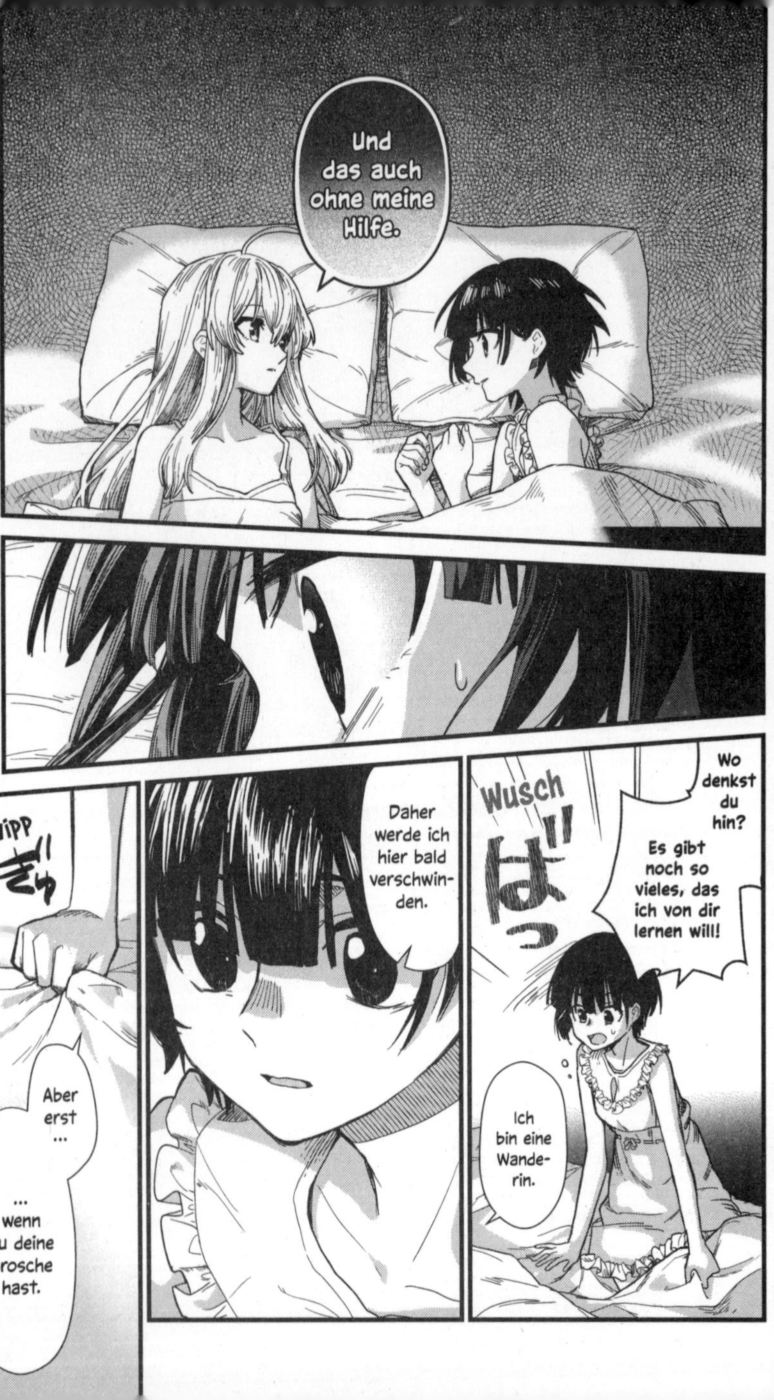
Und das auch ohne meine Hilfe.
Wusch
ばっ
Wo denkst du hin?
Es gibt noch so vieles, das ich von dir lernen will!
Ich bin eine Wanderin.
Daher werde ich hier bald verschwinden.
Gwipp
ぎゅ
Aber erst ...
... wenn du deine Brosche hast.

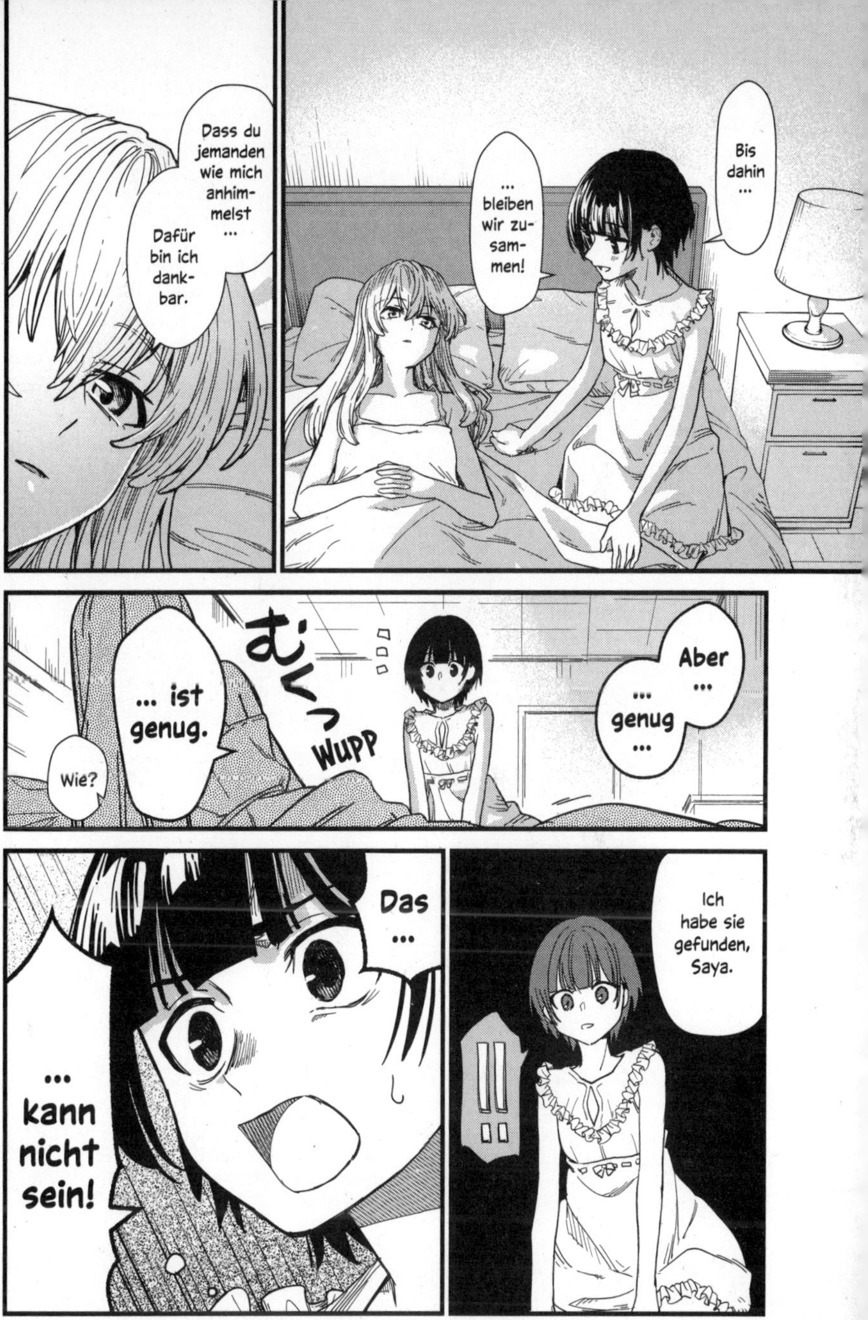
Bis dahin ...
... bleiben wir zusammen!
Dass du jemanden wie mich anhimmelst ...
Dafür bin ich dankbar.
Aber ... genug ...
むくっ
WUPP
... ist genug.
Wie?
Ich habe sie gefunden, Saya.
!!
Das ...
... kann nicht sein!

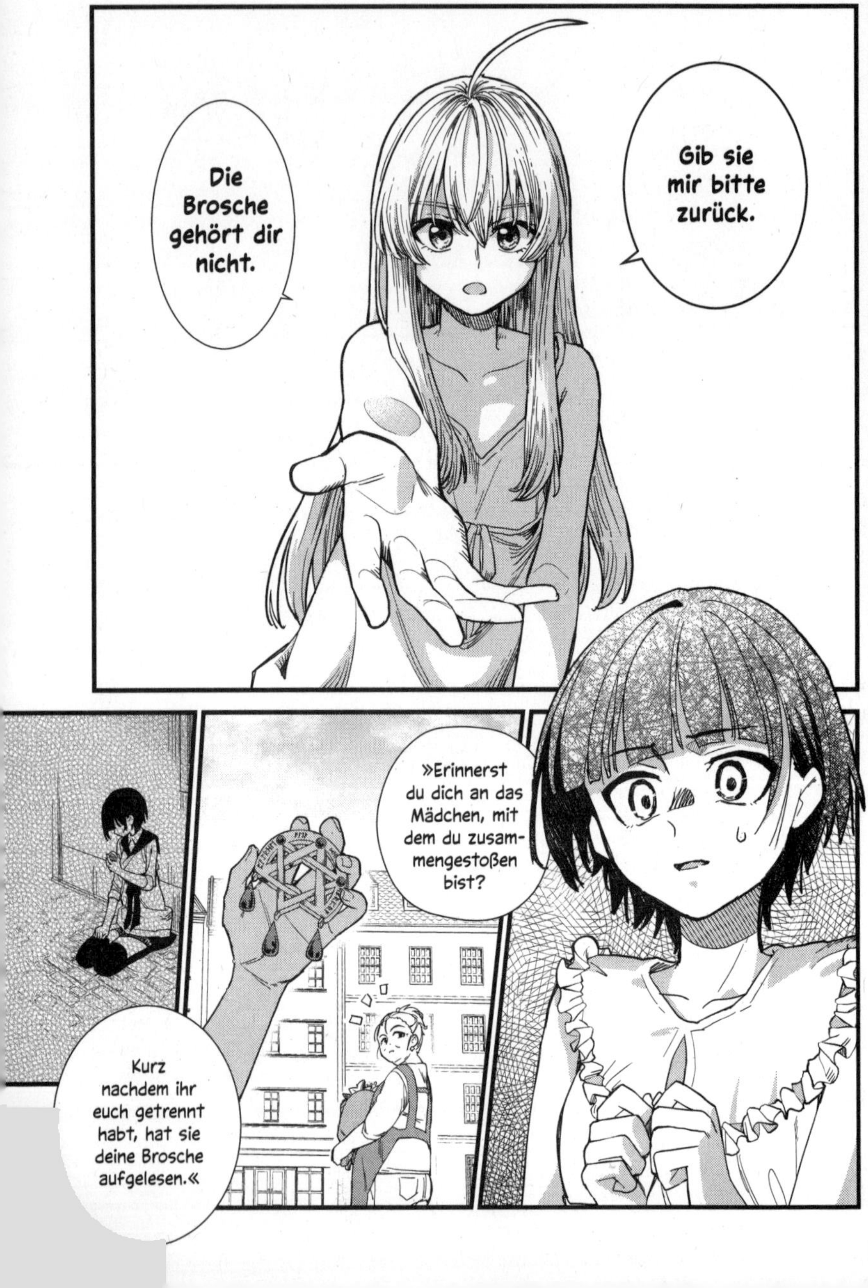
Gib sie mir bitte zurück.
Die Brosche gehört dir nicht.
»Erinnerst du dich an das Mädchen, mit dem du zusammengestoßen bist?
Kurz nachdem ihr euch getrennt habt, hat sie deine Brosche aufgelesen.«

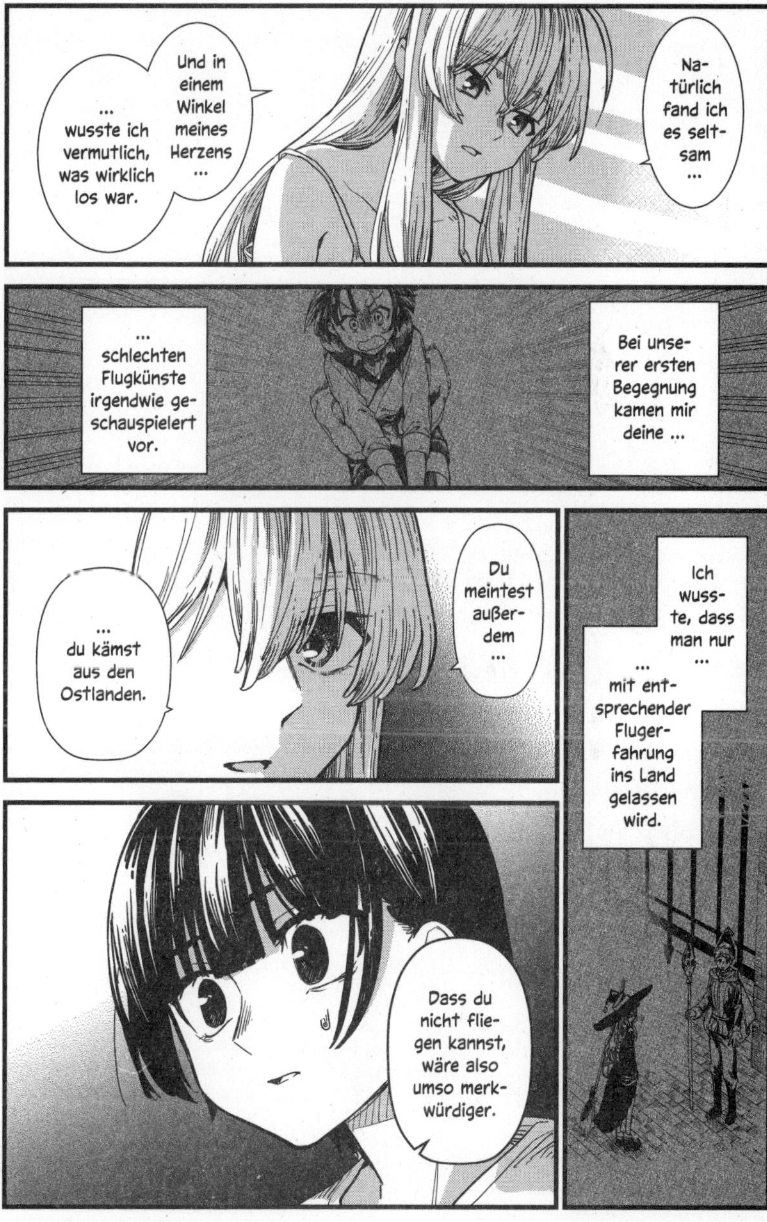
Natürlich fand ich es seltsam ...
Und in einem Winkel meines Herzens ...
... wusste ich vermutlich, was wirklich los war.
Bei unserer ersten Begegnung kamen mir deine ...
... schlechten Flugkünste irgendwie geschauspielert vor.
Ich wusste, dass man nur ...
... mit entsprechender Flugerfahrung ins Land gelassen wird.
Du meintest außerdem ...
... du kämst aus den Ostlanden.
Dass du nicht fliegen kannst, wäre also umso merkwürdiger.

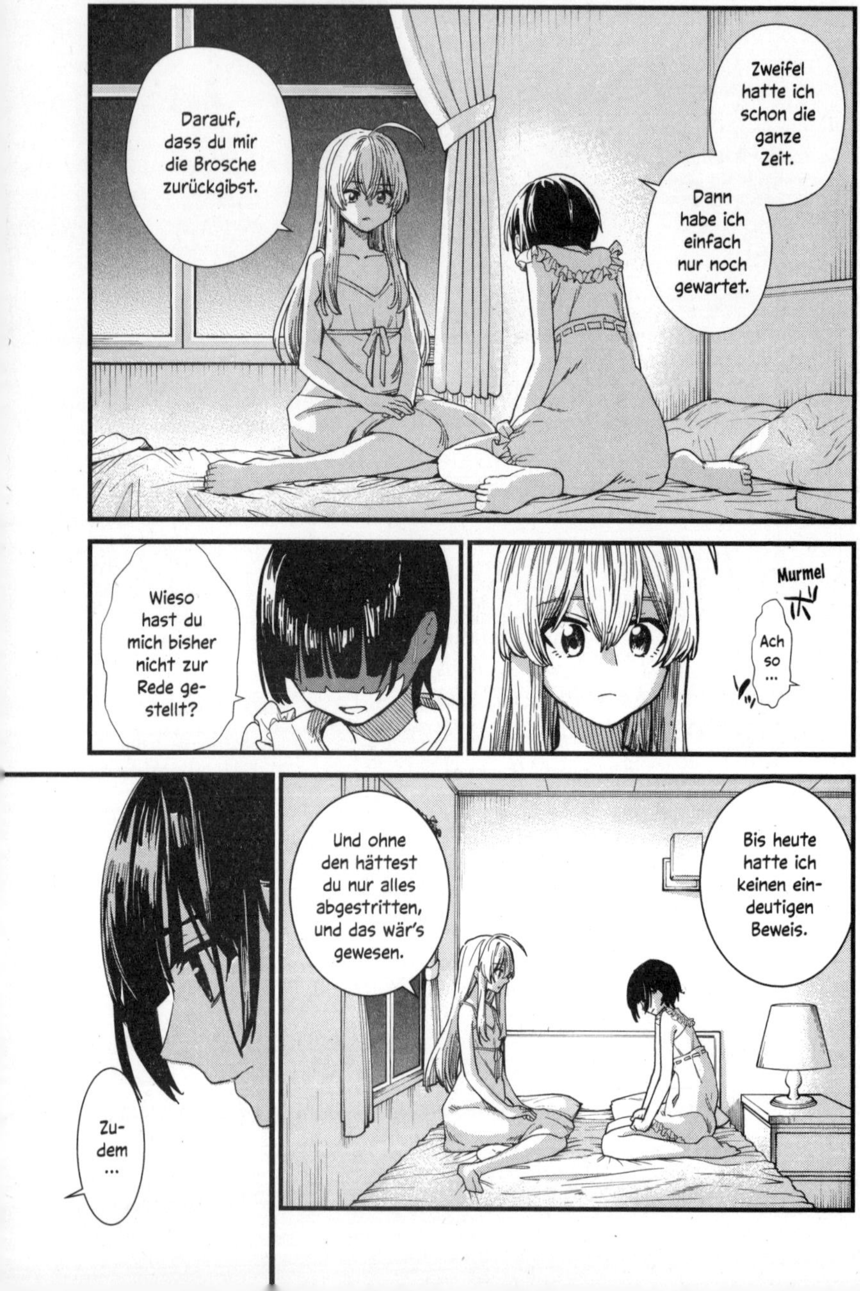
Zweifel hatte ich schon die ganze Zeit.
Dann habe ich einfach nur noch gewartet.
Darauf, dass du mir die Brosche zurückgibst.
Murmel
Ach so …
Wieso hast du mich bisher nicht zur Rede gestellt?
Bis heute hatte ich keinen eindeutigen Beweis.
Und ohne den hättest du nur alles abgestritten, und das wär's gewesen.
Zudem …

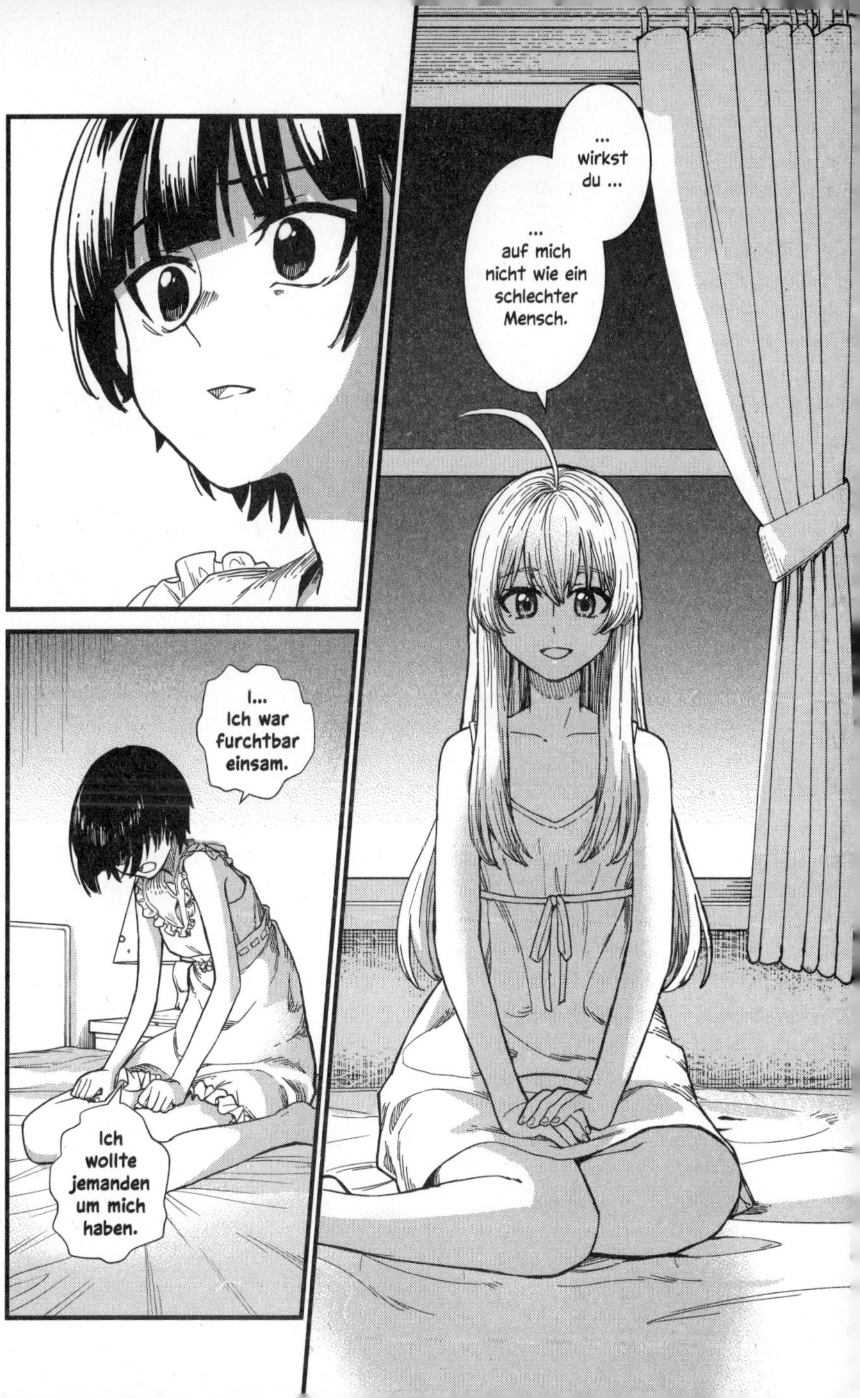
... wirkst du ...
... auf mich nicht wie ein schlechter Mensch.
I... Ich war furchtbar einsam.
Ich wollte jemanden um mich haben.

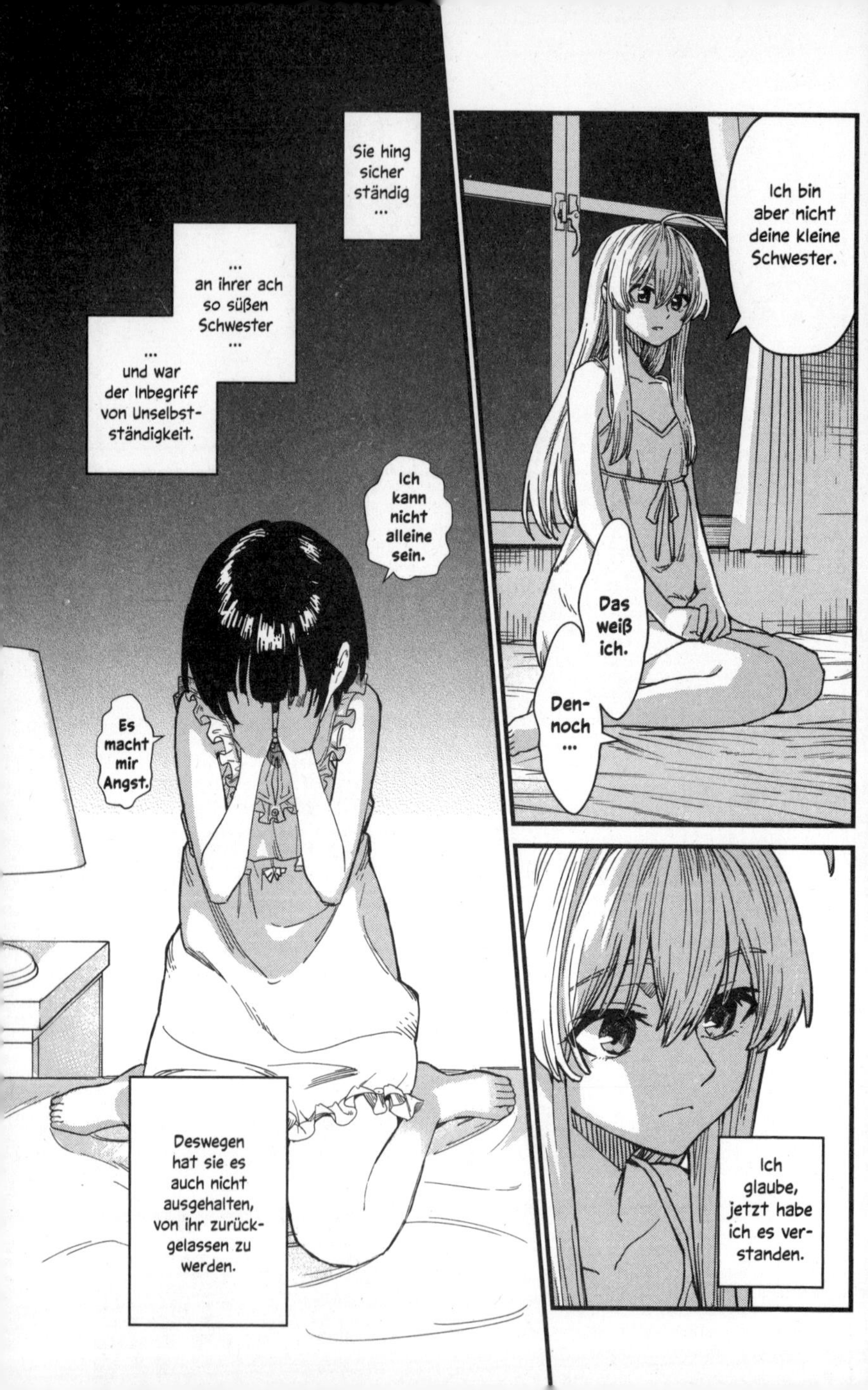
Sie hing sicher ständig ...
... an ihrer ach so süßen Schwester ...
... und war der Inbegriff von Unselbstständigkeit.
Ich kann nicht alleine sein.
Es macht mir Angst.
Deswegen hat sie es auch nicht ausgehalten, von ihr zurückgelassen zu werden.
Ich bin aber nicht deine kleine Schwester.
Das weiß ich.
Dennoch ...
Ich glaube, jetzt habe ich es verstanden.

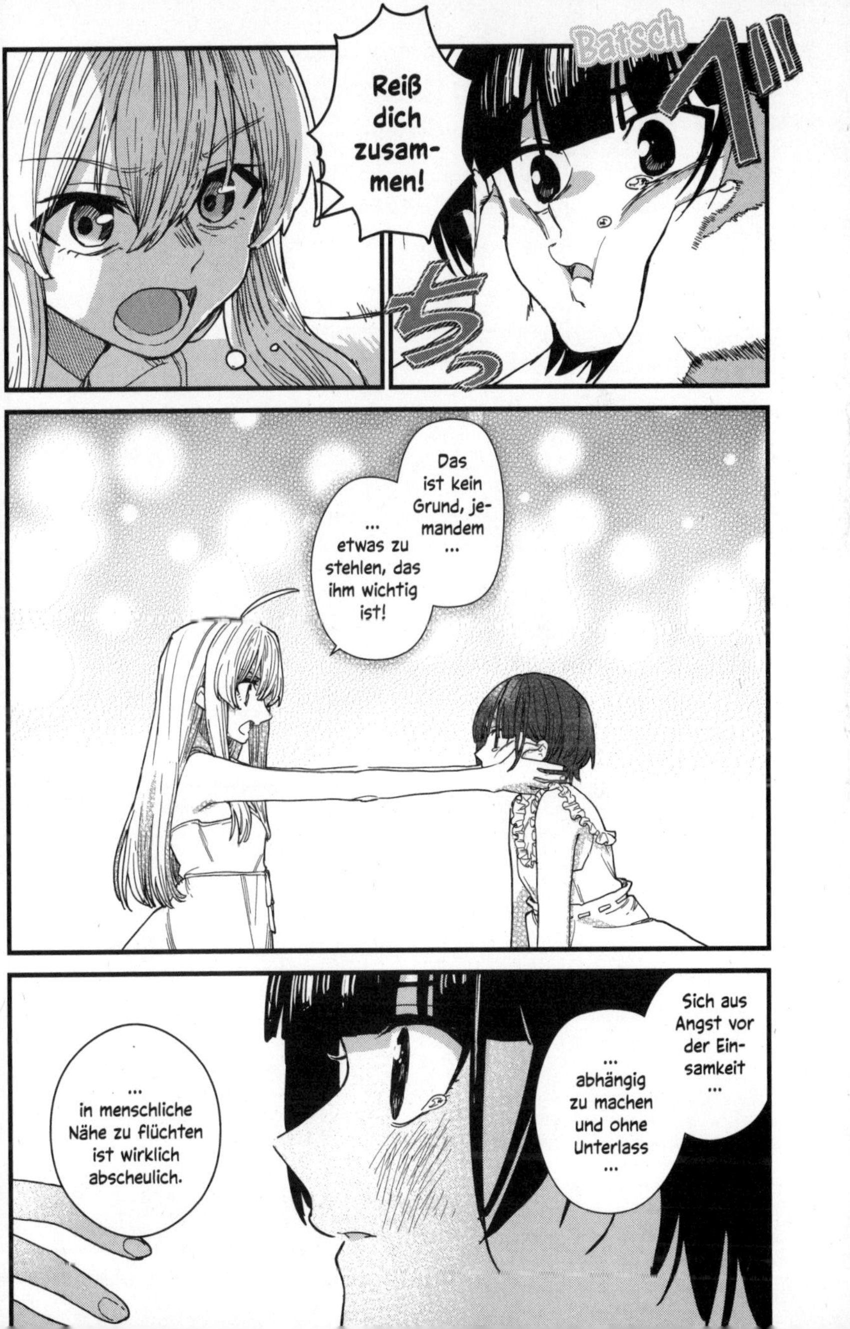
Batsch
Reiß dich zusammen!
Das ist kein Grund, jemandem ...
... etwas zu stehlen, das ihm wichtig ist!
Sich aus Angst vor der Einsamkeit ...
... abhängig zu machen und ohne Unterlass ...
... in menschliche Nähe zu flüchten ist wirklich abscheulich.

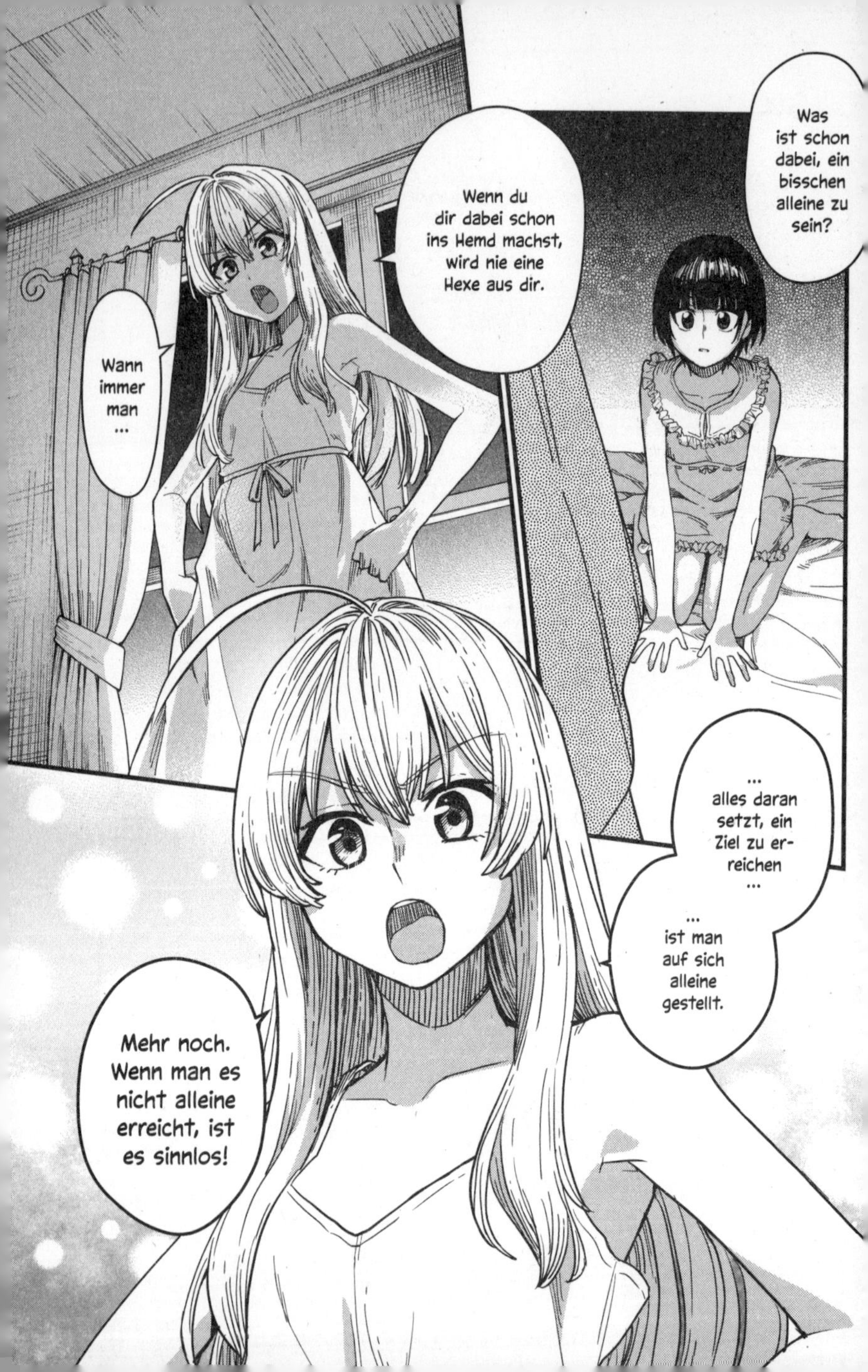
Was ist schon dabei, ein bisschen alleine zu sein?
Wenn du dir dabei schon ins Hemd machst, wird nie eine Hexe aus dir.
Wann immer man ...
... alles daran setzt, ein Ziel zu erreichen ...
... ist man auf sich alleine gestellt.
Mehr noch. Wenn man es nicht alleine erreicht, ist es sinnlos!

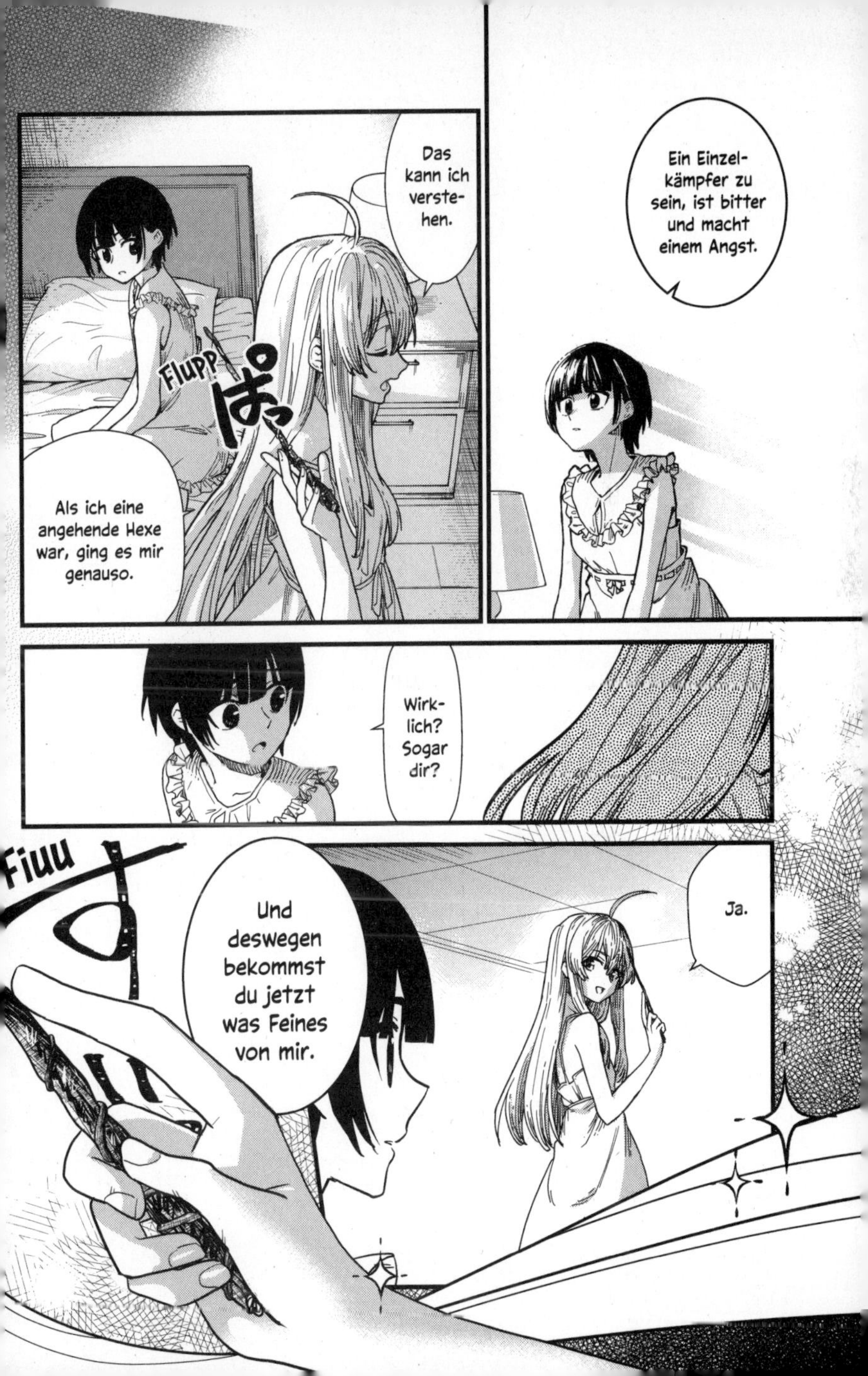
Ein Einzelkämpfer zu sein, ist bitter und macht einem Angst.
Das kann ich verstehen.
Flupp
ぱっ
Als ich eine angehende Hexe war, ging es mir genauso.
Wirklich? Sogar dir?
Ja.
Und deswegen bekommst du jetzt was Feines von mir.
Fiuu
す

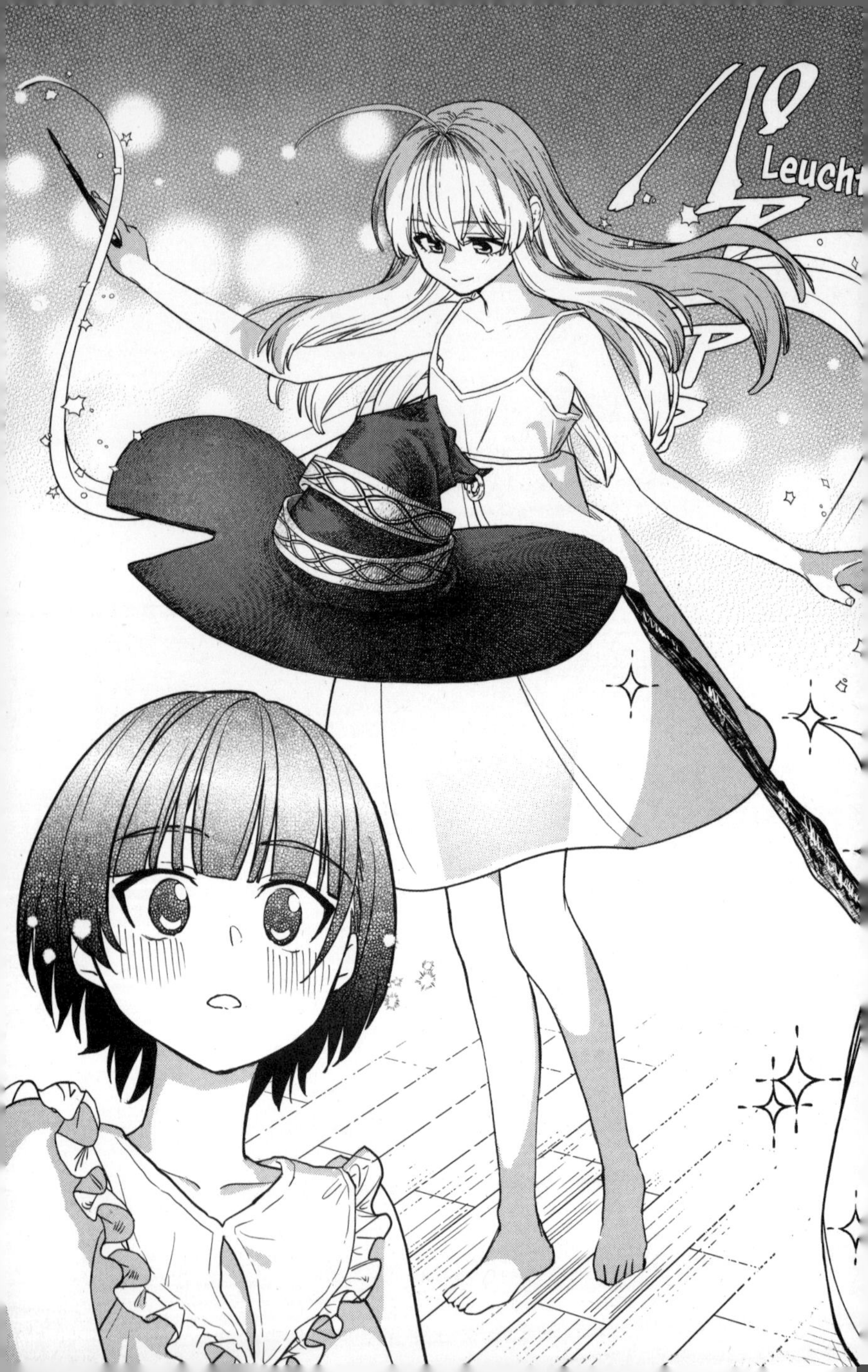
Leucht

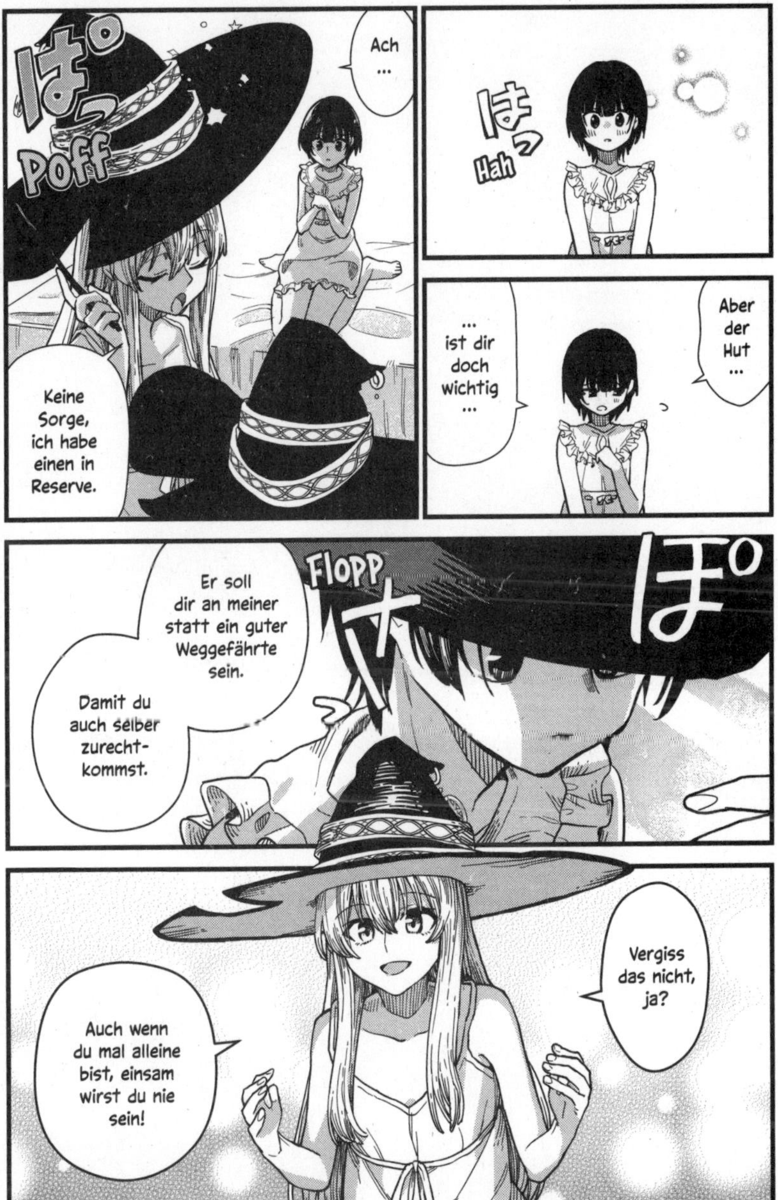

Hah
Aber der Hut ...
... ist dir doch wichtig ...
Poff
Ach ...
Keine Sorge, ich habe einen in Reserve.
Flopp
Er soll dir an meiner statt ein guter Weggefährte sein.
Damit du auch selber zurecht-kommst.
Vergiss das nicht, ja?
Auch wenn du mal alleine bist, einsam wirst du nie sein!

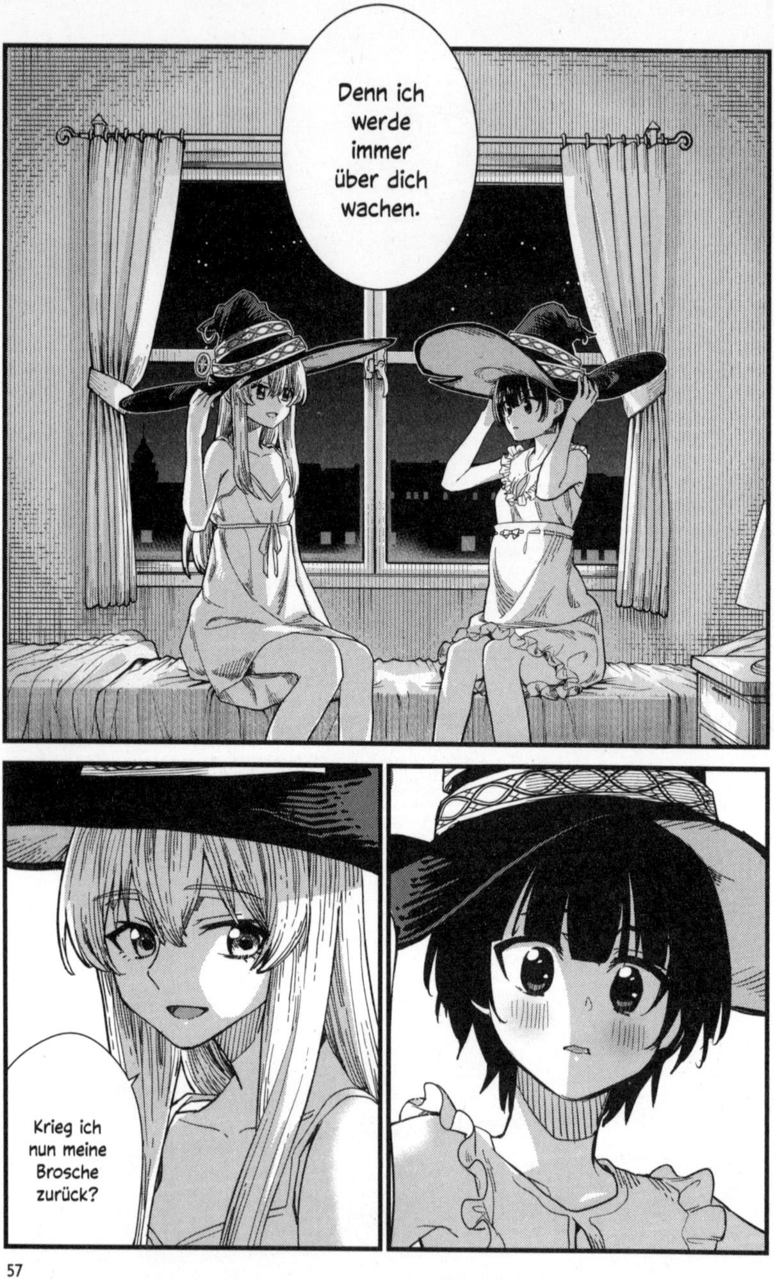
Denn ich werde immer über dich wachen.
Krieg ich nun meine Brosche zurück?

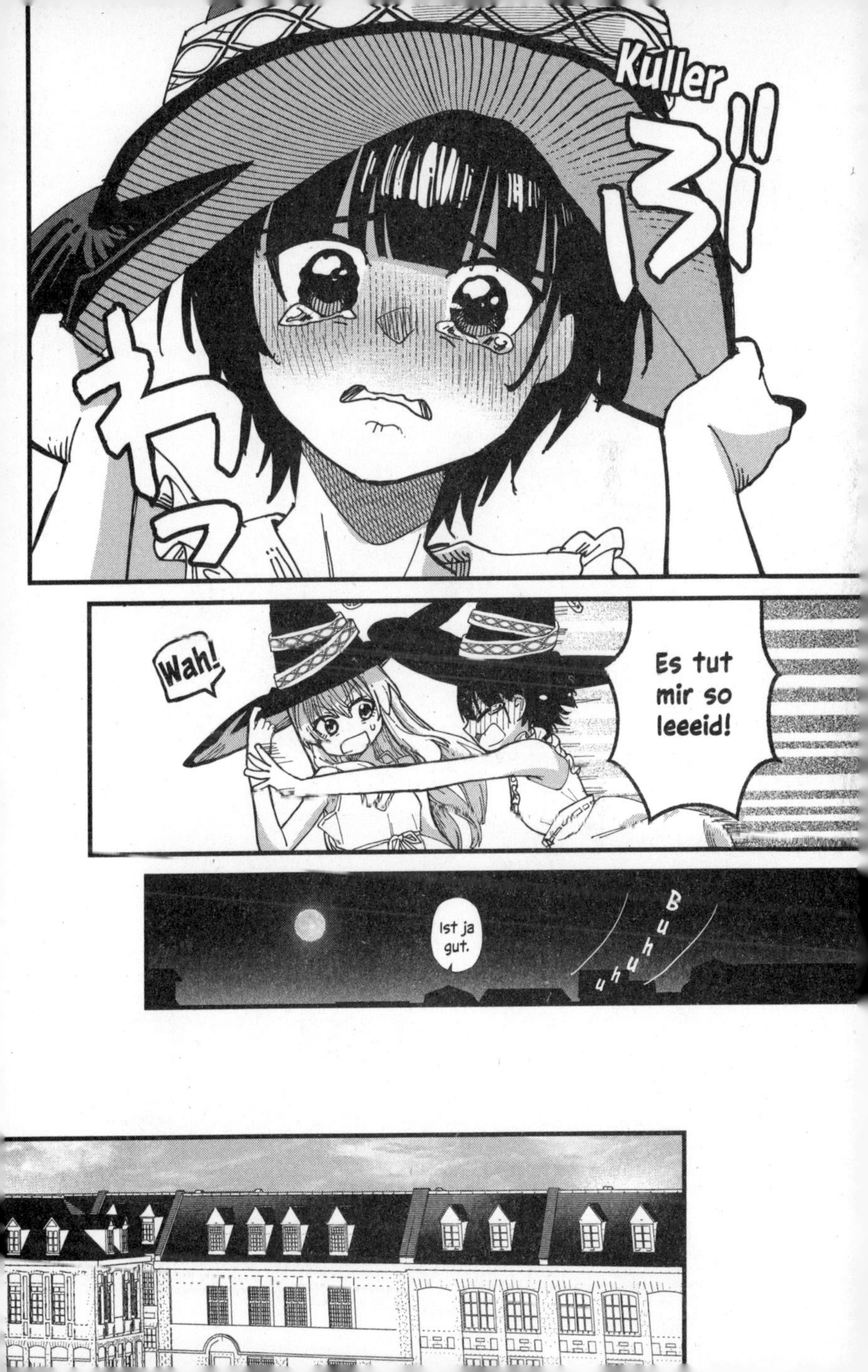

Kuller
Es tut mir so leeeid!
Wah!
Buhuhuh
Ist ja gut.

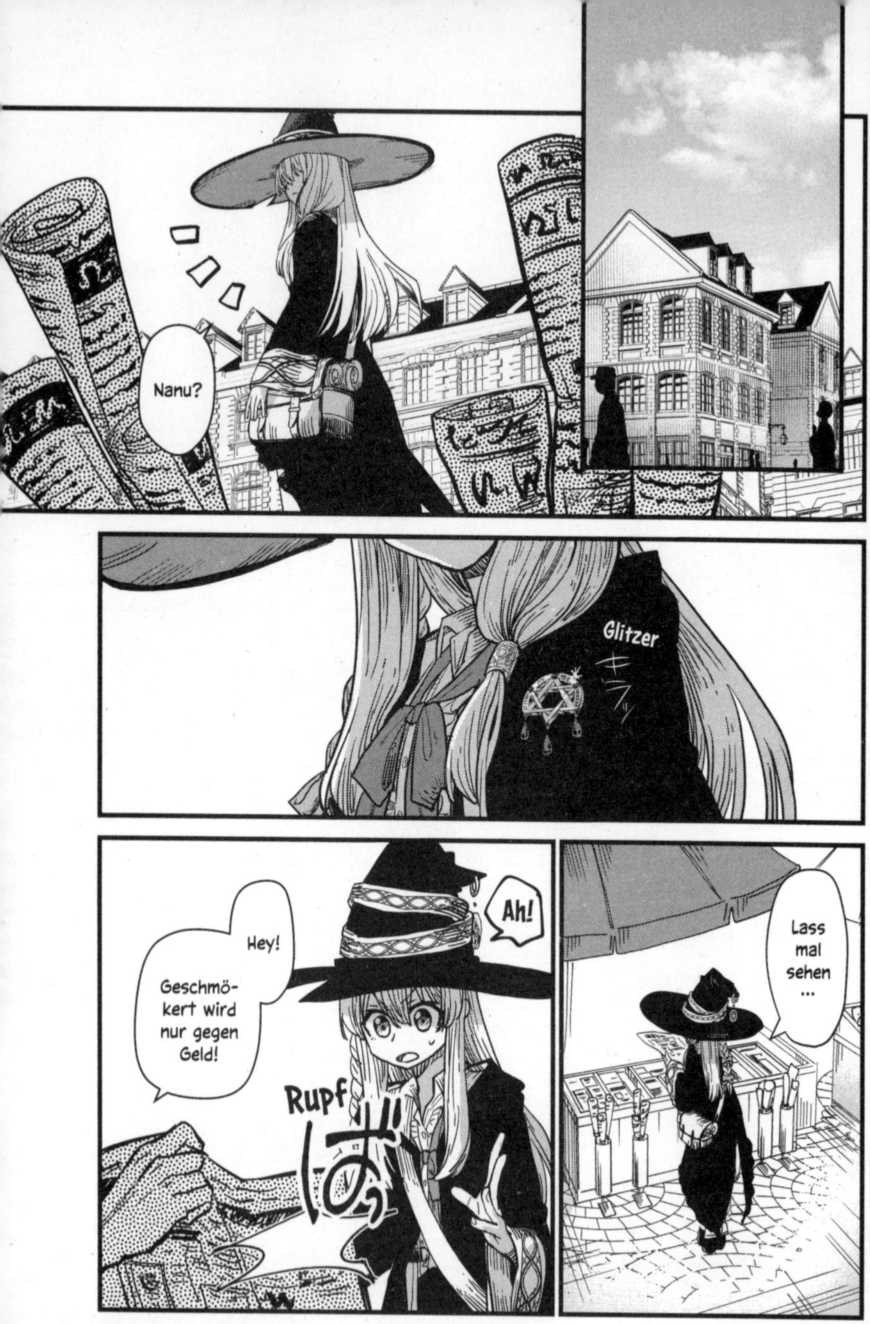

Nanu?
Glitzer
Lass mal sehen ...
Ah!
Hey!
Geschmökert wird nur gegen Geld!
Rupf

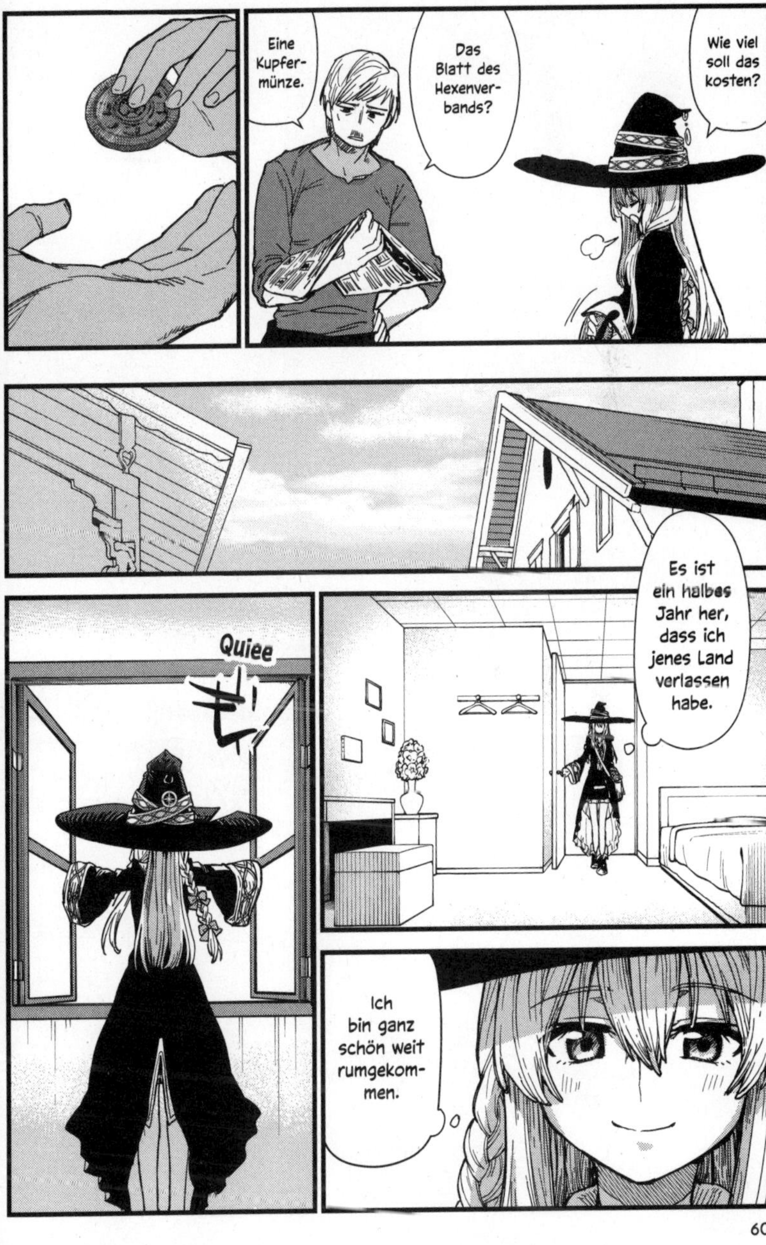
Wie viel soll das kosten?
Das Blatt des Hexenverbands?
Eine Kupfermünze.
Es ist ein halbes Jahr her, dass ich jenes Land verlassen habe.
Quiee
Ich bin ganz schön weit rumgekommen.

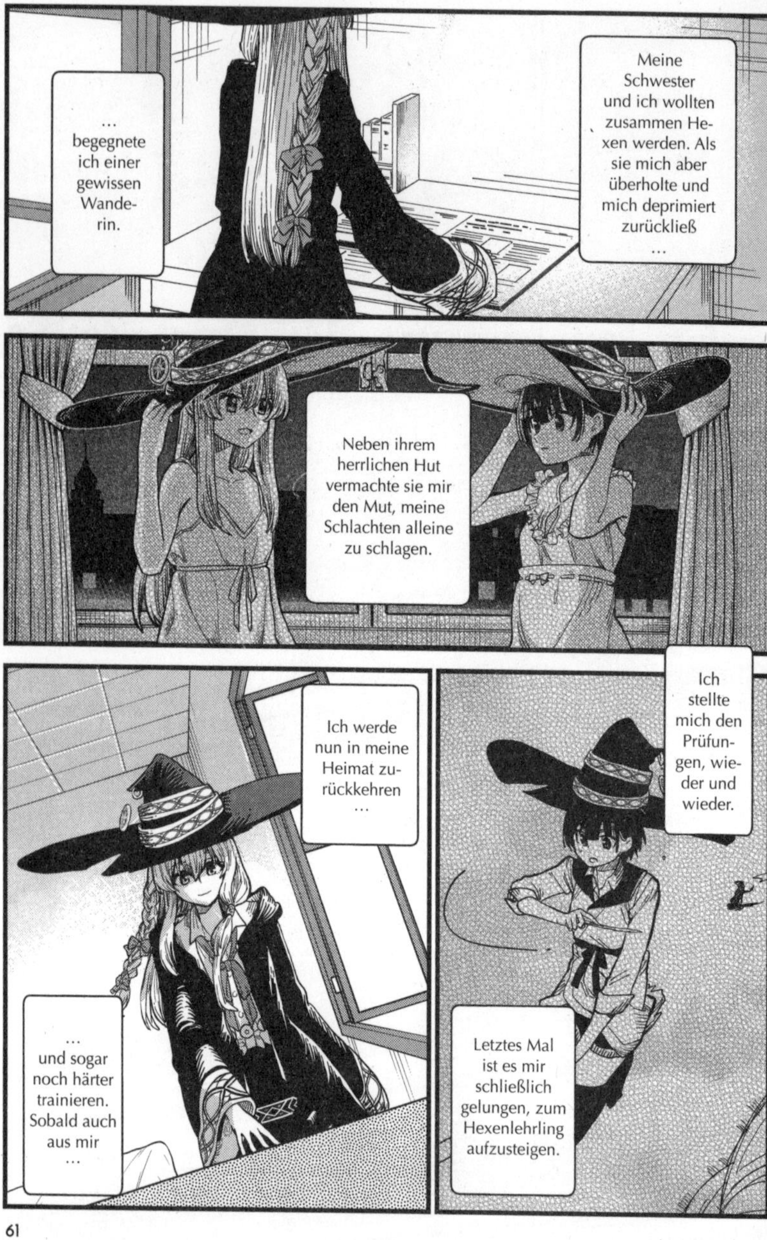
Meine Schwester und ich wollten zusammen Hexen werden. Als sie mich aber überholte und mich deprimiert zurückließ …
… begegnete ich einer gewissen Wanderin.
Neben ihrem herrlichen Hut vermachte sie mir den Mut, meine Schlachten alleine zu schlagen.
Ich stellte mich den Prüfungen, wieder und wieder.
Letztes Mal ist es mir schließlich gelungen, zum Hexenlehrling aufzusteigen.
Ich werde nun in meine Heimat zurückkehren …
… und sogar noch härter trainieren. Sobald auch aus mir …

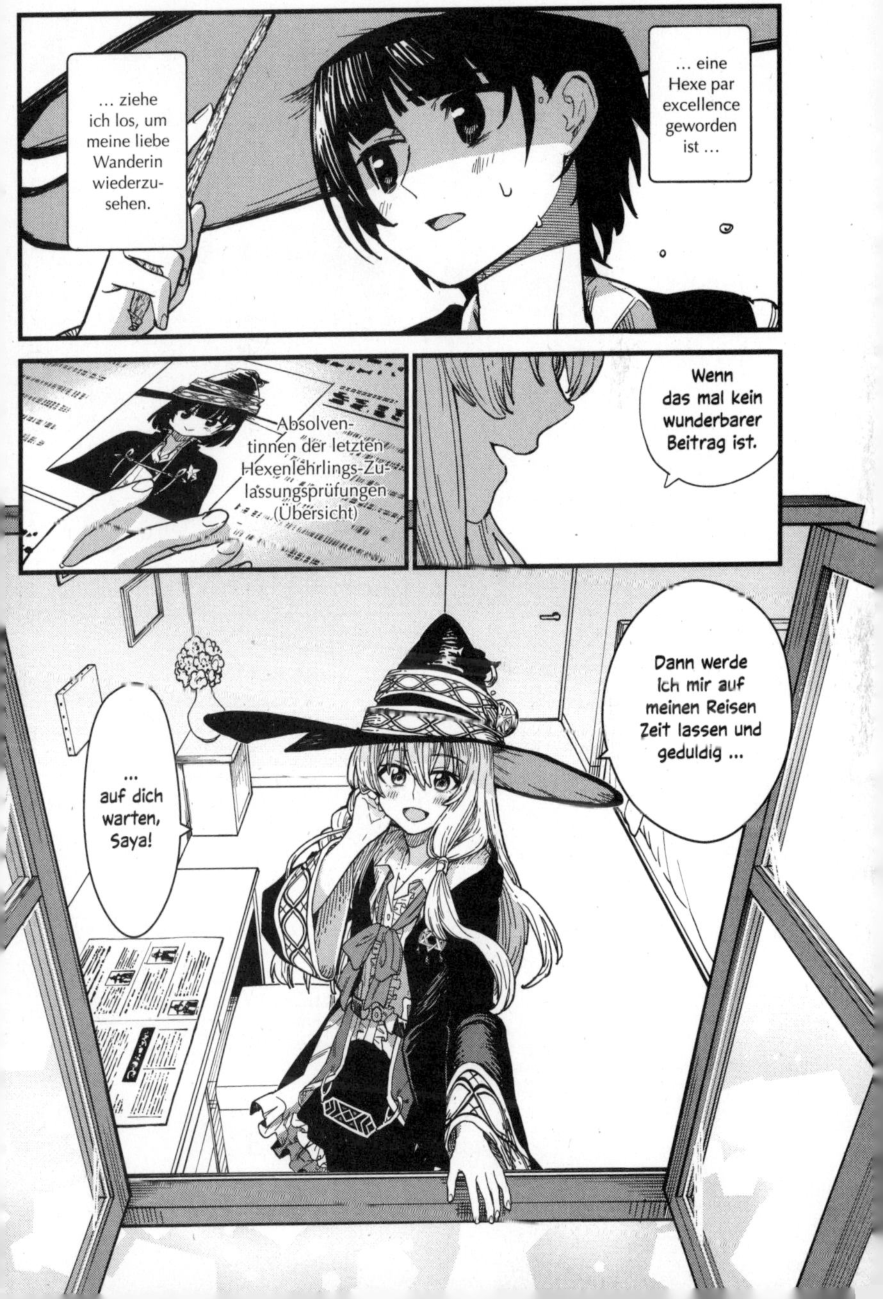

… eine Hexe par excellence geworden ist …
… ziehe ich los, um meine liebe Wanderin wiederzusehen.
Wenn das mal kein wunderbarer Beitrag ist.
Absolventinnen der letzten Hexenlehrlings-Zulassungsprüfungen (Übersicht)
Dann werde ich mir auf meinen Reisen Zeit lassen und geduldig …
… auf dich warten, Saya!

Kapitel 2

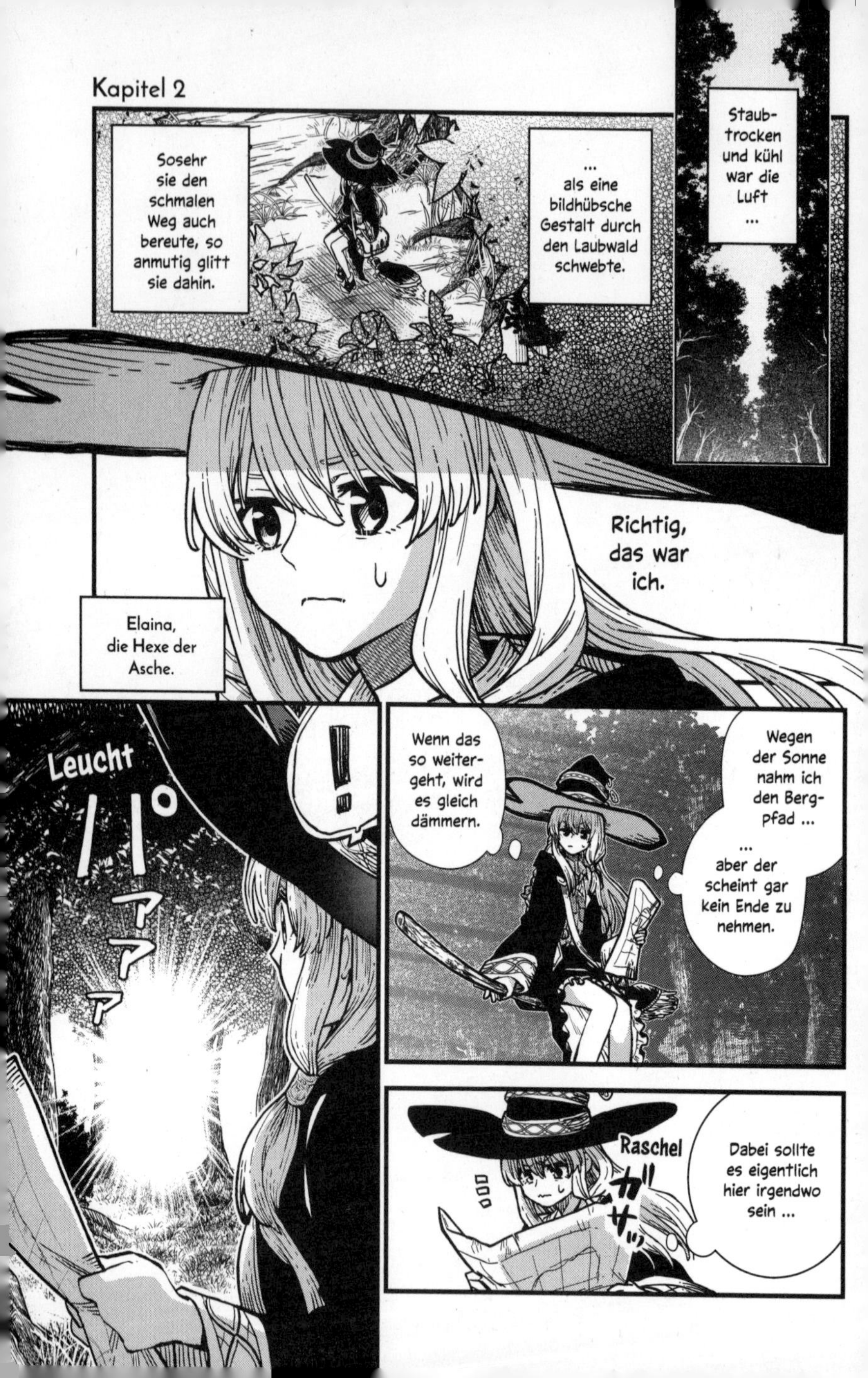
Staub-trocken und kühl war die Luft ...
... als eine bildhübsche Gestalt durch den Laubwald schwebte.
Sosehr sie den schmalen Weg auch bereute, so anmutig glitt sie dahin.
Richtig, das war ich.
Elaina, die Hexe der Asche.
Wegen der Sonne nahm ich den Berg-pfad ...
... aber der scheint gar kein Ende zu nehmen.
Wenn das so weiter-geht, wird es gleich dämmern.
Raschel
Dabei sollte es eigentlich hier irgendwo sein ...
!
Leucht

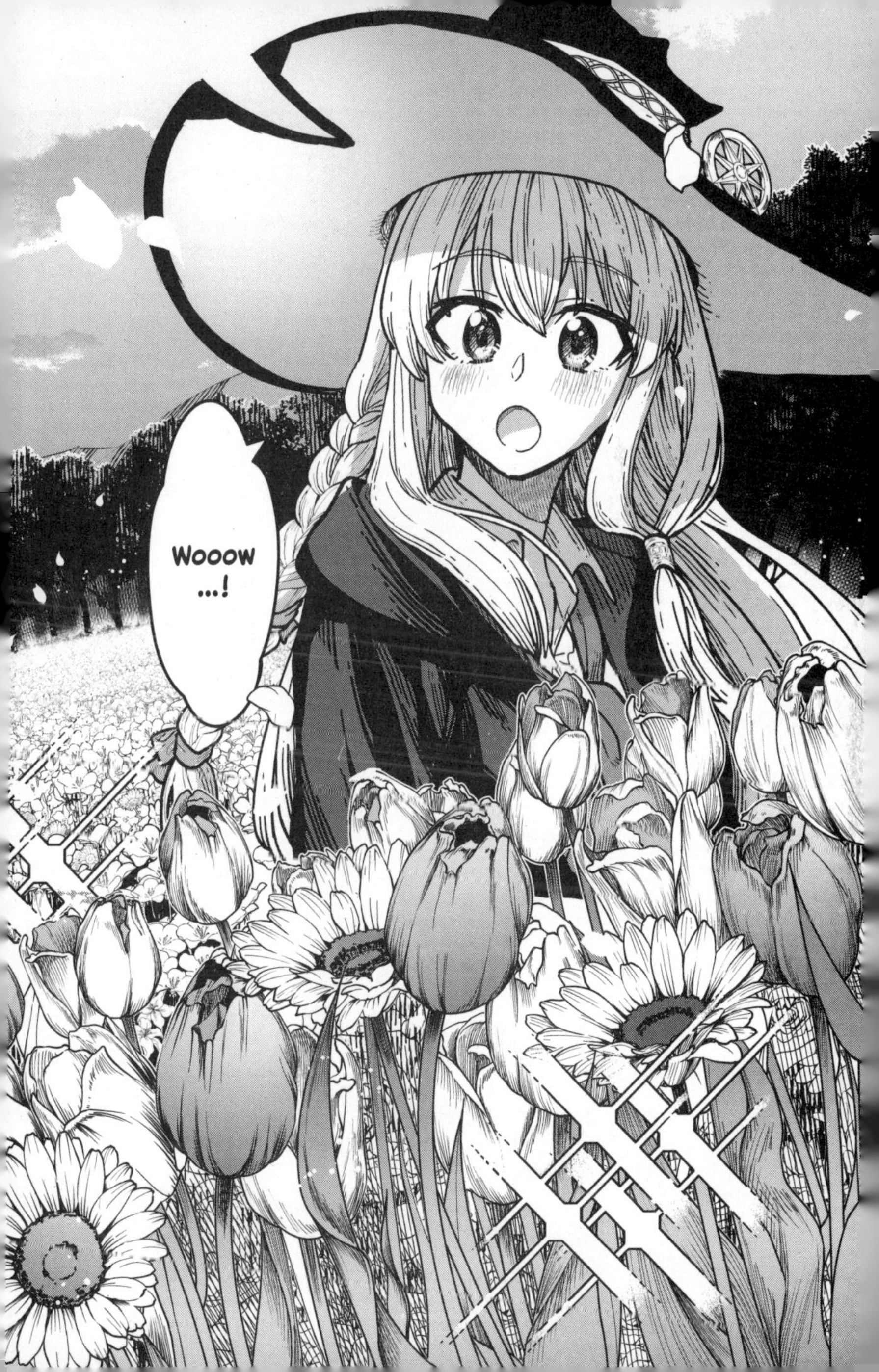
Wooow
...!

Kapitel 2 - Das Land der Blumen

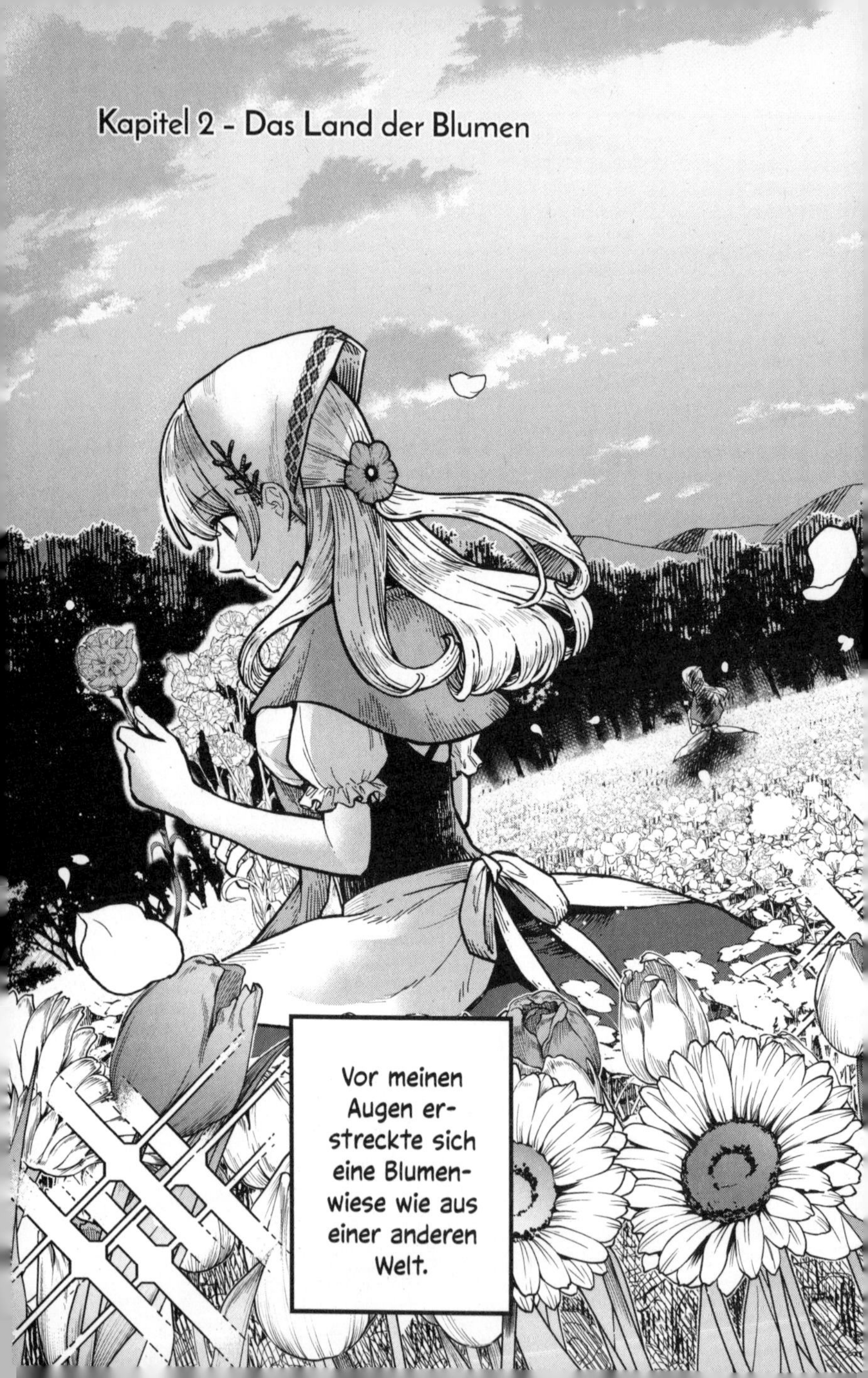

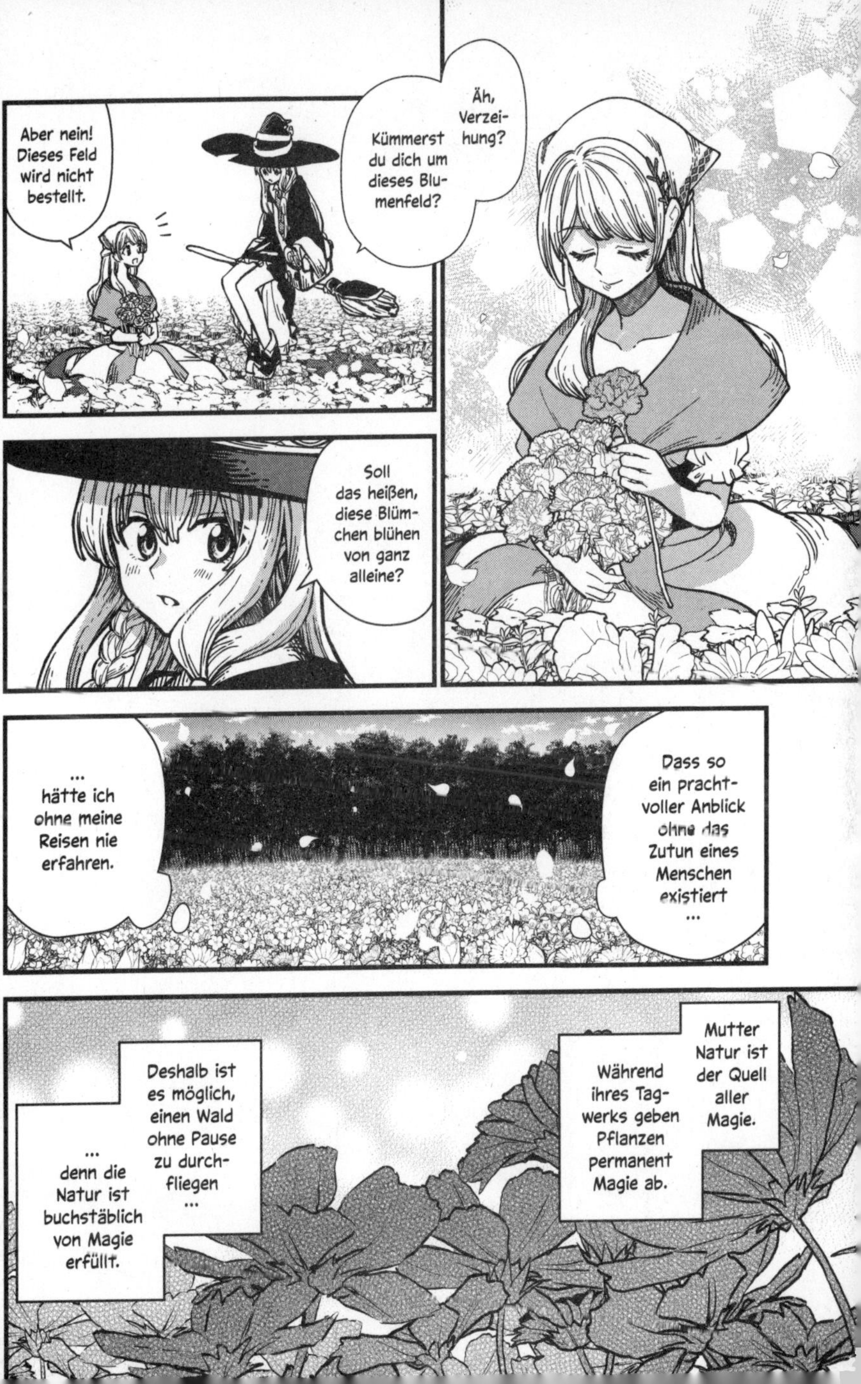

Äh, Verzeihung?
Kümmerst du dich um dieses Blumenfeld?
Aber nein! Dieses Feld wird nicht bestellt.
Soll das heißen, diese Blümchen blühen von ganz alleine?
Dass so ein prachtvoller Anblick ohne das Zutun eines Menschen existiert ...
... hätte ich ohne meine Reisen nie erfahren.
Mutter Natur ist der Quell aller Magie.
Während ihres Tagwerks geben Pflanzen permanent Magie ab.
Deshalb ist es möglich, einen Wald ohne Pause zu durchfliegen ...
... denn die Natur ist buchstäblich von Magie erfüllt.

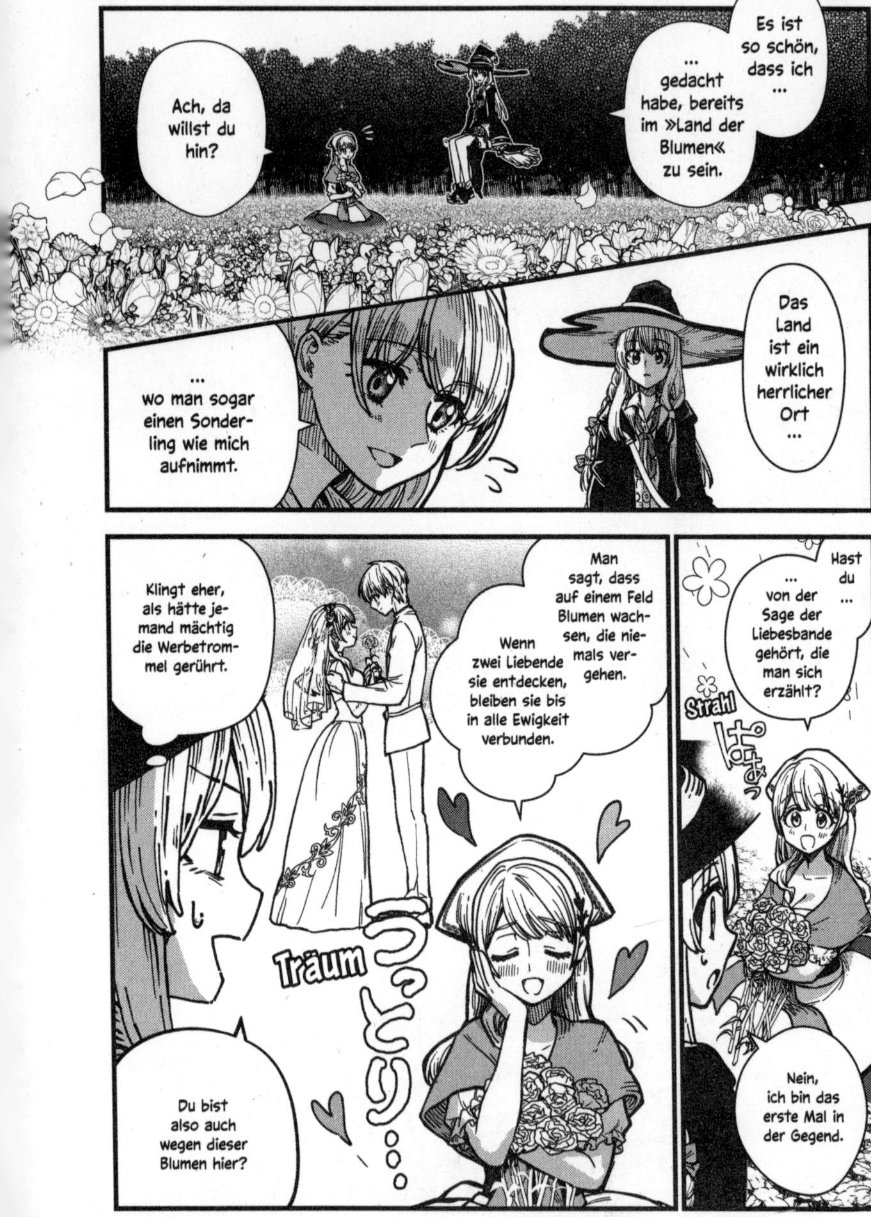
Es ist so schön, dass ich ...
... gedacht habe, bereits im »Land der Blumen« zu sein.
Ach, da willst du hin?
Das Land ist ein wirklich herrlicher Ort ...
... wo man sogar einen Sonderling wie mich aufnimmt.
Hast du ... von der Sage der Liebesbande gehört, die man sich erzählt?
Strahl
ぱぁっ
Nein, ich bin das erste Mal in der Gegend.
Man sagt, dass auf einem Feld Blumen wachsen, die niemals vergehen.
Wenn zwei Liebende sie entdecken, bleiben sie bis in alle Ewigkeit verbunden.
Träum
うっとり・・・
Klingt eher, als hätte jemand mächtig die Werbetrommel gerührt.
Du bist also auch wegen dieser Blumen hier?

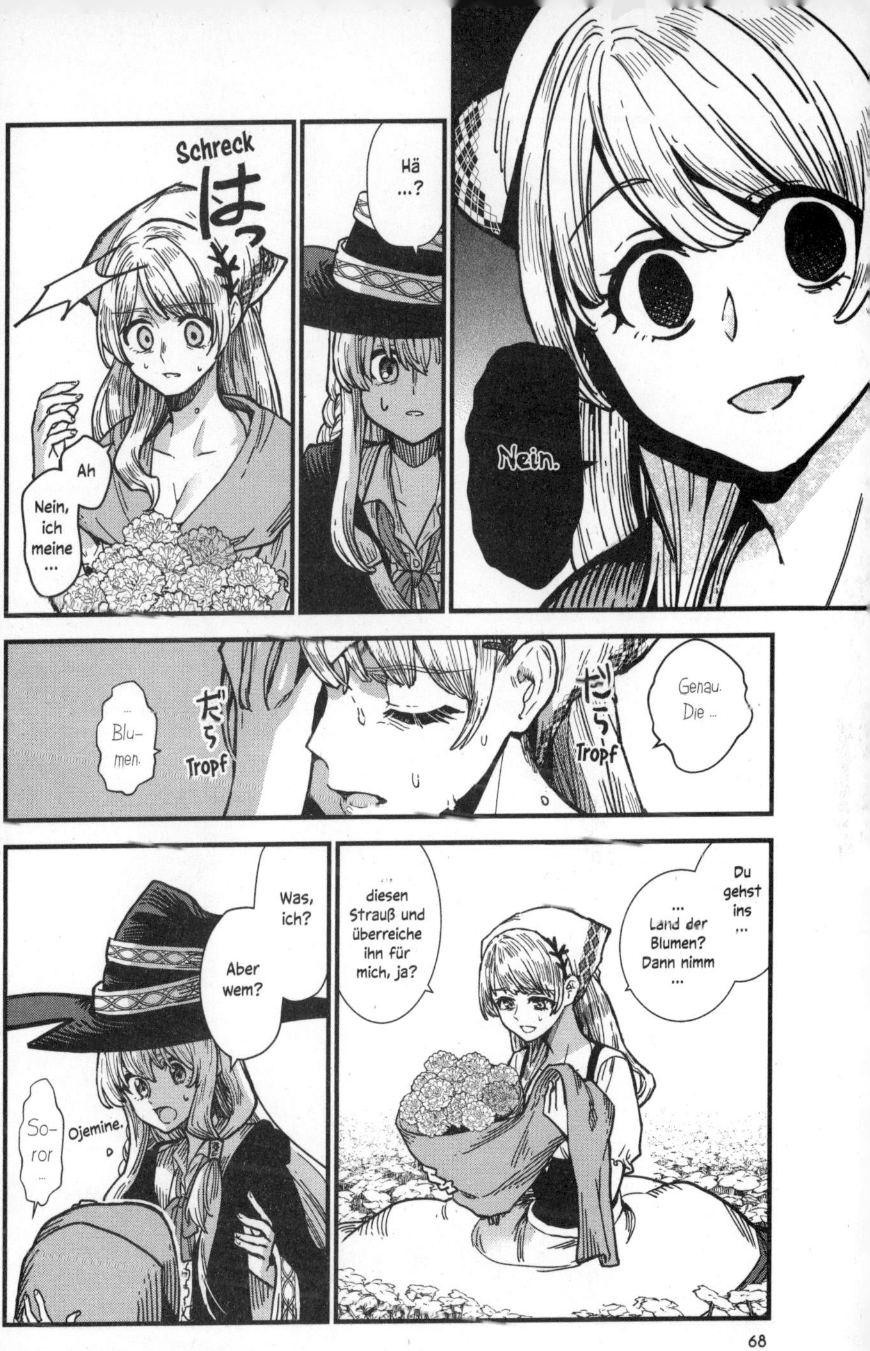
Nein.
Hä ...?
Schreck
はっ
Ah
Nein, ich meine ...
Genau. Die ...
だら
Tropf
だら
Tropf
... Blu-men.
Du gehst ins ...
... Land der Blumen? Dann nimm ...
... diesen Strauß und überreiche ihn für mich, ja?
Was, ich?
Aber wem?
Ojemine.
So-ror ...

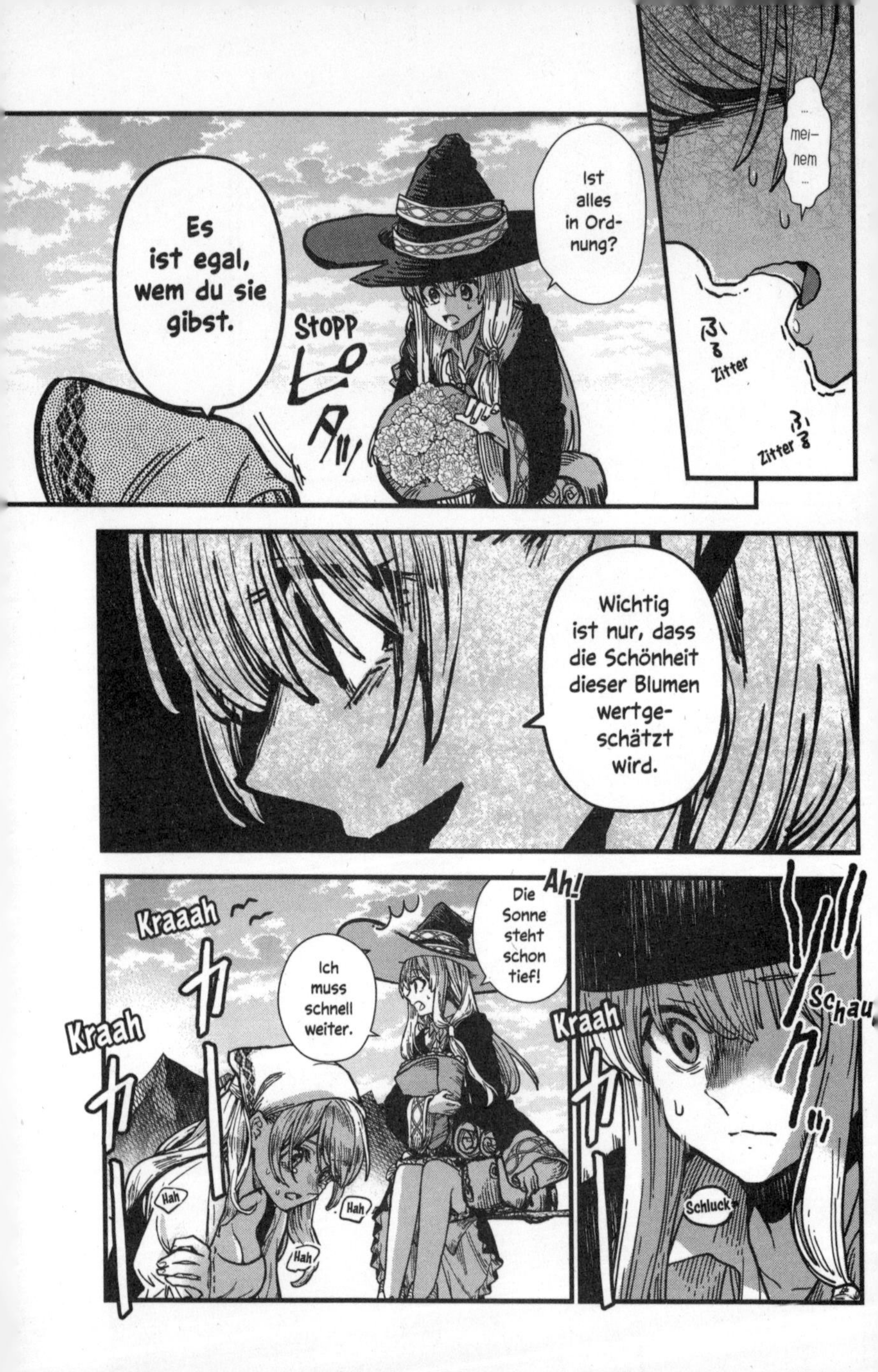
... mei- nem ...
Zitter
Zitter
Ist alles in Ordnung?
Stopp
Es ist egal, wem du sie gibst.
Wichtig ist nur, dass die Schönheit dieser Blumen wertgeschätzt wird.
Schau
Kraah
Schluck
Ah!
Die Sonne steht schon tief!
Ich muss schnell weiter.
Kraaah
Kraah
Hah
Hah
Hah

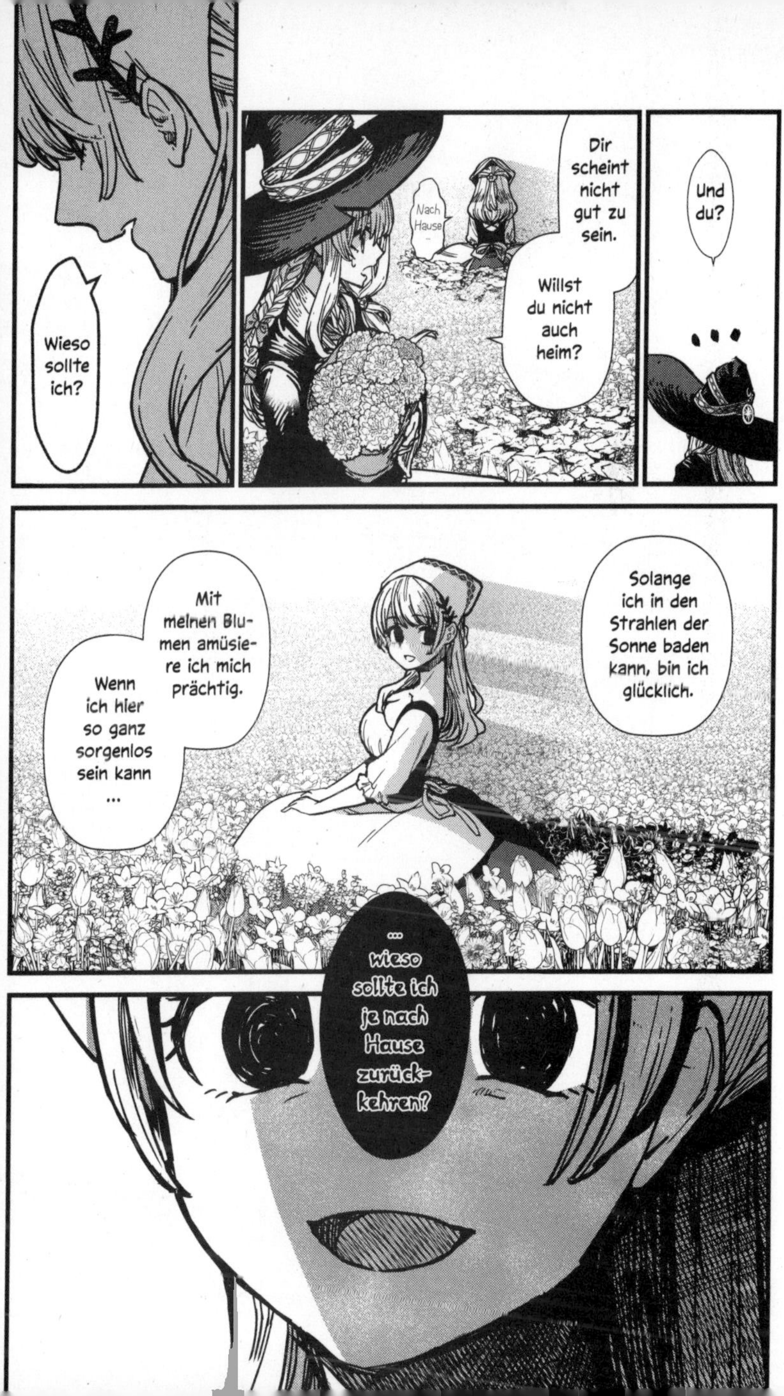

Und du?
...
Dir scheint nicht gut zu sein.
Willst du nicht auch heim?
Nach Hause ...
Wieso sollte ich?
Solange ich in den Strahlen der Sonne baden kann, bin ich glücklich.
Mit meinen Blumen amüsiere ich mich prächtig.
Wenn ich hier so ganz sorgenlos sein kann ...
... wieso sollte ich je nach Hause zurückkehren?

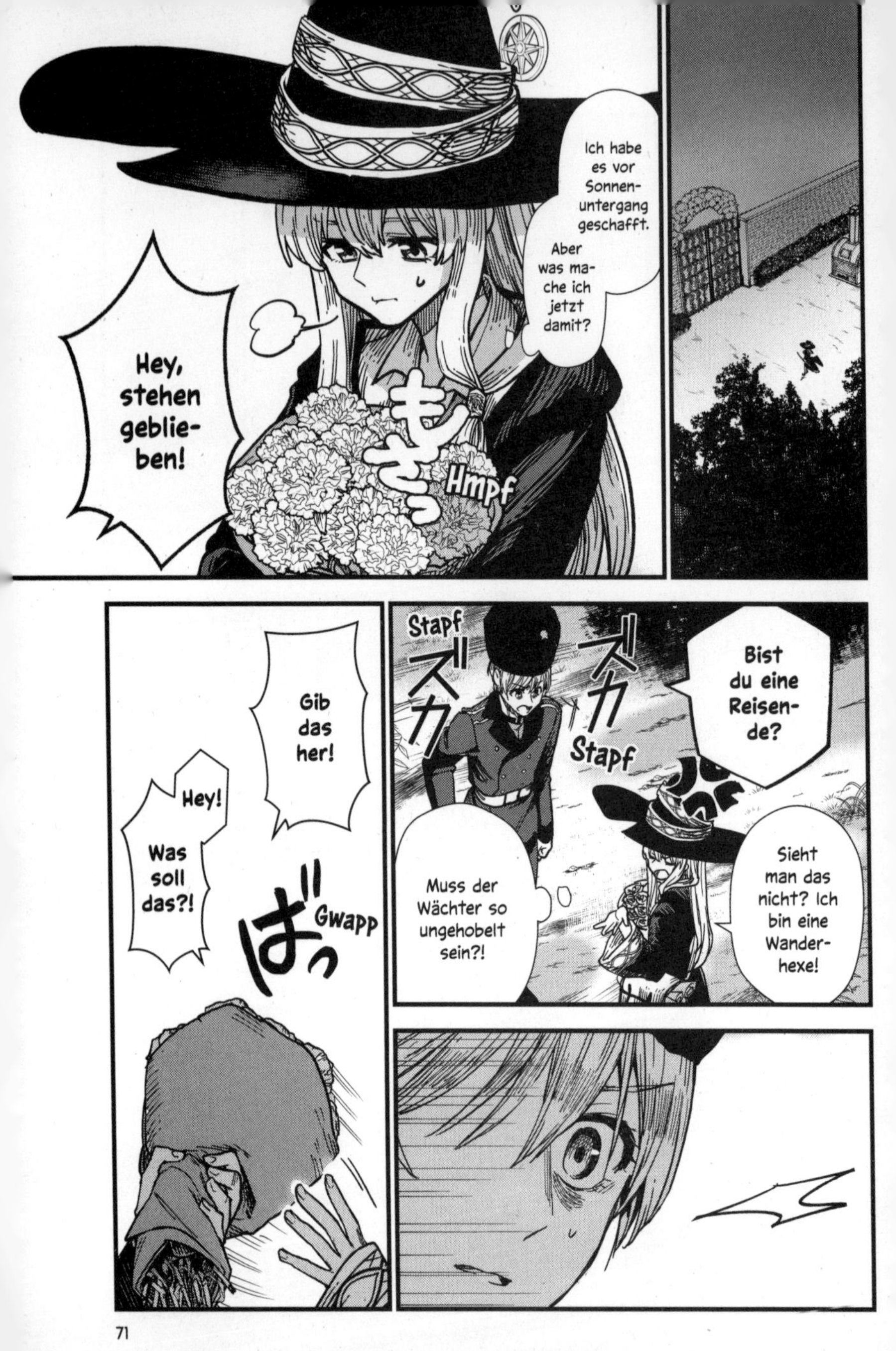
Ich habe es vor Sonnenuntergang geschafft.
Aber was mache ich jetzt damit?
Hmpf
Hey, stehen geblieben!
Bist du eine Reisende?
Stapf
Stapf
Sieht man das nicht? Ich bin eine Wanderhexe!
Muss der Wächter so ungehobelt sein?!
Gib das her!
Hey!
Was soll das?!
Gwapp

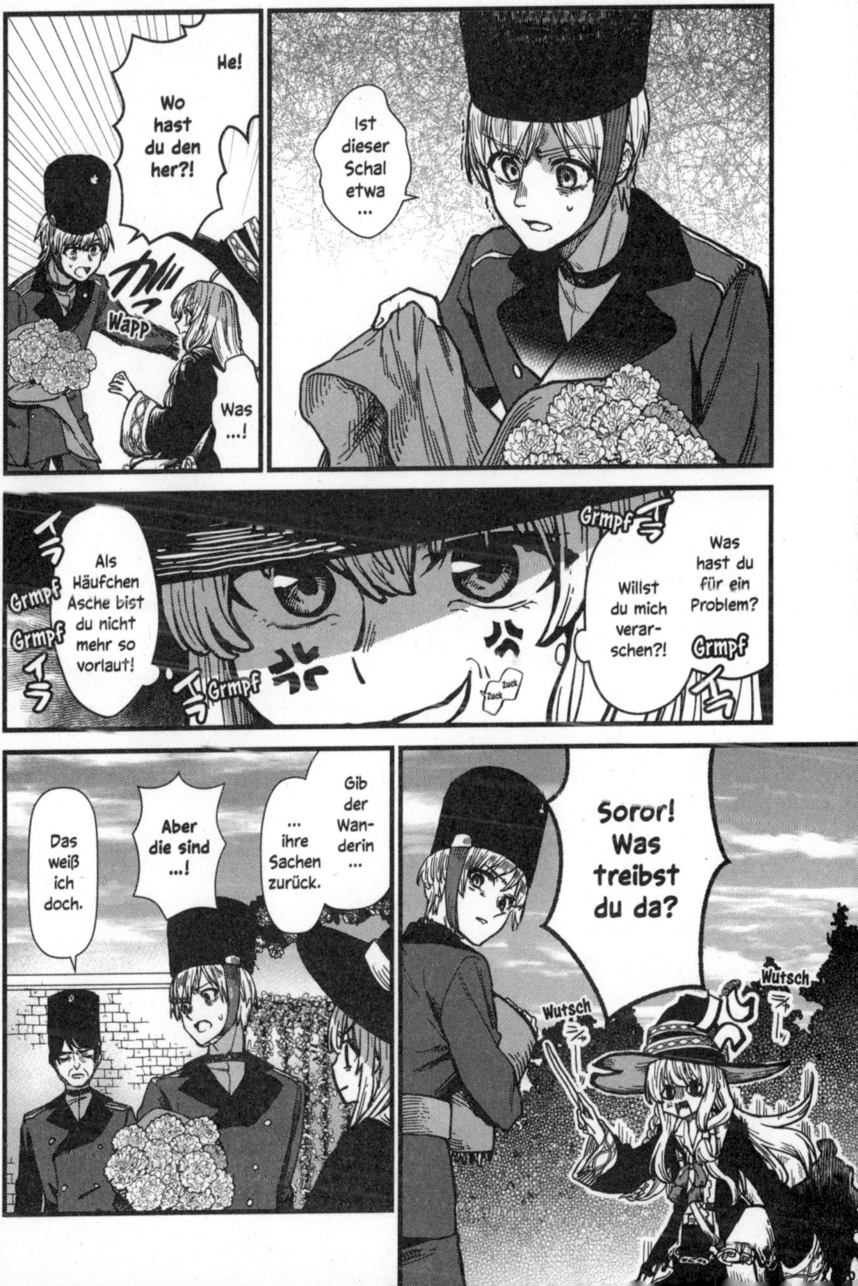
Ist dieser Schal etwa ...
He!
Wo hast du den her?!
Wapp
Was ...!
Was hast du für ein Problem?
Grmpf
Willst du mich verar-schen?!
Grmpf
Zuck Zuck
Als Häufchen Asche bist du nicht mehr so vorlaut!
Grmpf
Grmpf
Grmpf
Soror! Was treibst du da?
Wutsch
Wutsch
Gib der Wan-derin ...
... ihre Sachen zurück.
Aber die sind ...!
Das weiß ich doch.

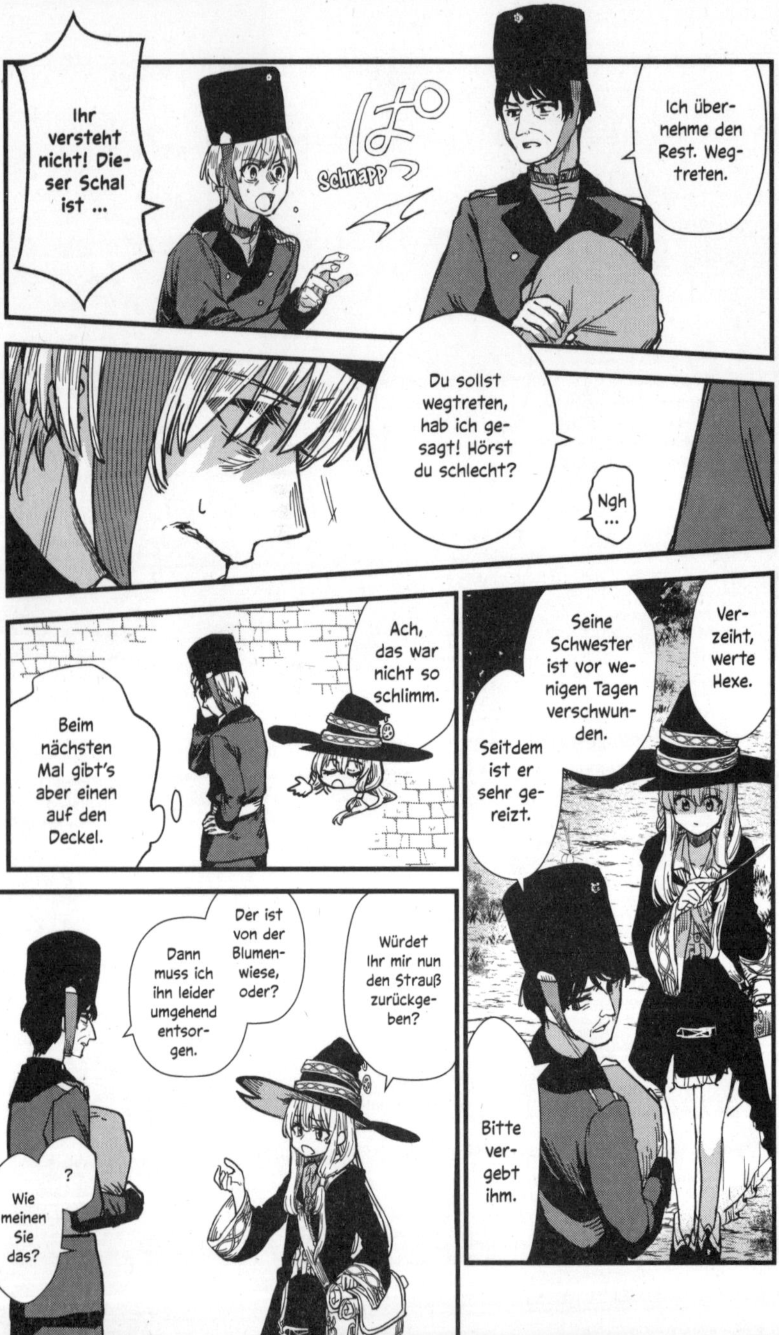
Ich übernehme den Rest. Wegtreten.
ぱっ
Schnapp
Ihr versteht nicht! Dieser Schal ist ...
Du sollst wegtreten, hab ich gesagt! Hörst du schlecht?
Ngh ...
Verzeiht, werte Hexe.
Seine Schwester ist vor wenigen Tagen verschwunden.
Seitdem ist er sehr gereizt.
Bitte vergebt ihm.
Ach, das war nicht so schlimm.
Beim nächsten Mal gibt's aber einen auf den Deckel.
Würdet Ihr mir nun den Strauß zurückgeben?
Der ist von der Blumenwiese, oder?
Dann muss ich ihn leider umgehend entsorgen.
?
Wie meinen Sie das?

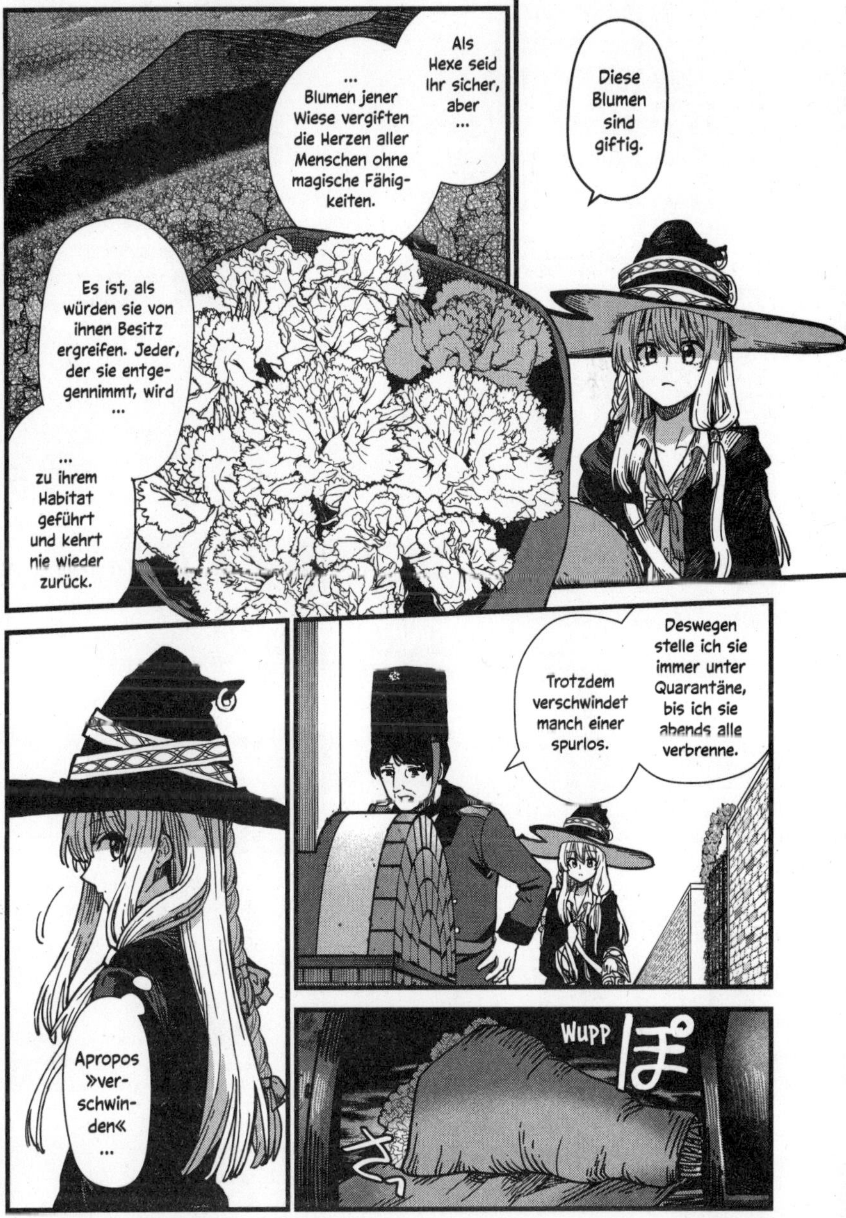
Diese Blumen sind giftig.
Als Hexe seid Ihr sicher, aber ...
... Blumen jener Wiese vergiften die Herzen aller Menschen ohne magische Fähigkeiten.
Es ist, als würden sie von ihnen Besitz ergreifen. Jeder, der sie entgegennimmt, wird ...
... zu ihrem Habitat geführt und kehrt nie wieder zurück.
Deswegen stelle ich sie immer unter Quarantäne, bis ich sie abends alle verbrenne.
Trotzdem verschwindet manch einer spurlos.
Apropos »verschwinden« ...
Wupp ぽ
さっ

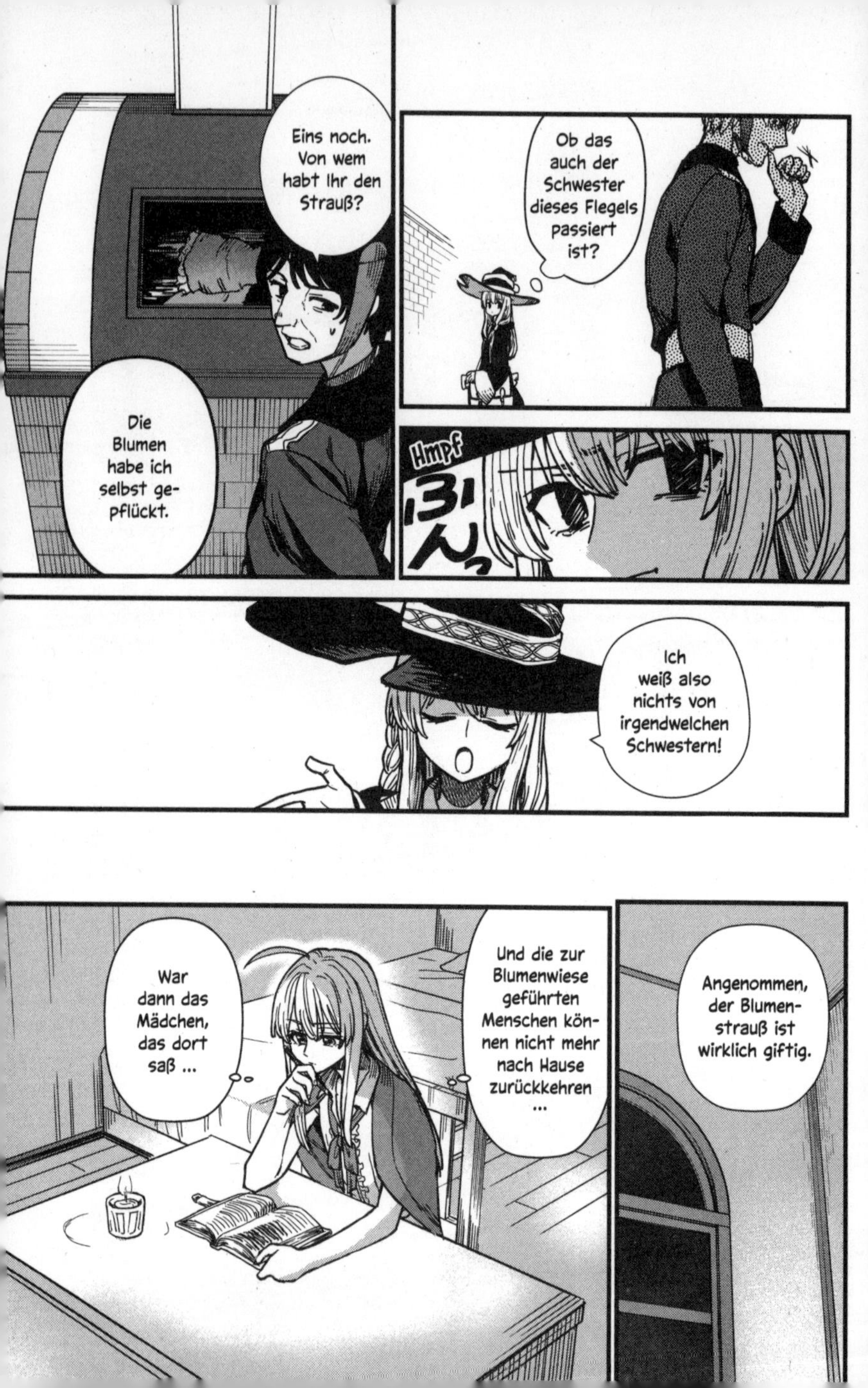
Ob das auch der Schwester dieses Flegels passiert ist?
Hmpf
Eins noch. Von wem habt Ihr den Strauß?
Die Blumen habe ich selbst gepflückt.
Ich weiß also nichts von irgendwelchen Schwestern!
Angenommen, der Blumenstrauß ist wirklich giftig.
Und die zur Blumenwiese geführten Menschen können nicht mehr nach Hause zurückkehren …
War dann das Mädchen, das dort saß …

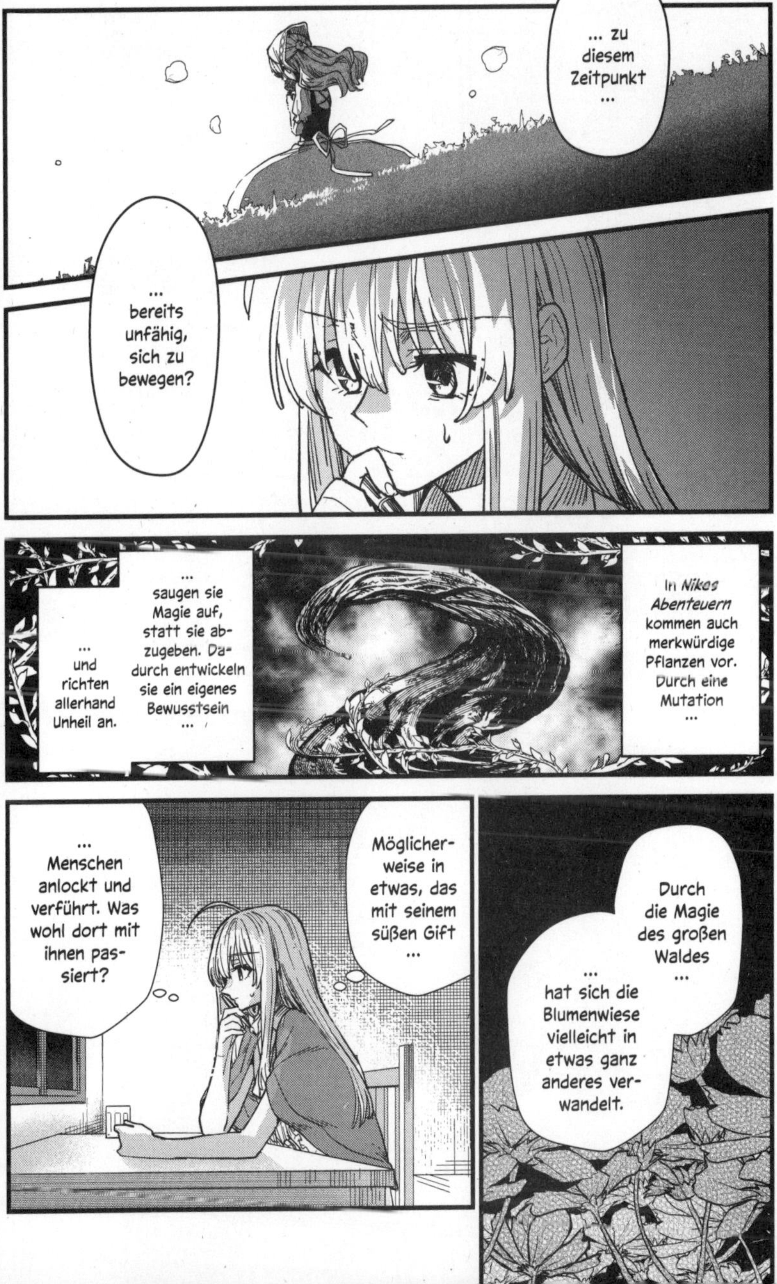
... zu diesem Zeitpunkt ...
... bereits unfähig, sich zu bewegen?
In Nikos Abenteuern kommen auch merkwürdige Pflanzen vor. Durch eine Mutation ...
... saugen sie Magie auf, statt sie abzugeben. Dadurch entwickeln sie ein eigenes Bewusstsein ...
... und richten allerhand Unheil an.
Durch die Magie des großen Waldes ...
... hat sich die Blumenwiese vielleicht in etwas ganz anderes verwandelt.
Möglicherweise in etwas, das mit seinem süßen Gift ...
... Menschen anlockt und verführt. Was wohl dort mit ihnen passiert?

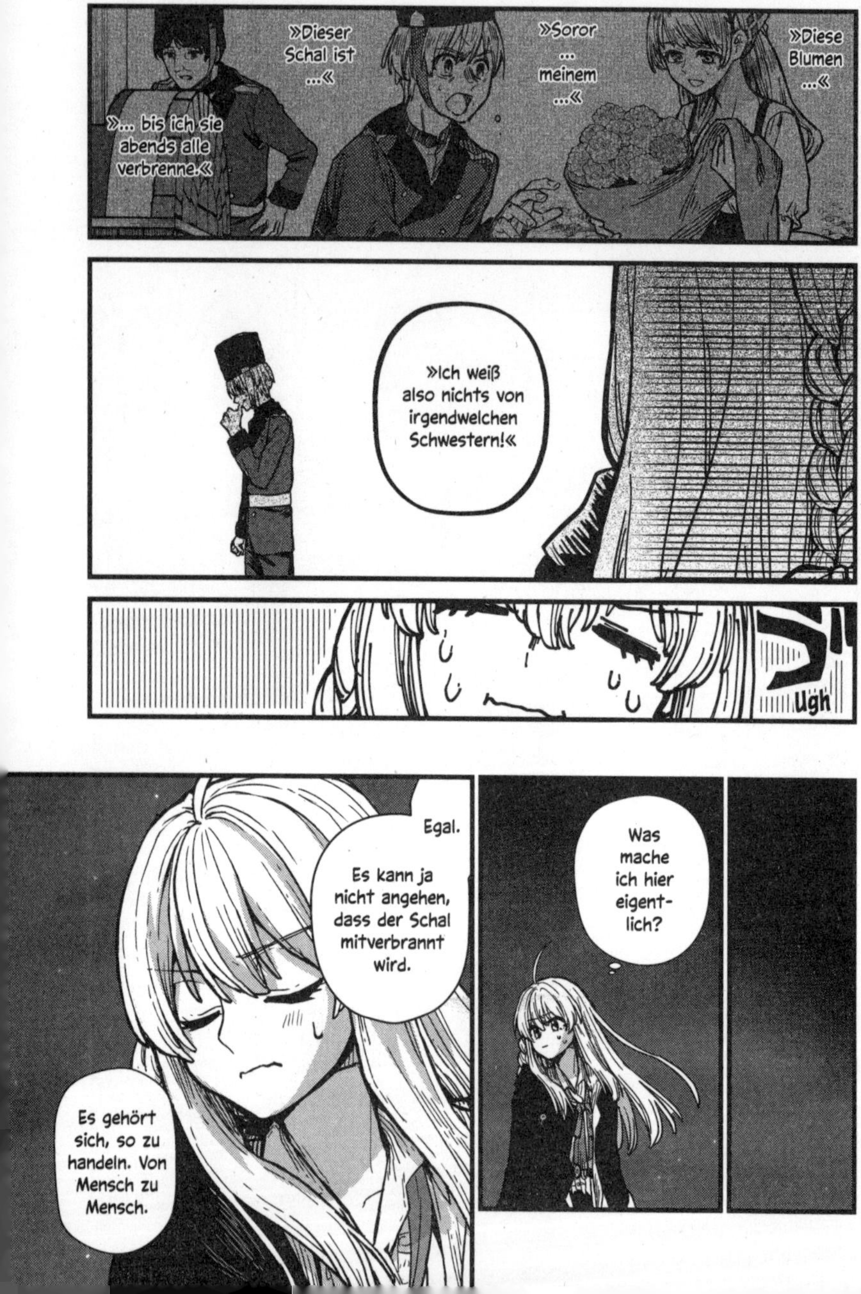
»Diese Blumen ...«
»Soror ... meinem ...«
»Dieser Schal ist ...«
»... bis ich sie abends alle verbrenne.«
»Ich weiß also nichts von irgendwelchen Schwestern!«
Ugh
Was mache ich hier eigentlich?
Egal.
Es kann ja nicht angehen, dass der Schal mitverbrannt wird.
Es gehört sich, so zu handeln. Von Mensch zu Mensch.

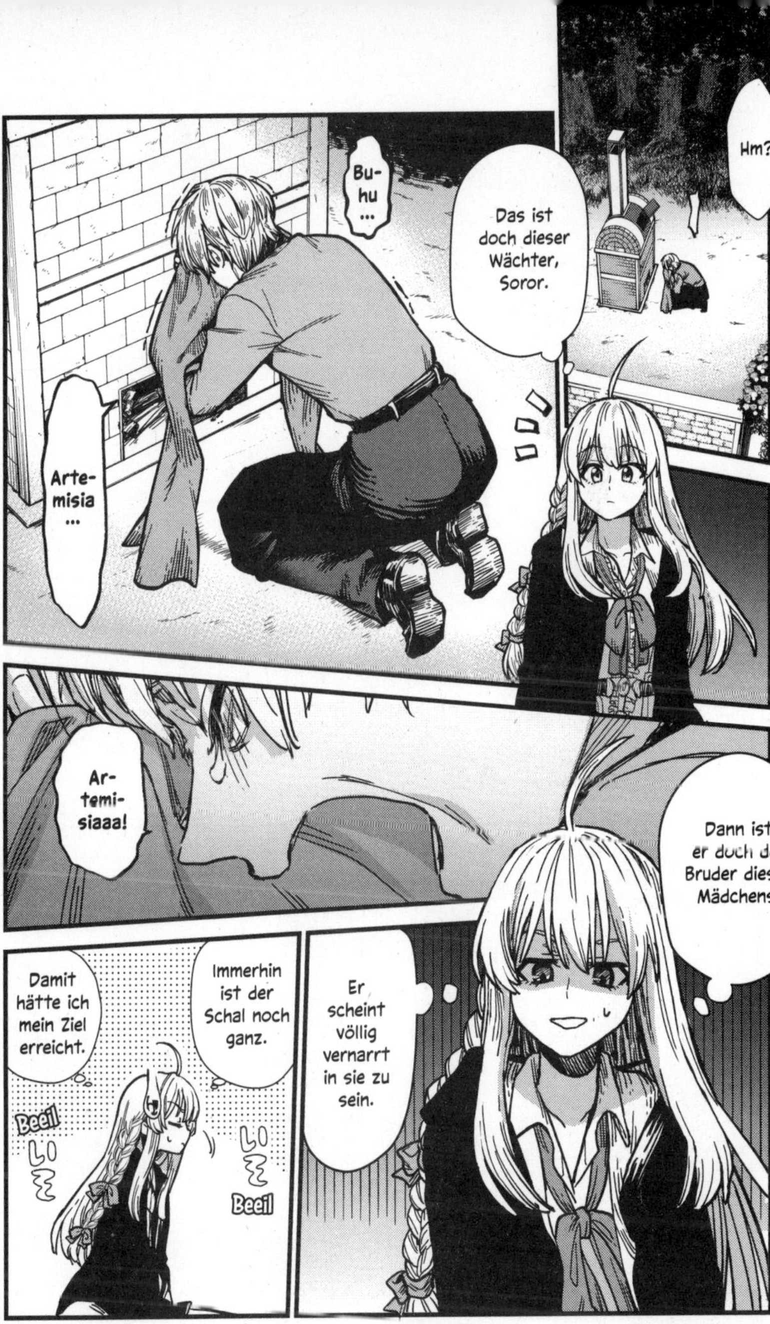
Hm?
Das ist doch dieser Wächter, Soror.
Bu-hu ...
Arte-misia ...
Ar-temi-siaaa!
Dann ist er doch der Bruder dieses Mädchens.
Er scheint völlig vernarrt in sie zu sein.
Immerhin ist der Schal noch ganz.
Damit hätte ich mein Ziel erreicht.
Beeil
Beeil

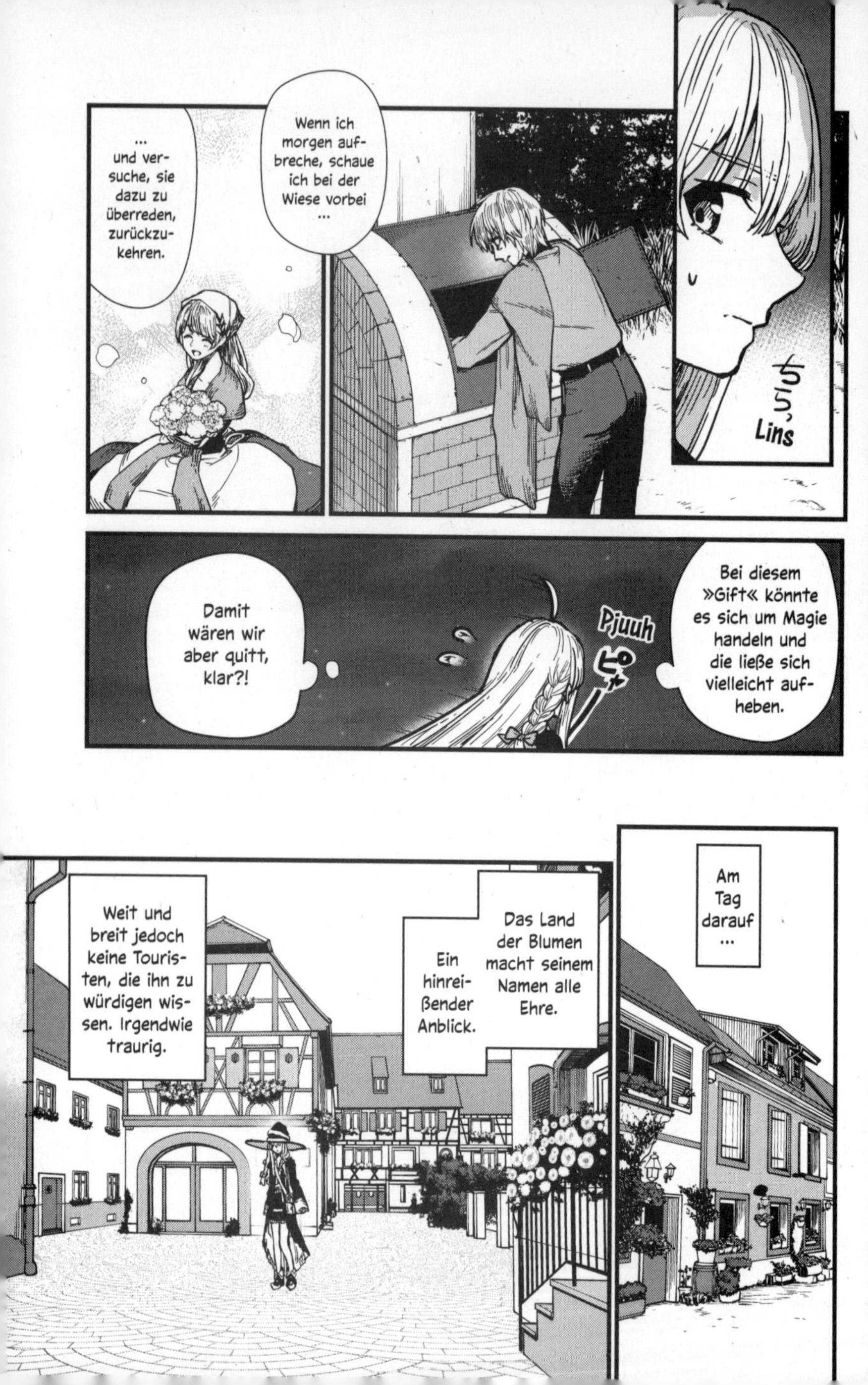
Lins
Wenn ich morgen aufbreche, schaue ich bei der Wiese vorbei ...
... und versuche, sie dazu zu überreden, zurückzukehren.
Bei diesem »Gift« könnte es sich um Magie handeln und die ließe sich vielleicht aufheben.
Pjuuh
Damit wären wir aber quitt, klar?!
Am Tag darauf ...
Das Land der Blumen macht seinem Namen alle Ehre.
Ein hinreißender Anblick.
Weit und breit jedoch keine Touristen, die ihn zu würdigen wissen. Irgendwie traurig.

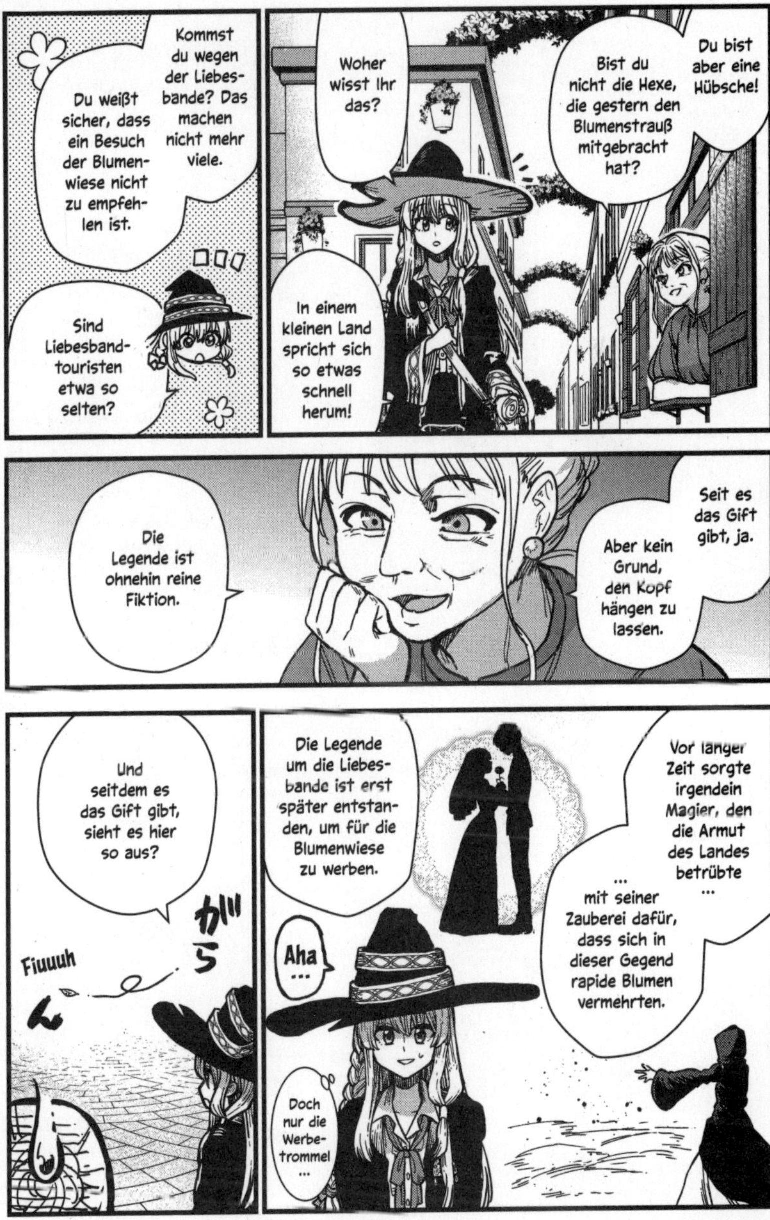
Du bist aber eine Hübsche!
Bist du nicht die Hexe, die gestern den Blumenstrauß mitgebracht hat?
Woher wisst Ihr das?
In einem kleinen Land spricht sich so etwas schnell herum!
Kommst du wegen der Liebesbande? Das machen nicht mehr viele.
Du weißt sicher, dass ein Besuch der Blumenwiese nicht zu empfehlen ist.
Sind Liebesbandtouristen etwa so selten?
Seit es das Gift gibt, ja.
Aber kein Grund, den Kopf hängen zu lassen.
Die Legende ist ohnehin reine Fiktion.
Vor langer Zeit sorgte irgendein Magier, den die Armut des Landes betrübte ...
... mit seiner Zauberei dafür, dass sich in dieser Gegend rapide Blumen vermehrten.
Die Legende um die Liebesbande ist erst später entstanden, um für die Blumenwiese zu werben.
Aha ...
Doch nur die Werbetrommel ...
Und seitdem es das Gift gibt, sieht es hier so aus?
がら
Fiuuuh

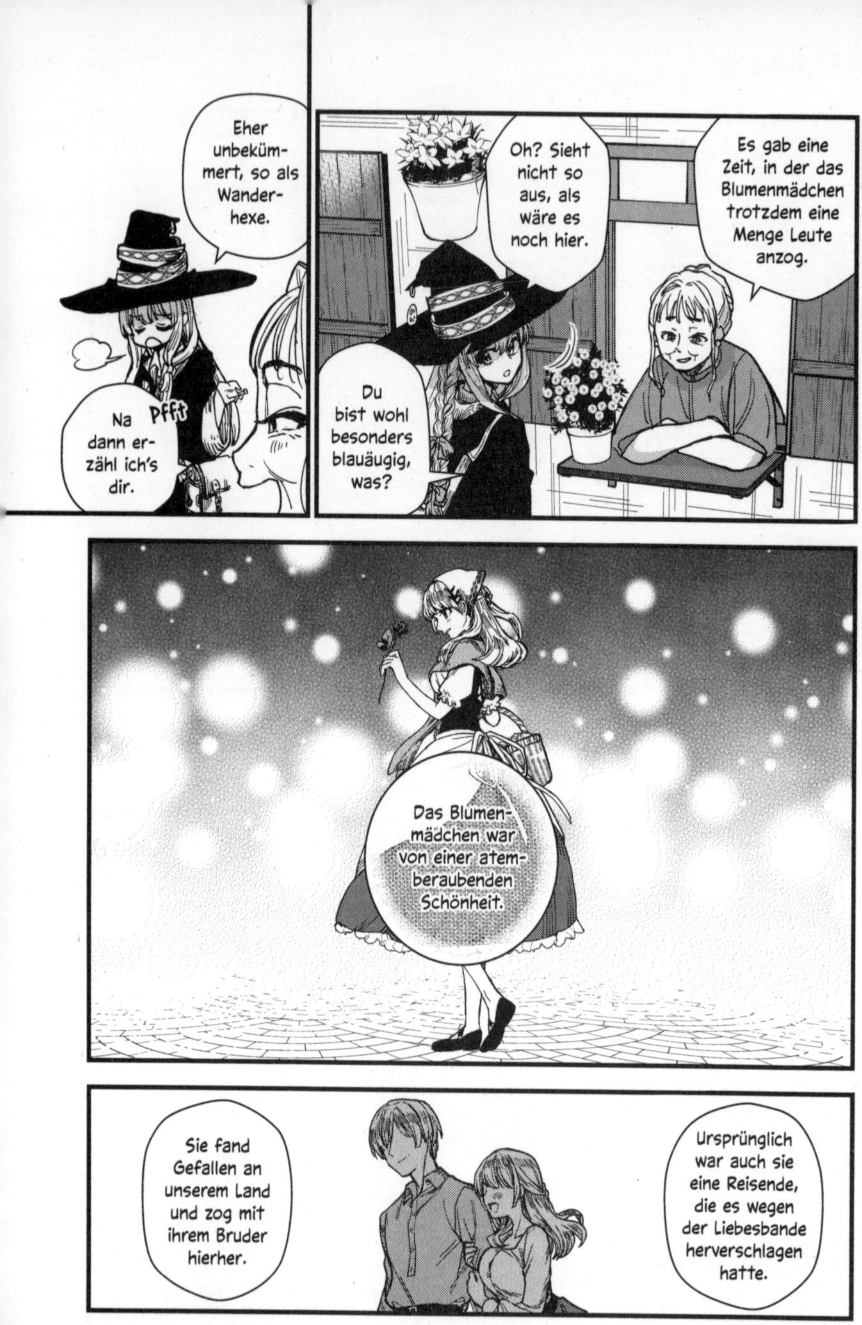
Es gab eine Zeit, in der das Blumenmädchen trotzdem eine Menge Leute anzog.
Oh? Sieht nicht so aus, als wäre es noch hier.
Du bist wohl besonders blauäugig, was?
Eher unbekümmert, so als Wanderhexe.
Pfft
Na dann erzähl ich's dir.
Das Blumenmädchen war von einer atemberaubenden Schönheit.
Ursprünglich war auch sie eine Reisende, die es wegen der Liebesbande herverschlagen hatte.
Sie fand Gefallen an unserem Land und zog mit ihrem Bruder hierher.

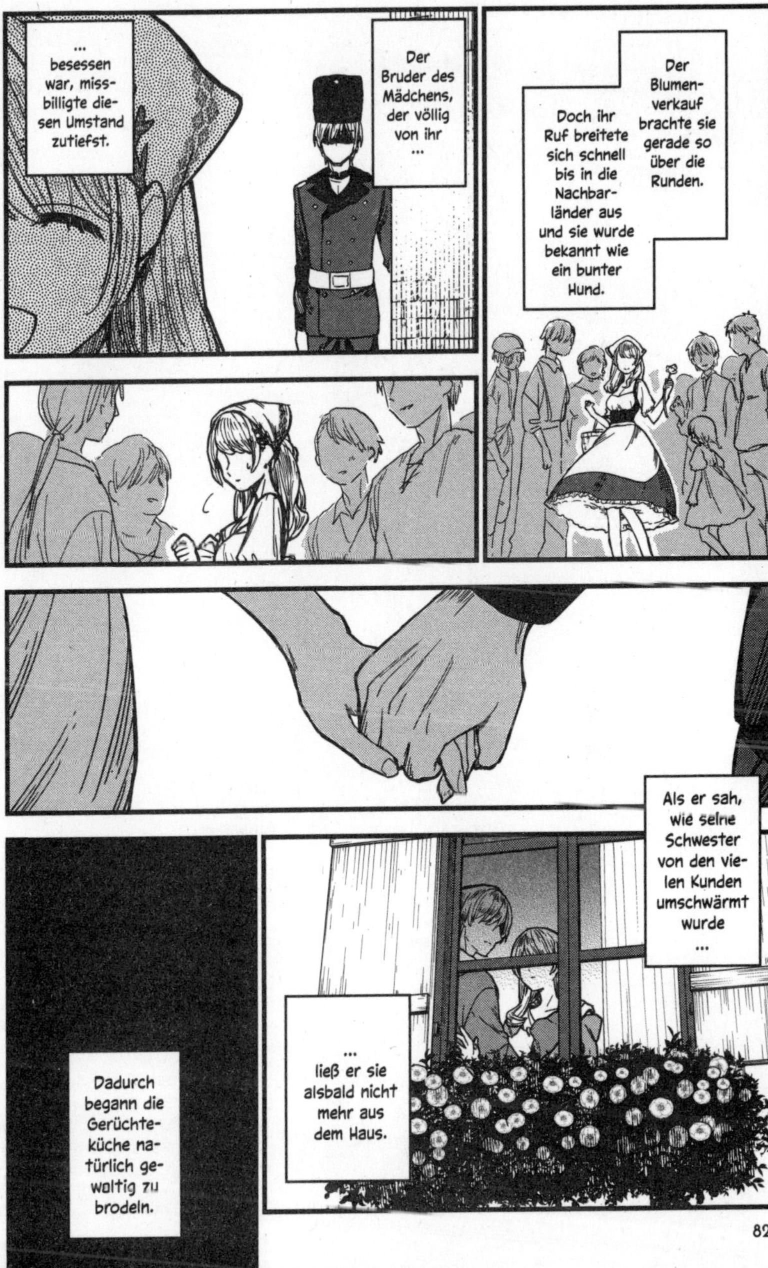
Der Blumenverkauf brachte sie gerade so über die Runden.
Doch ihr Ruf breitete sich schnell bis in die Nachbarländer aus und sie wurde bekannt wie ein bunter Hund.
Der Bruder des Mädchens, der völlig von ihr ...
... besessen war, missbilligte diesen Umstand zutiefst.
Als er sah, wie seine Schwester von den vielen Kunden umschwärmt wurde ...
... ließ er sie alsbald nicht mehr aus dem Haus.
Dadurch begann die Gerüchteküche natürlich gewaltig zu brodeln.

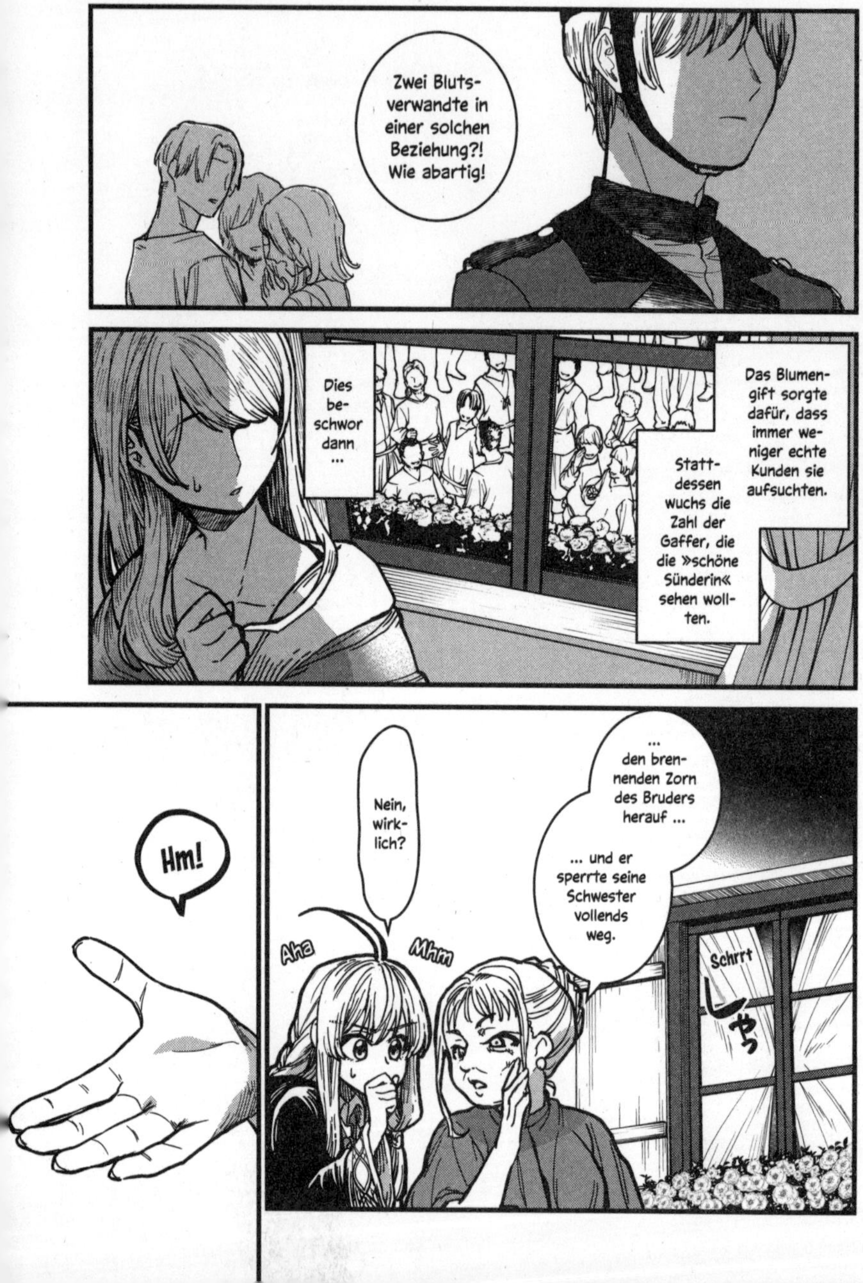
Zwei Bluts-verwandte in einer solchen Beziehung?! Wie abartig!
Das Blumen-gift sorgte dafür, dass immer we-niger echte Kunden sie aufsuchten.
Statt-dessen wuchs die Zahl der Gaffer, die die »schöne Sünderin« sehen woll-ten.
Dies be-schwor dann ...
... den bren-nenden Zorn des Bruders herauf ...
... und er sperrte seine Schwester vollends weg.
Nein, wirk-lich?
Mhm
Aha
Schrrt
しゃっ
Hm!

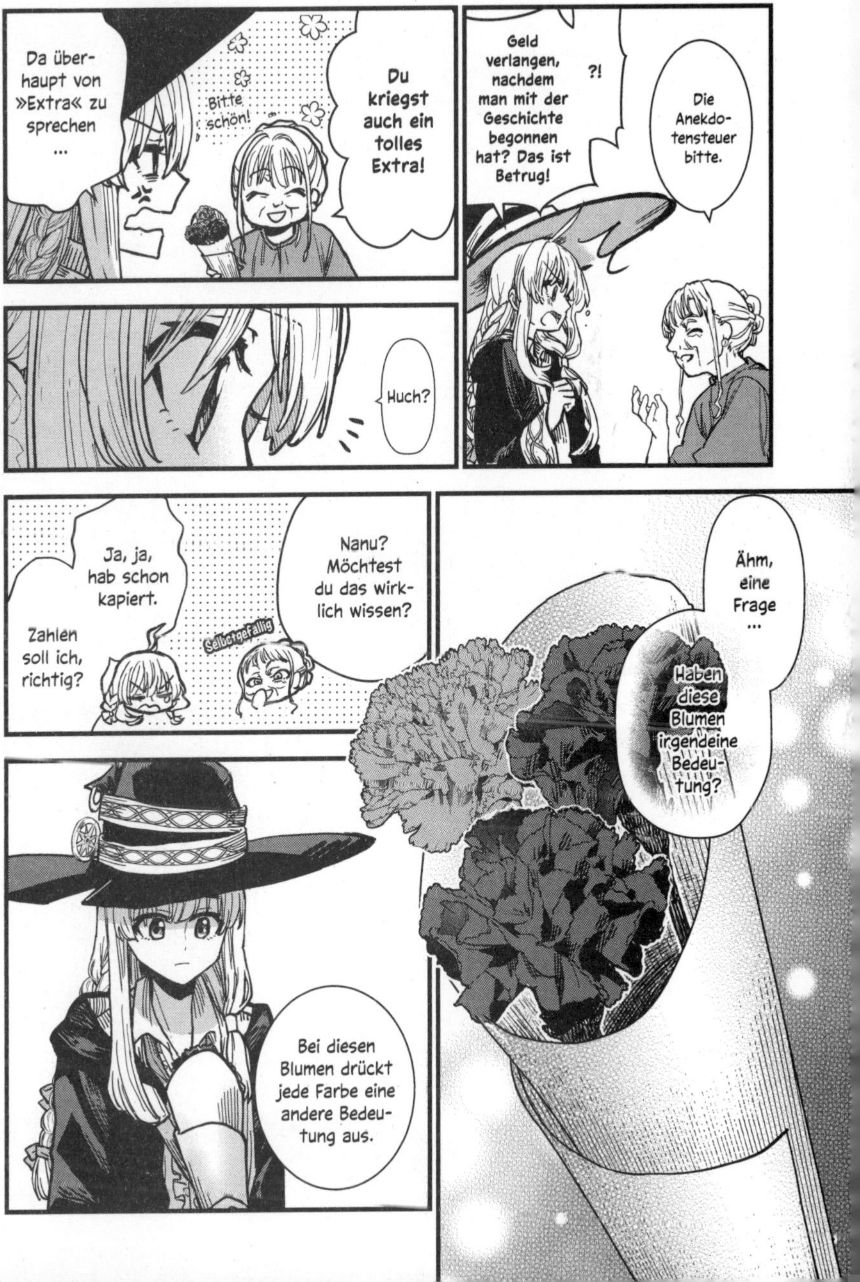
Die Anekdotensteuer bitte.
?!
Geld verlangen, nachdem man mit der Geschichte begonnen hat? Das ist Betrug!
Du kriegst auch ein tolles Extra!
Bitte schön!
Da überhaupt von »Extra« zu sprechen ...
Huch?
Ähm, eine Frage ...
Haben diese Blumen irgendeine Bedeutung?
Nanu? Möchtest du das wirklich wissen?
Selbstgefällig
Ja, ja, hab schon kapiert.
Zahlen soll ich, richtig?
Bei diesen Blumen drückt jede Farbe eine andere Bedeutung aus.

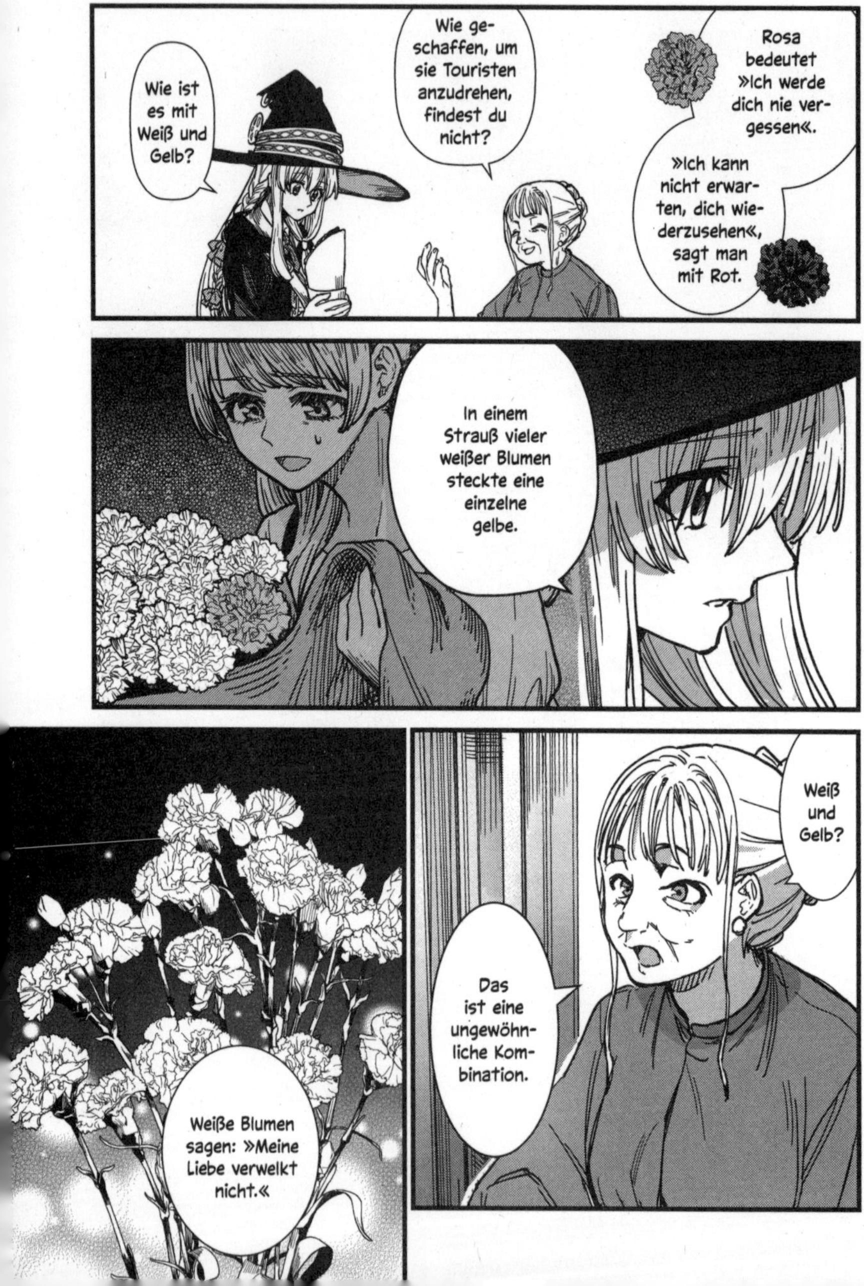
Wie ist es mit Weiß und Gelb?
Wie geschaffen, um sie Touristen anzudrehen, findest du nicht?
Rosa bedeutet »Ich werde dich nie vergessen«.
»Ich kann nicht erwarten, dich wiederzusehen«, sagt man mit Rot.
In einem Strauß vieler weißer Blumen steckte eine einzelne gelbe.
Weiß und Gelb?
Das ist eine ungewöhnliche Kombination.
Weiße Blumen sagen: »Meine Liebe verwelkt nicht.«

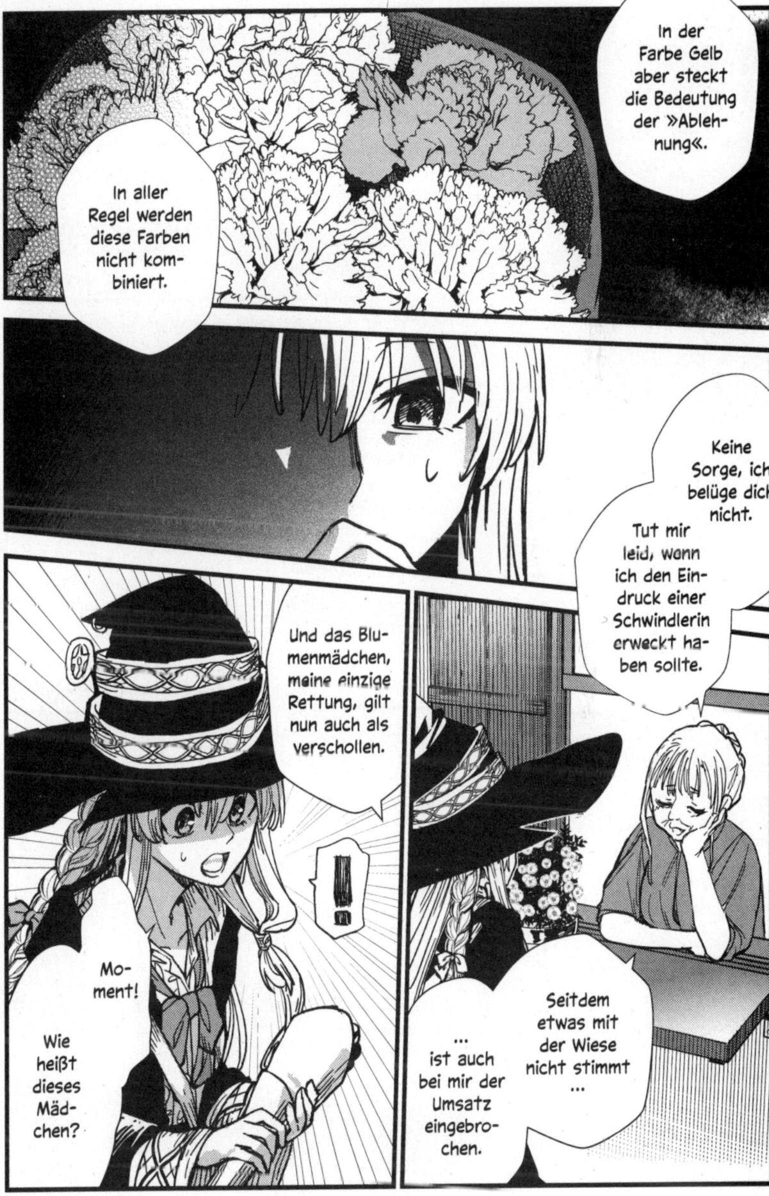

In der Farbe Gelb aber steckt die Bedeutung der »Ableh-nung«.
In aller Regel werden diese Farben nicht kom-biniert.
Keine Sorge, ich belüge dich nicht.
Tut mir leid, wenn ich den Ein-druck einer Schwindlerin erweckt ha-ben sollte.
Und das Blu-menmädchen, meine einzige Rettung, gilt nun auch als verschollen.
!!
Seitdem etwas mit der Wiese nicht stimmt …
… ist auch bei mir der Umsatz eingebro-chen.
Mo-ment!
Wie heißt dieses Mäd-chen?

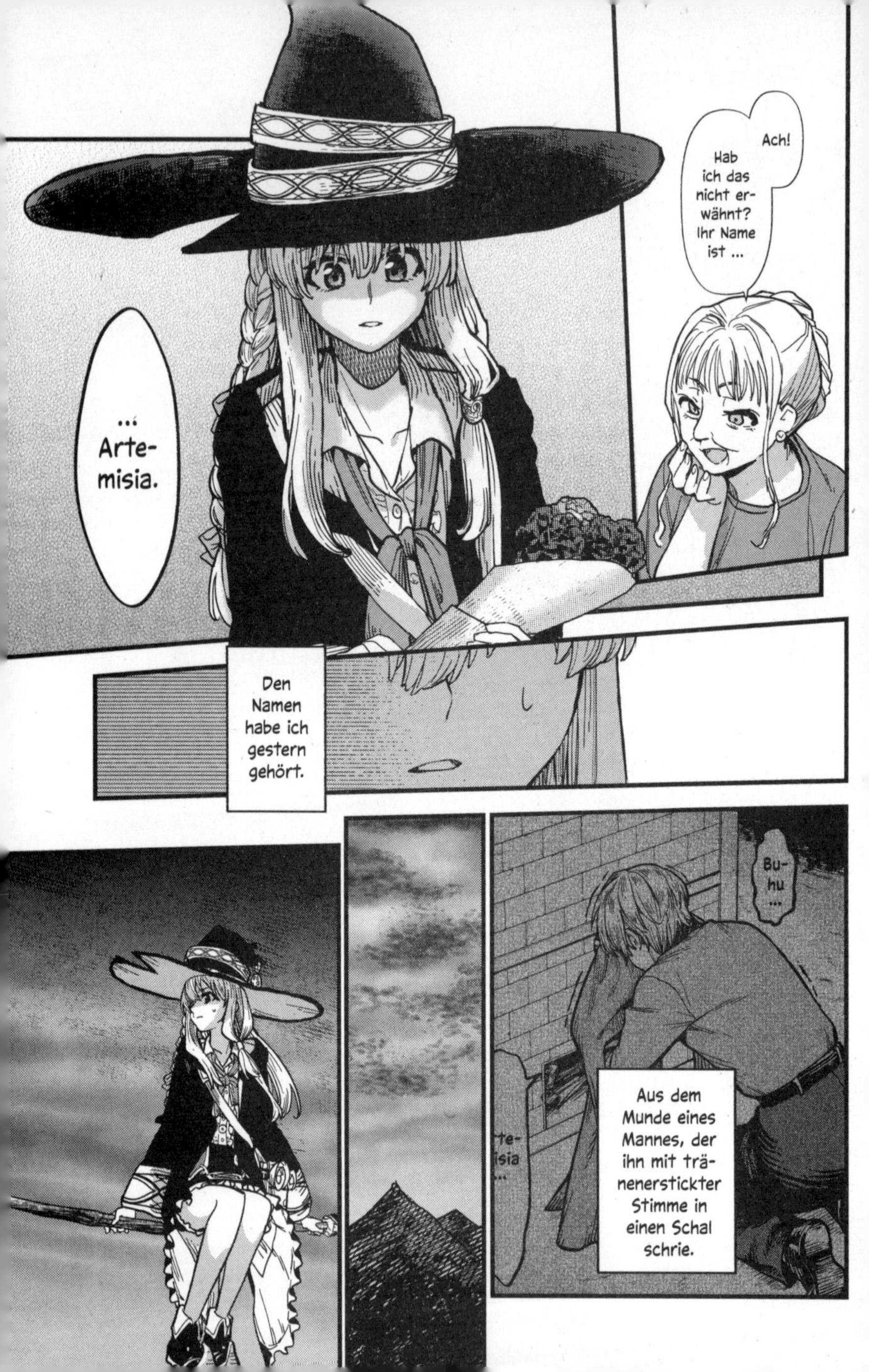
Ach! Hab ich das nicht erwähnt? Ihr Name ist ...
... Artemisia.
Den Namen habe ich gestern gehört.
Bu-hu ...
rte- isia ...
Aus dem Munde eines Mannes, der ihn mit tränenerstickter Stimme in einen Schal schrie.

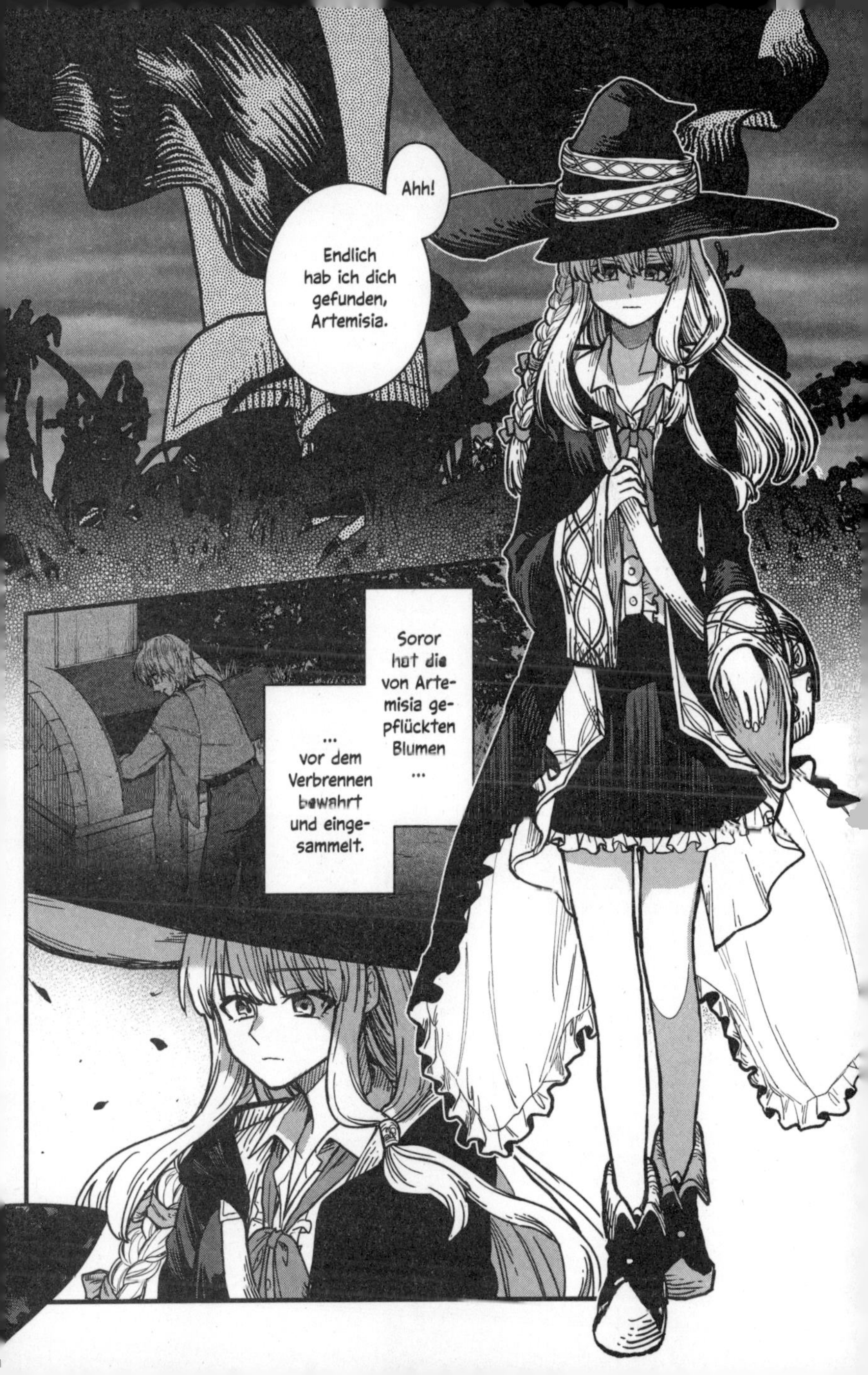
Ahh!
Endlich hab ich dich gefunden, Artemisia.
Soror hat die von Artemisia gepflückten Blumen …
… vor dem Verbrennen bewahrt und eingesammelt.

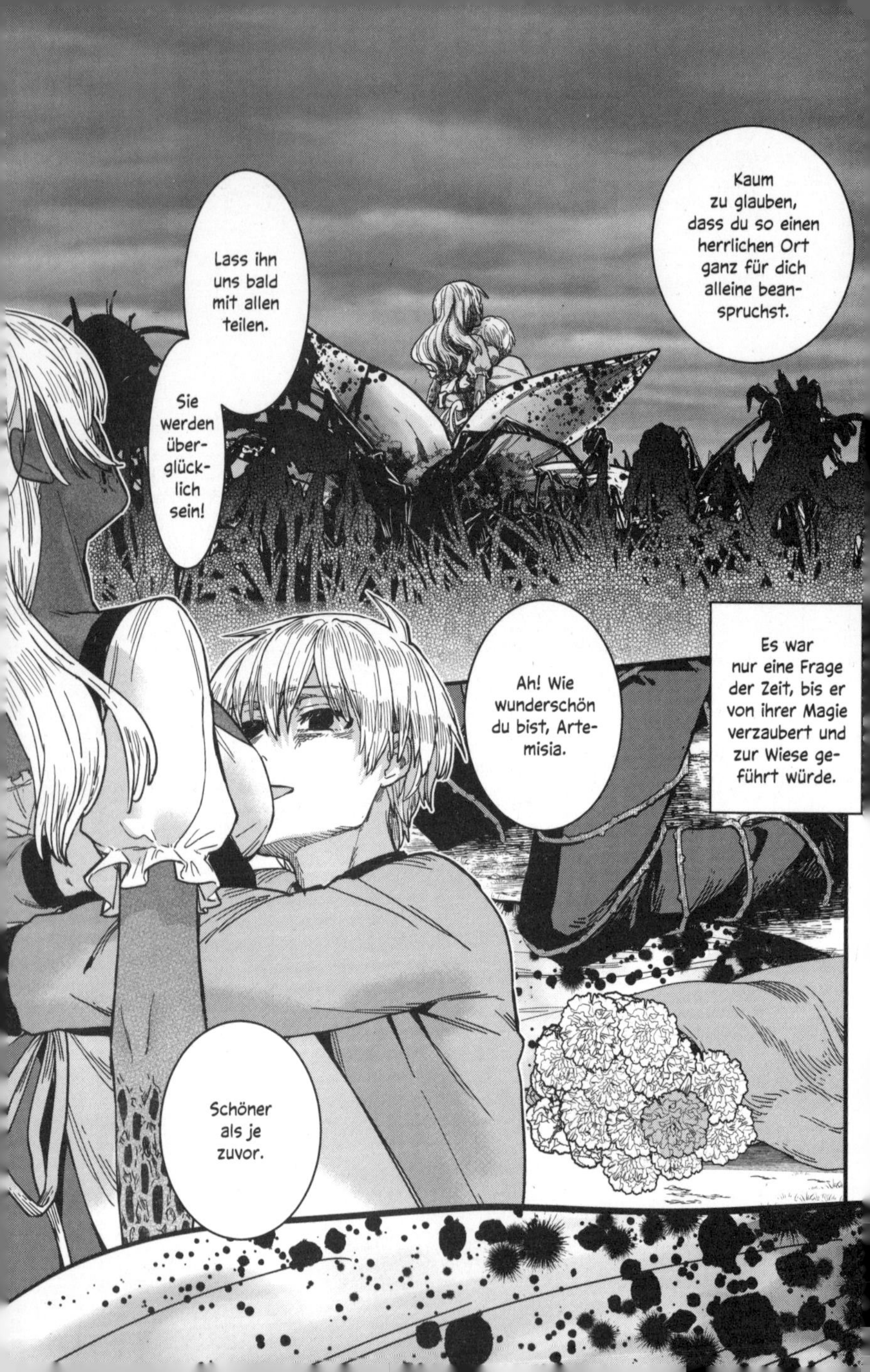
Kaum zu glauben, dass du so einen herrlichen Ort ganz für dich alleine beansprucht.
Lass ihn uns bald mit allen teilen.
Sie werden überglücklich sein!
Es war nur eine Frage der Zeit, bis er von ihrer Magie verzaubert und zur Wiese geführt würde.
Ah! Wie wunderschön du bist, Artemisia.
Schöner als je zuvor.

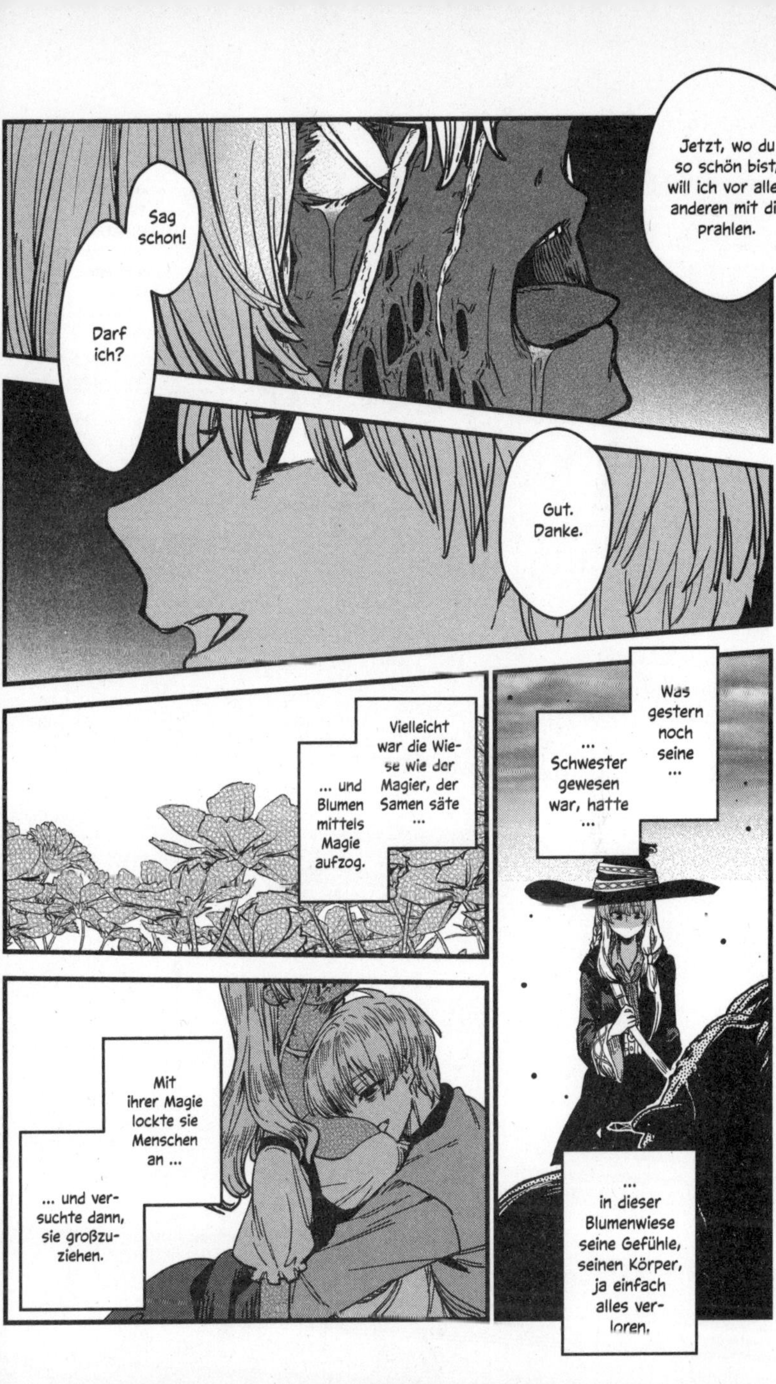
Jetzt, wo du so schön bist, will ich vor allen anderen mit dir prahlen.
Sag schon!
Darf ich?
Gut. Danke.
Was gestern noch seine ...
... Schwester gewesen war, hatte ...
... in dieser Blumenwiese seine Gefühle, seinen Körper, ja einfach alles verloren.
Vielleicht war die Wiese wie der Magier, der Samen säte ...
... und Blumen mittels Magie aufzog.
Mit ihrer Magie lockte sie Menschen an ...
... und versuchte dann, sie großzuziehen.

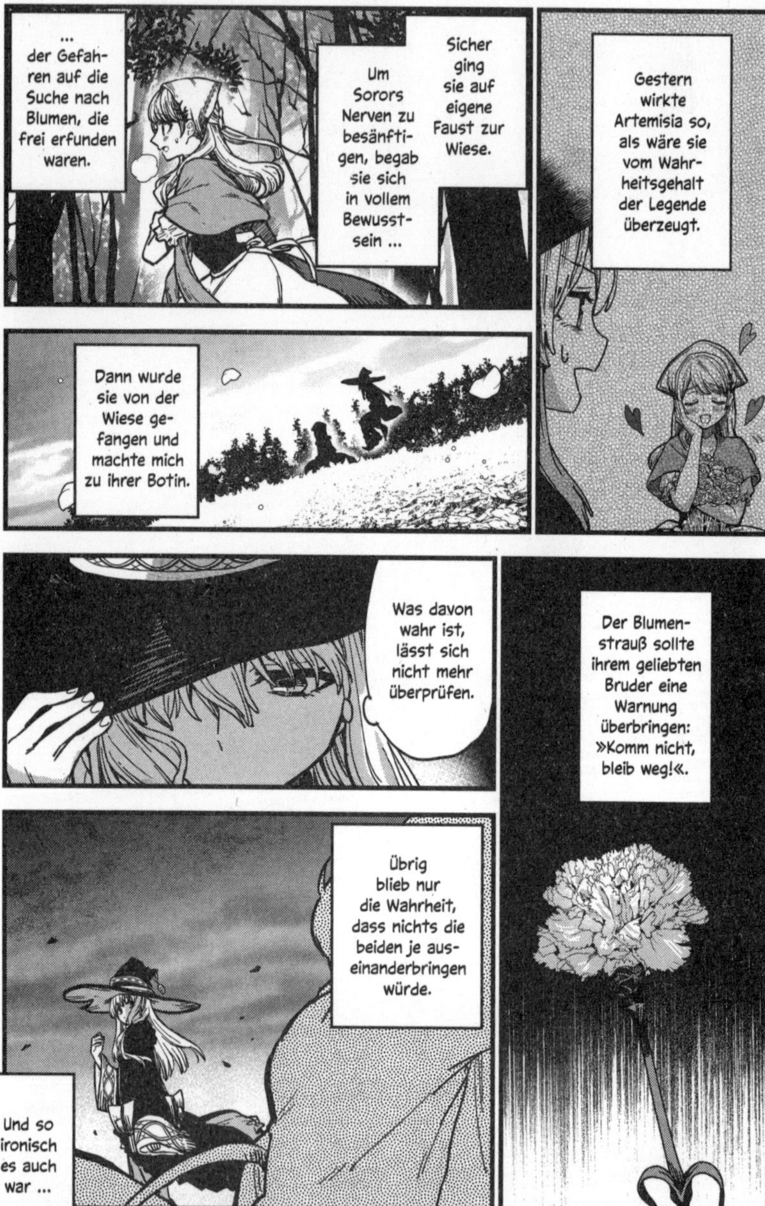
Gestern wirkte Artemisia so, als wäre sie vom Wahrheitsgehalt der Legende überzeugt.
Sicher ging sie auf eigene Faust zur Wiese.
Um Sorors Nerven zu besänftigen, begab sie sich in vollem Bewusstsein ...
... der Gefahren auf die Suche nach Blumen, die frei erfunden waren.
Dann wurde sie von der Wiese gefangen und machte mich zu ihrer Botin.
Der Blumenstrauß sollte ihrem geliebten Bruder eine Warnung überbringen: »Komm nicht, bleib weg!«.
Was davon wahr ist, lässt sich nicht mehr überprüfen.
Übrig blieb nur die Wahrheit, dass nichts die beiden je auseinanderbringen würde.
Und so ironisch es auch war ...

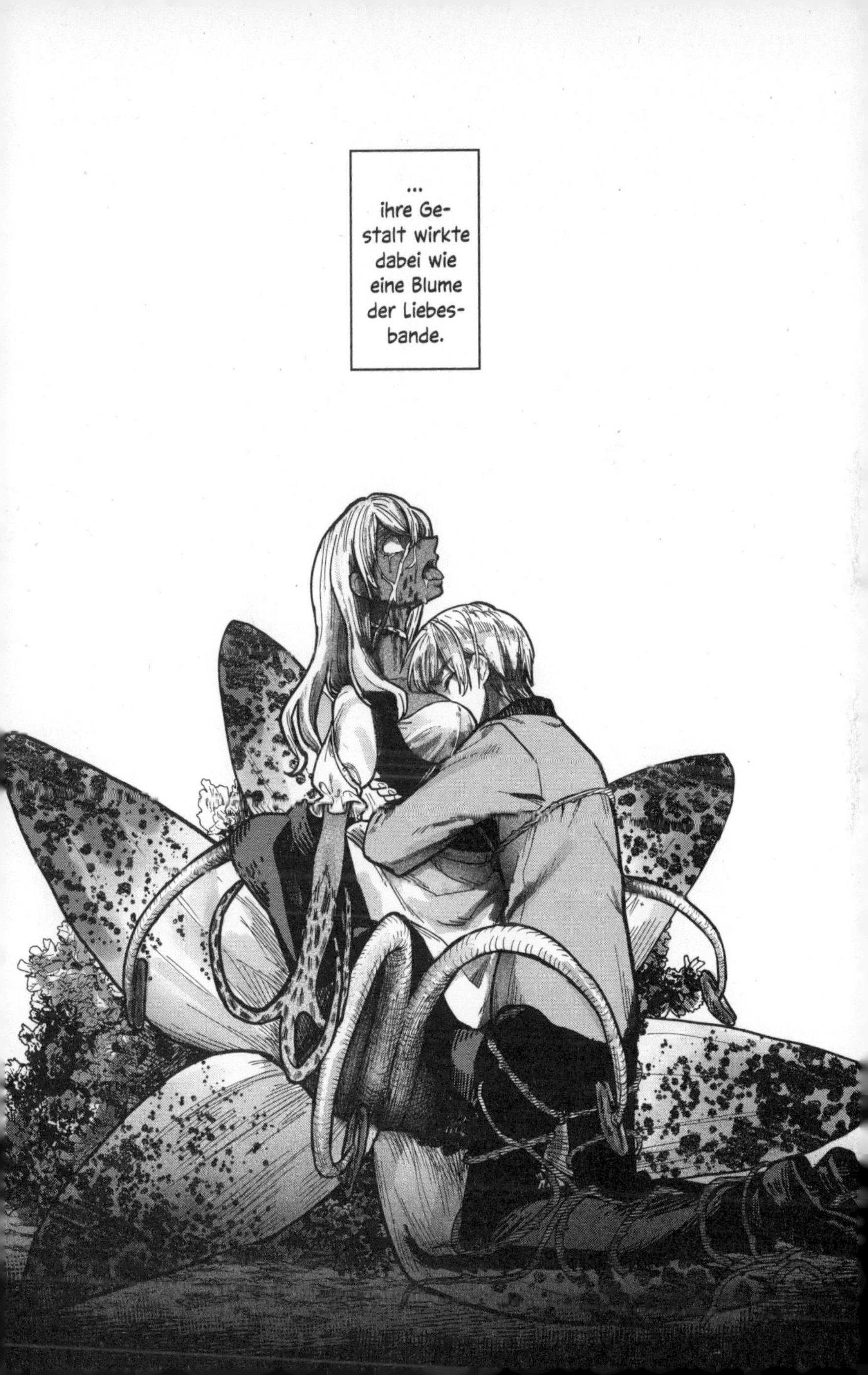
... ihre Gestalt wirkte dabei wie eine Blume der Liebesbande.

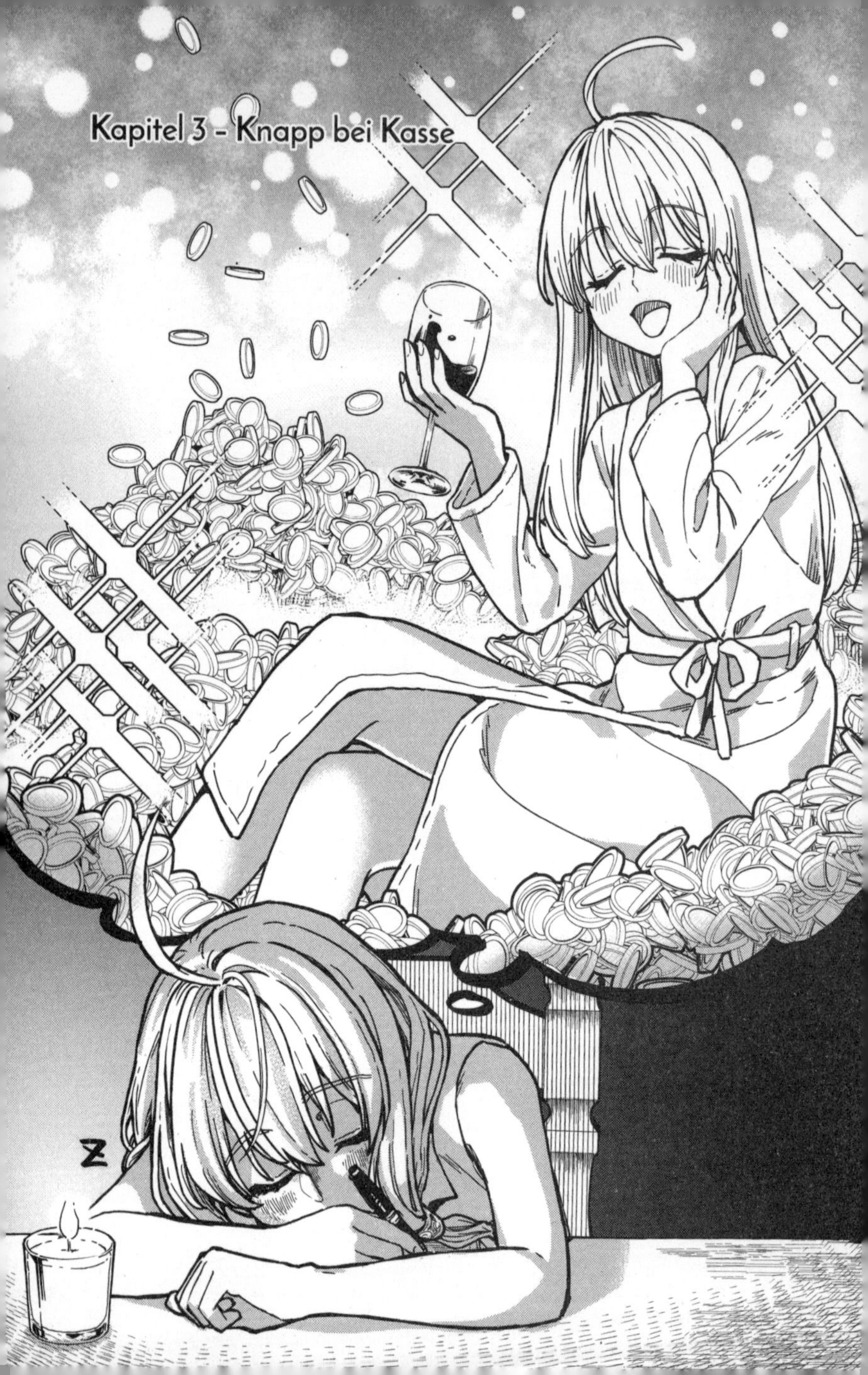
Kapitel 3 – Knapp bei Kasse
Z

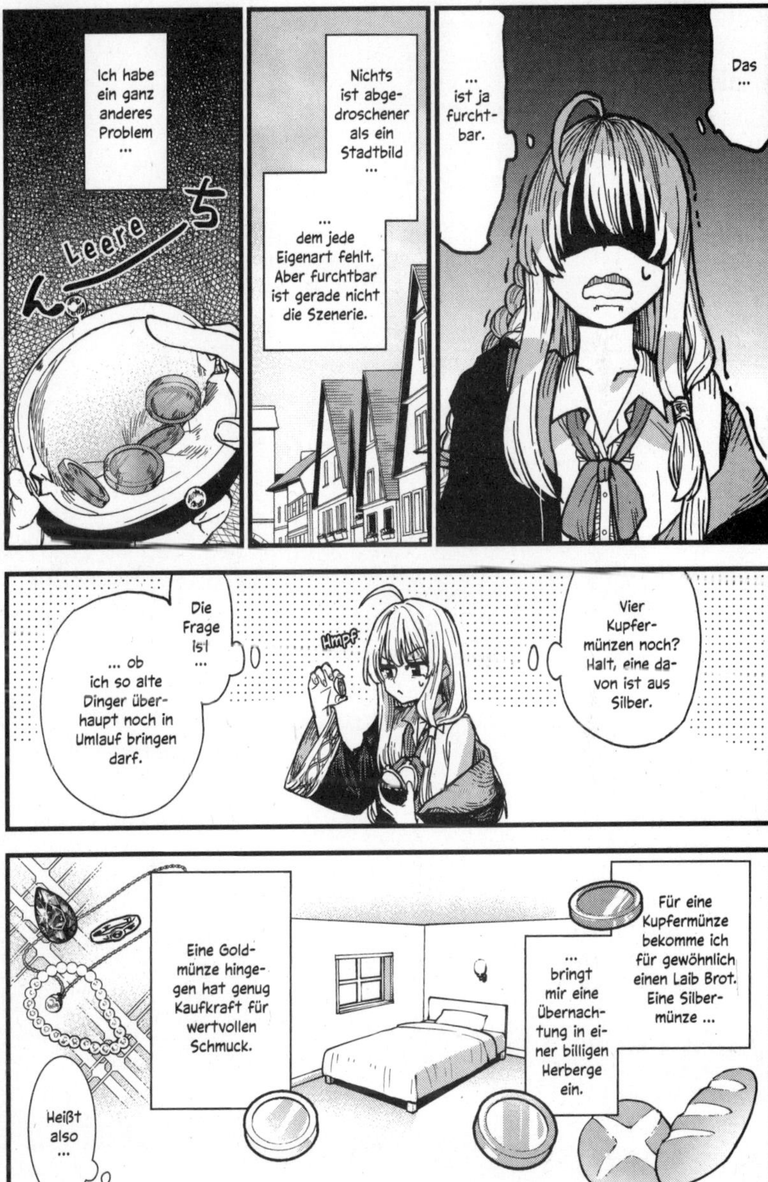
Das ...
... ist ja furchtbar.
Nichts ist abgedroschener als ein Stadtbild ...
... dem jede Eigenart fehlt. Aber furchtbar ist gerade nicht die Szenerie.
Ich habe ein ganz anderes Problem ...
Leere
Vier Kupfermünzen noch? Halt, eine davon ist aus Silber.
Hmpf
Die Frage ist ...
... ob ich so alte Dinger überhaupt noch in Umlauf bringen darf.
Für eine Kupfermünze bekomme ich für gewöhnlich einen Laib Brot. Eine Silbermünze ...
... bringt mir eine Übernachtung in einer billigen Herberge ein.
Eine Goldmünze hingegen hat genug Kaufkraft für wertvollen Schmuck.
Heißt also ...

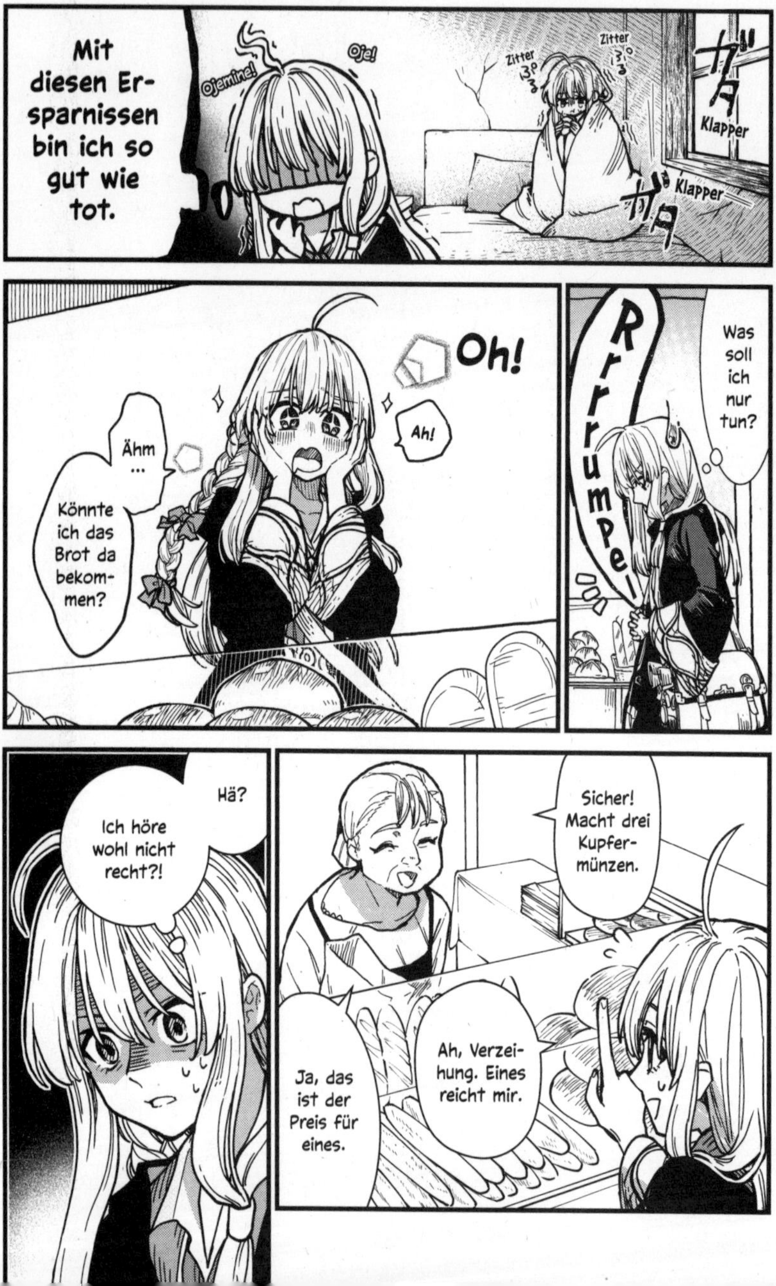
ガタ
Klapper
ガタ
Klapper
Zitter
Zitter
Oje!
Ojemine!
Mit diesen Ersparnissen bin ich so gut wie tot.
Rrrrumpel
Was soll ich nur tun?
Oh!
Ah!
Ähm ... Könnte ich das Brot da bekommen?
Sicher! Macht drei Kupfermünzen.
Ah, Verzeihung. Eines reicht mir.
Ja, das ist der Preis für eines.
Hä? Ich höre wohl nicht recht?!

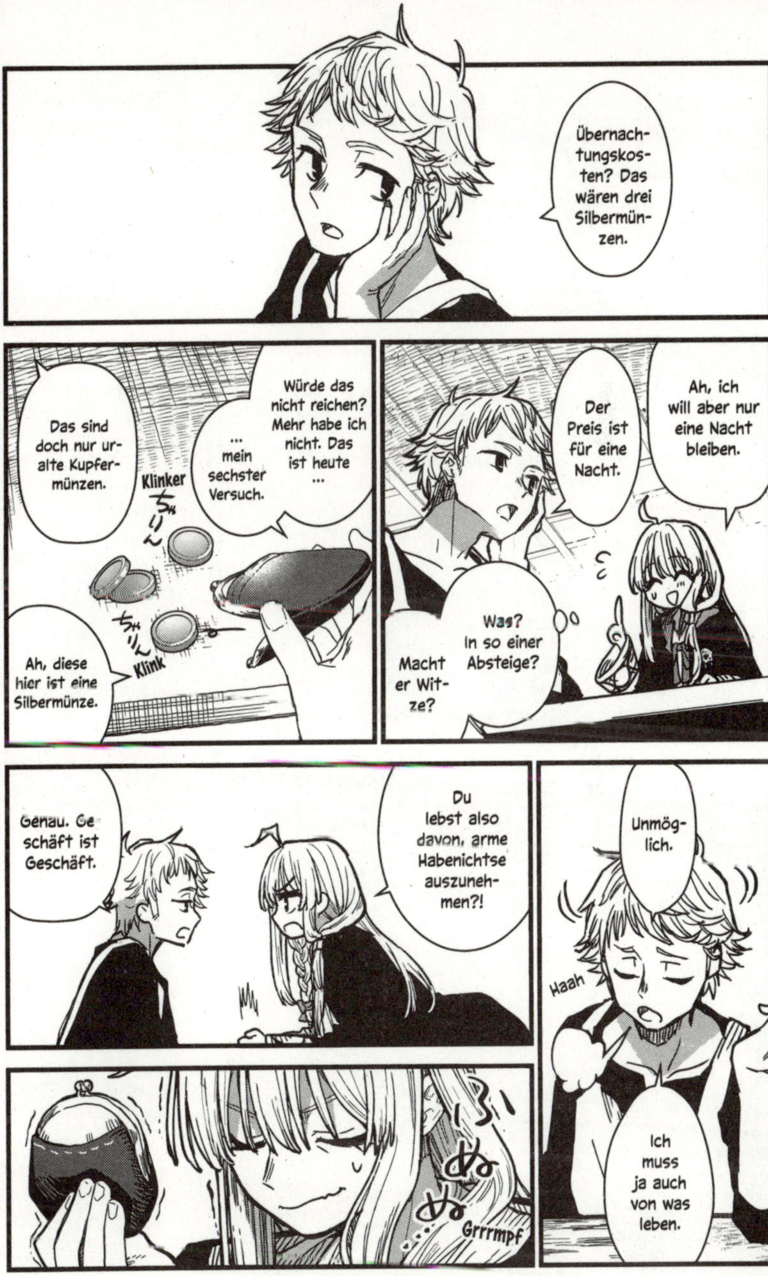
Übernachtungskosten? Das wären drei Silbermünzen.
Ah, ich will aber nur eine Nacht bleiben.
Der Preis ist für eine Nacht.
Was? In so einer Absteige?
Macht er Witze?
Würde das nicht reichen? Mehr habe ich nicht. Das ist heute ...
... mein sechster Versuch.
Das sind doch nur uralte Kupfermünzen.
Klinker
Klink
Ah, diese hier ist eine Silbermünze.
Unmöglich.
Haah
Ich muss ja auch von was leben.
Du lebst also davon, arme Habenichtse auszunehmen?!
Genau. Geschäft ist Geschäft.
Grrrmpf

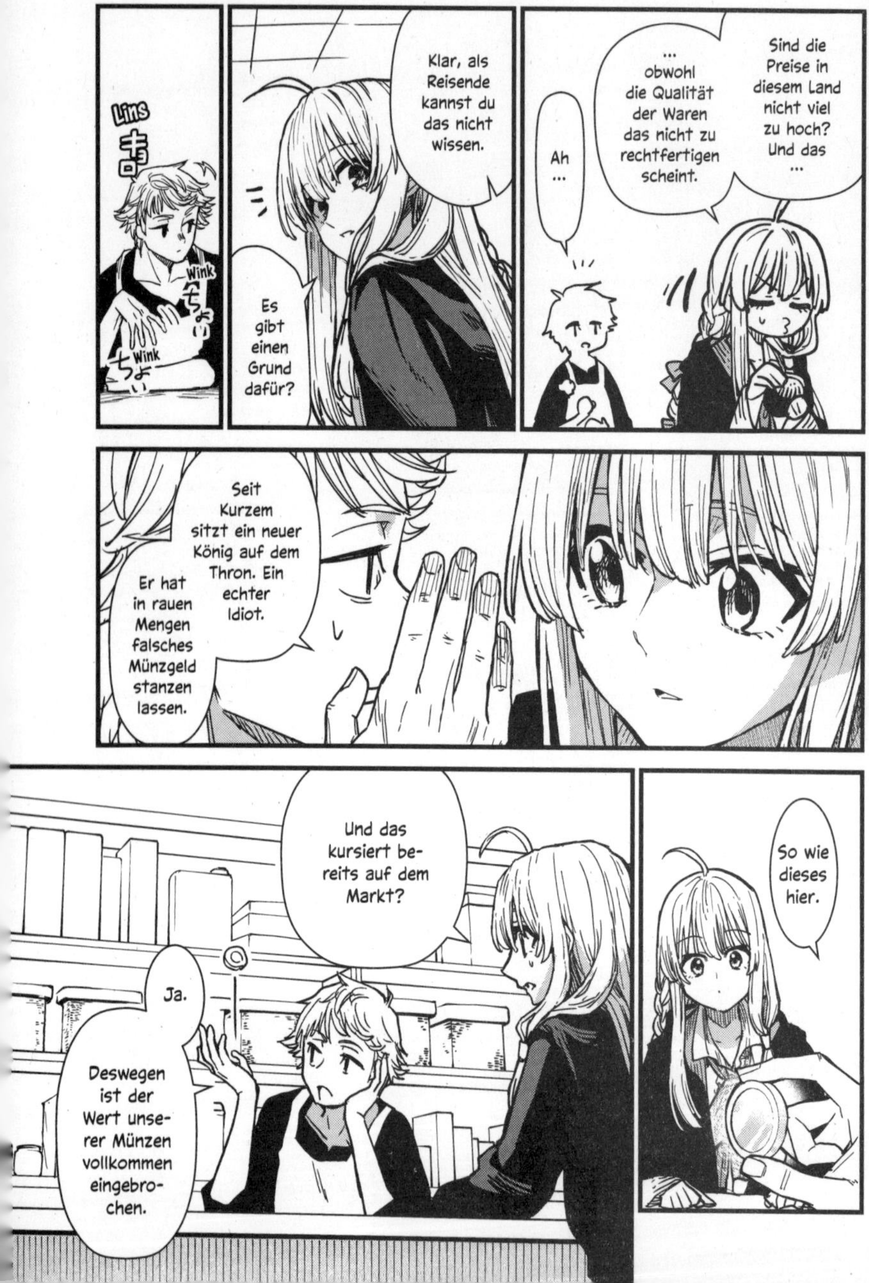

Sind die Preise in diesem Land nicht viel zu hoch? Und das ...
... obwohl die Qualität der Waren das nicht zu rechtfertigen scheint.
Ah ...
Klar, als Reisende kannst du das nicht wissen.
Es gibt einen Grund dafür?
Lins
Wink
Wink
Seit Kurzem sitzt ein neuer König auf dem Thron. Ein echter Idiot.
Er hat in rauen Mengen falsches Münzgeld stanzen lassen.
So wie dieses hier.
Und das kursiert bereits auf dem Markt?
Ja.
Deswegen ist der Wert unserer Münzen vollkommen eingebrochen.

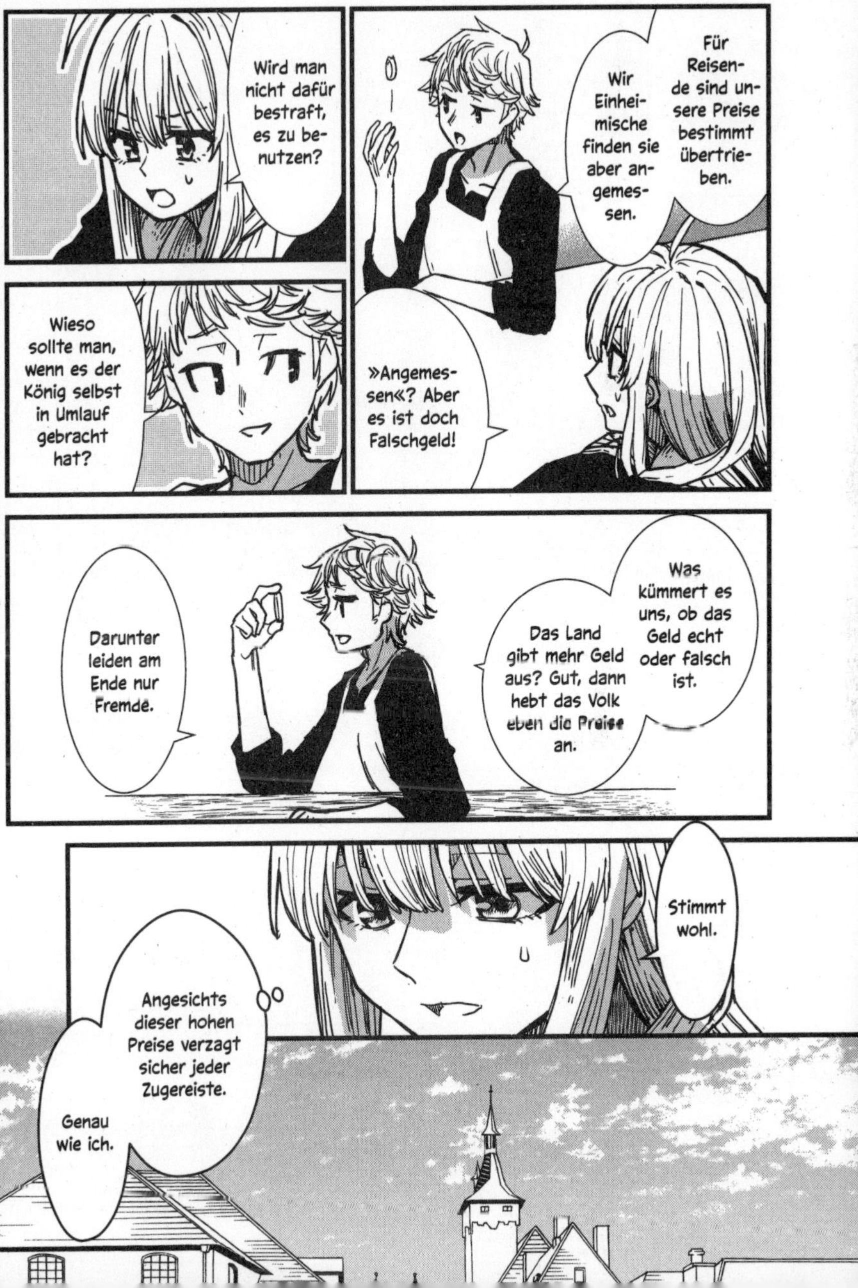
Für Reisende sind unsere Preise bestimmt übertrieben.
Wir Einheimische finden sie aber angemessen.
»Angemessen«? Aber es ist doch Falschgeld!
Wird man nicht dafür bestraft, es zu benutzen?
Wieso sollte man, wenn es der König selbst in Umlauf gebracht hat?
Was kümmert es uns, ob das Geld echt oder falsch ist.
Das Land gibt mehr Geld aus? Gut, dann hebt das Volk eben die Preise an.
Darunter leiden am Ende nur Fremde.
Stimmt wohl.
Angesichts dieser hohen Preise verzagt sicher jeder Zugereiste.
Genau wie ich.

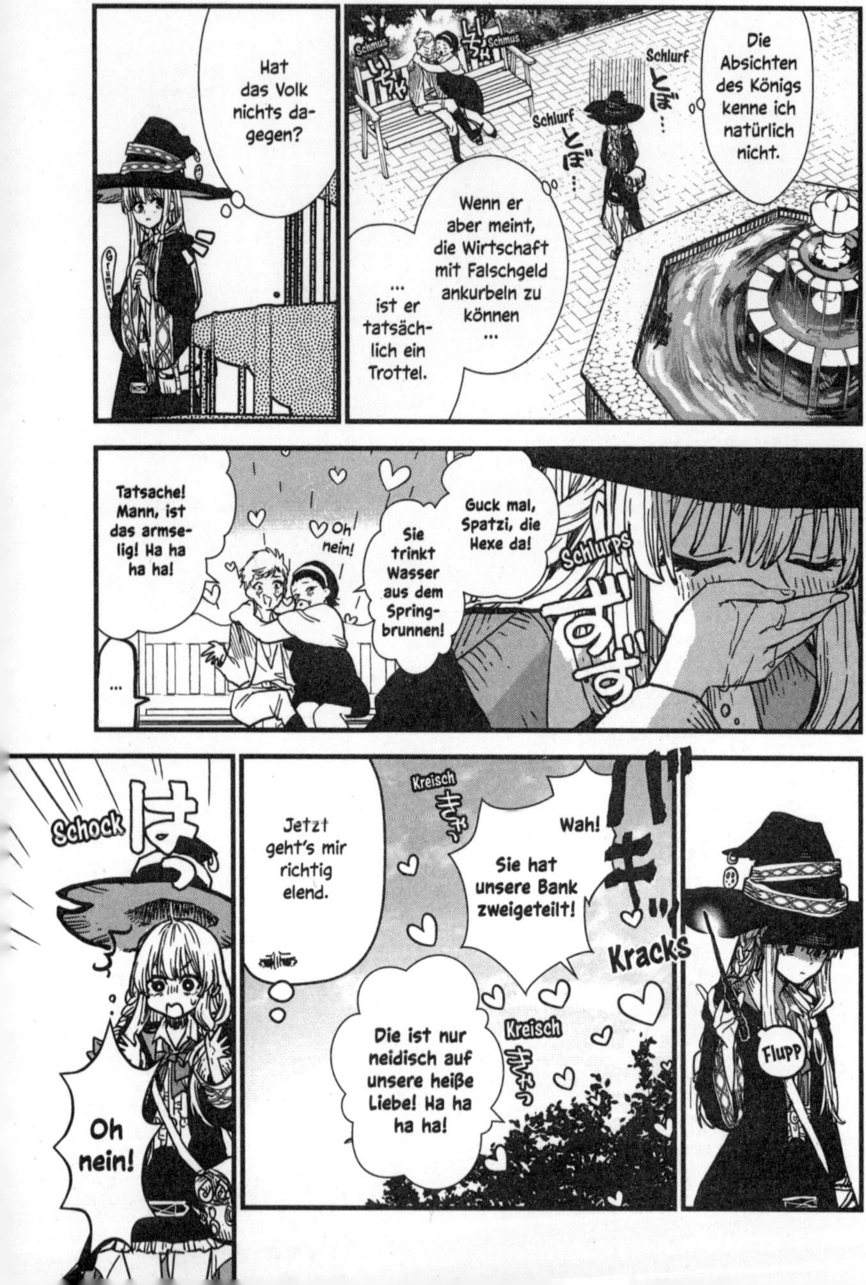

Die Absichten des Königs kenne ich natürlich nicht.
Schlurf
Schlurf
Schmus
Schmus
Wenn er aber meint, die Wirtschaft mit Falschgeld ankurbeln zu können …
… ist er tatsächlich ein Trottel.
Hat das Volk nichts dagegen?
Schlurps
Guck mal, Spatzi, die Hexe da!
Sie trinkt Wasser aus dem Springbrunnen!
Oh nein!
Tatsache! Mann, ist das armselig! Ha ha ha ha!
…
Flupp
Kracks
Wah!
Sie hat unsere Bank zweigeteilt!
Kreisch
Kreisch
Die ist nur neidisch auf unsere heiße Liebe! Ha ha ha ha!
Jetzt geht's mir richtig elend.
Schock
Oh nein!

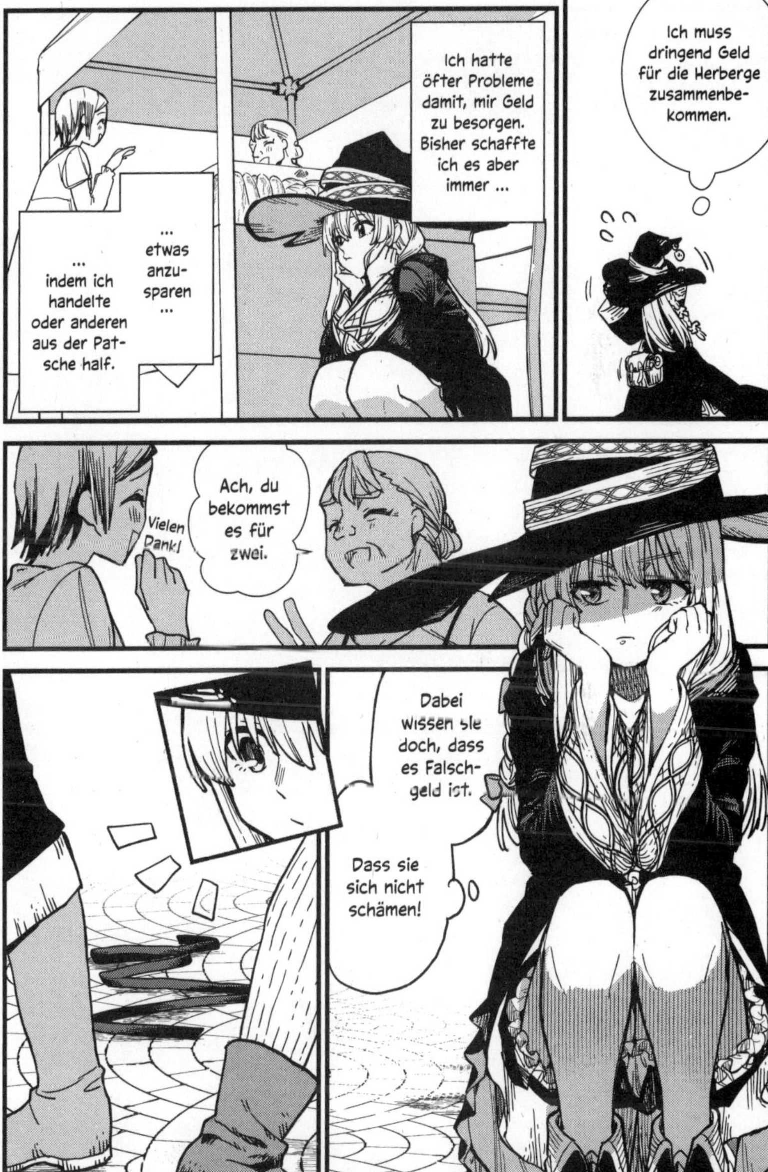
Ich muss dringend Geld für die Herberge zusammenbekommen.
Ich hatte öfter Probleme damit, mir Geld zu besorgen. Bisher schaffte ich es aber immer ...
... etwas anzusparen ...
... indem ich handelte oder anderen aus der Patsche half.
Ach, du bekommst es für zwei.
Vielen Dank!
Dabei wissen sie doch, dass es Falschgeld ist.
Dass sie sich nicht schämen!

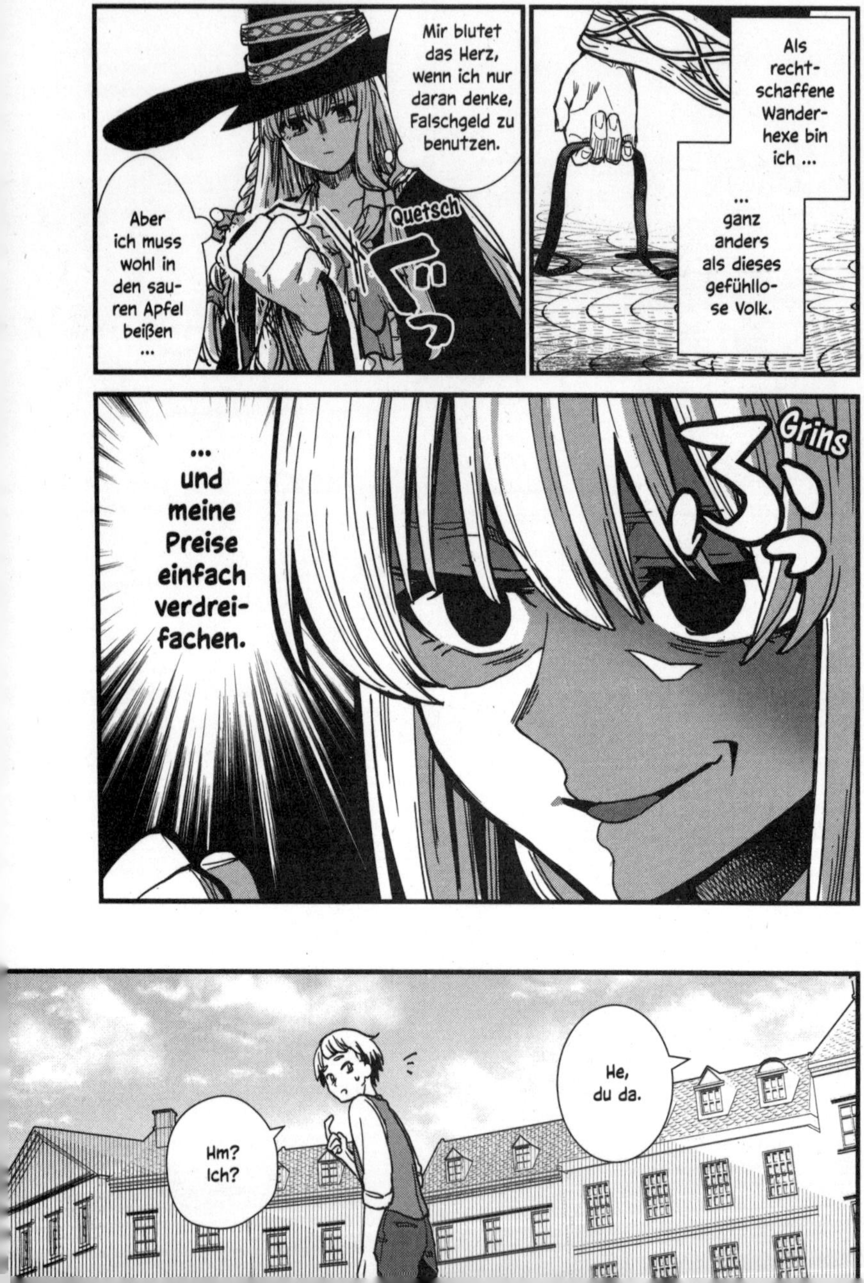
Als recht-schaffene Wander-hexe bin ich ...
... ganz anders als dieses gefühllo-se Volk.
Mir blutet das Herz, wenn ich nur daran denke, Falschgeld zu benutzen.
Quetsch
Aber ich muss wohl in den sau-ren Apfel beißen ...
Grins
... und meine Preise einfach verdrei-fachen.
He, du da.
Hm? Ich?

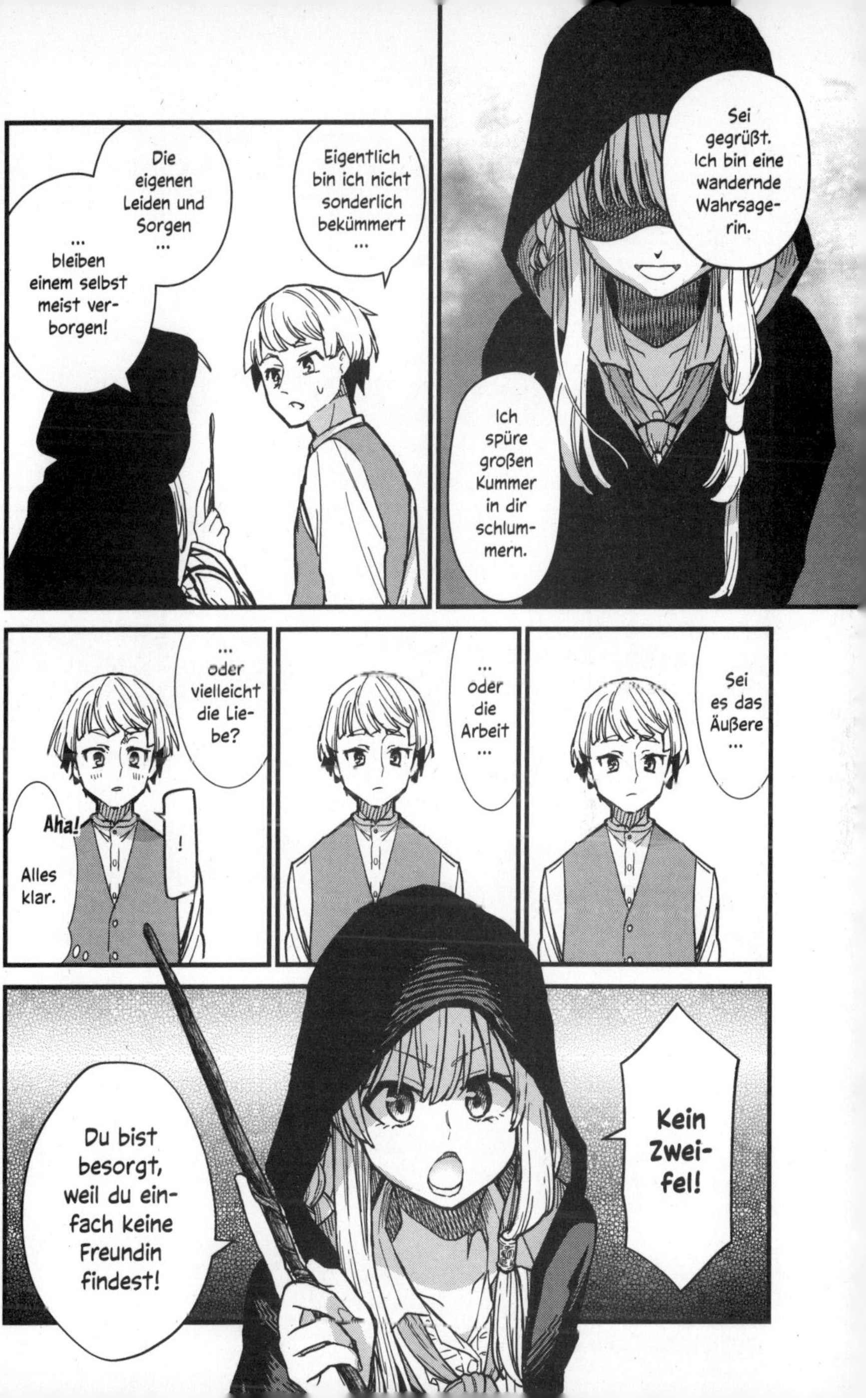

Sei gegrüßt. Ich bin eine wandernde Wahrsagerin.
Ich spüre großen Kummer in dir schlummern.
Eigentlich bin ich nicht sonderlich bekümmert ...
Die eigenen Leiden und Sorgen ...
... bleiben einem selbst meist verborgen!
Sei es das Äußere ...
... oder die Arbeit ...
... oder vielleicht die Liebe?
!
Aha!
Alles klar.
Kein Zweifel!
Du bist besorgt, weil du einfach keine Freundin findest!

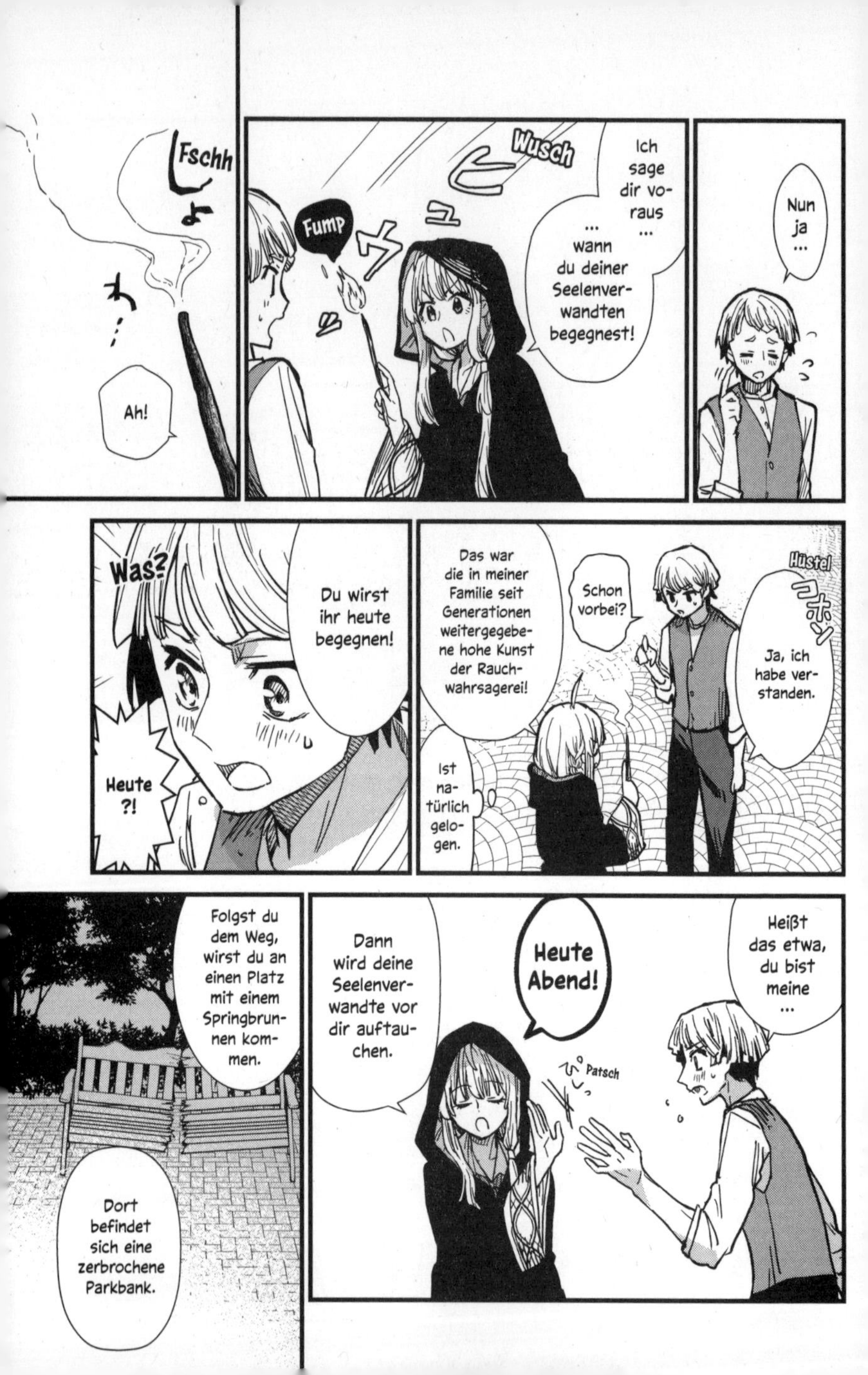
Nun ja …
Ich sage dir voraus …
… wann du deiner Seelenverwandten begegnest!
Wusch
Fump
Fschh
Ah!
Hüstel
Ja, ich habe verstanden.
Schon vorbei?
Das war die in meiner Familie seit Generationen weitergegebene hohe Kunst der Rauchwahrsagerei!
Ist natürlich gelogen.
Was?
Du wirst ihr heute begegnen!
Heute ?!
Heißt das etwa, du bist meine …
Heute Abend!
Patsch
Dann wird deine Seelenverwandte vor dir auftauchen.
Folgst du dem Weg, wirst du an einen Platz mit einem Springbrunnen kommen.
Dort befindet sich eine zerbrochene Parkbank.

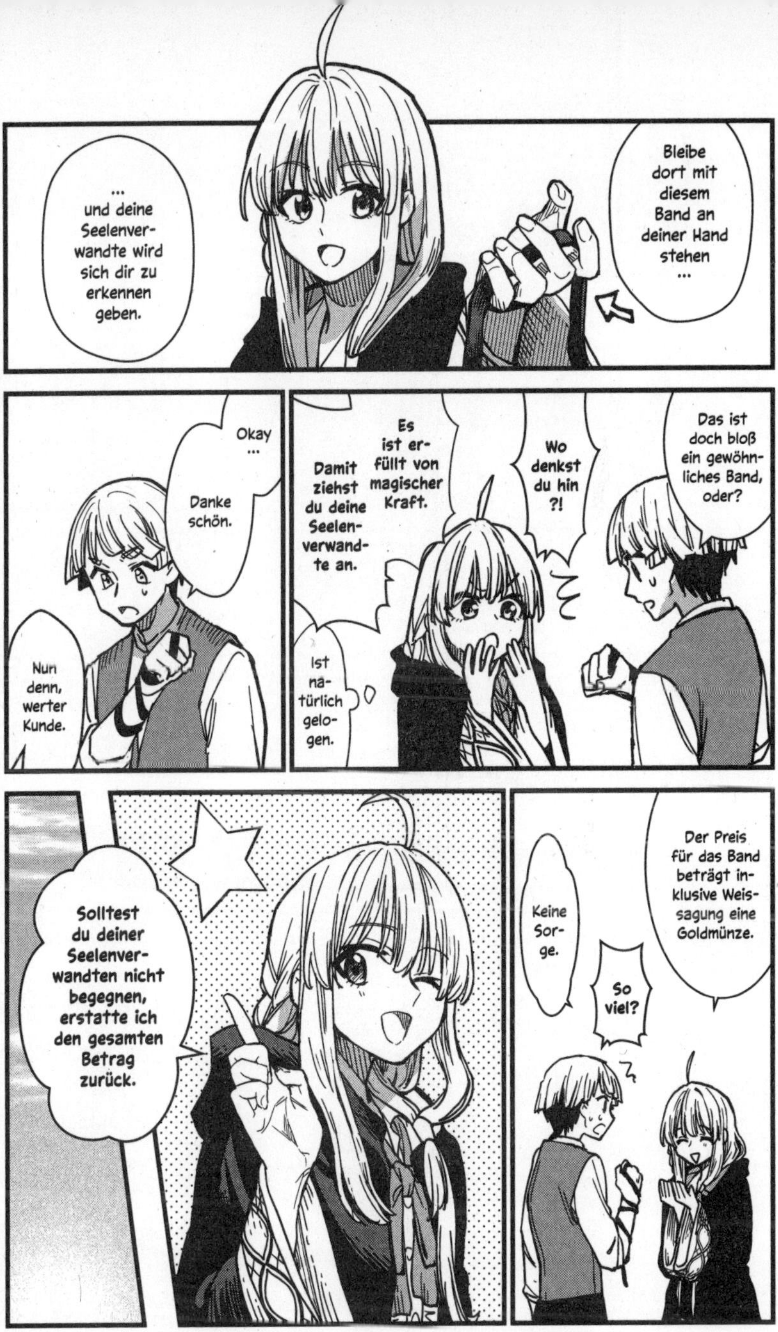
Bleibe dort mit diesem Band an deiner Hand stehen ...
... und deine Seelenverwandte wird sich dir zu erkennen geben.
Das ist doch bloß ein gewöhnliches Band, oder?
Wo denkst du hin ?!
Es ist erfüllt von magischer Kraft.
Damit ziehst du deine Seelenverwandte an.
Ist natürlich gelogen.
Okay ...
Danke schön.
Nun denn, werter Kunde.
Der Preis für das Band beträgt inklusive Weissagung eine Goldmünze.
So viel?
Keine Sorge.
Solltest du deiner Seelenverwandten nicht begegnen, erstatte ich den gesamten Betrag zurück.

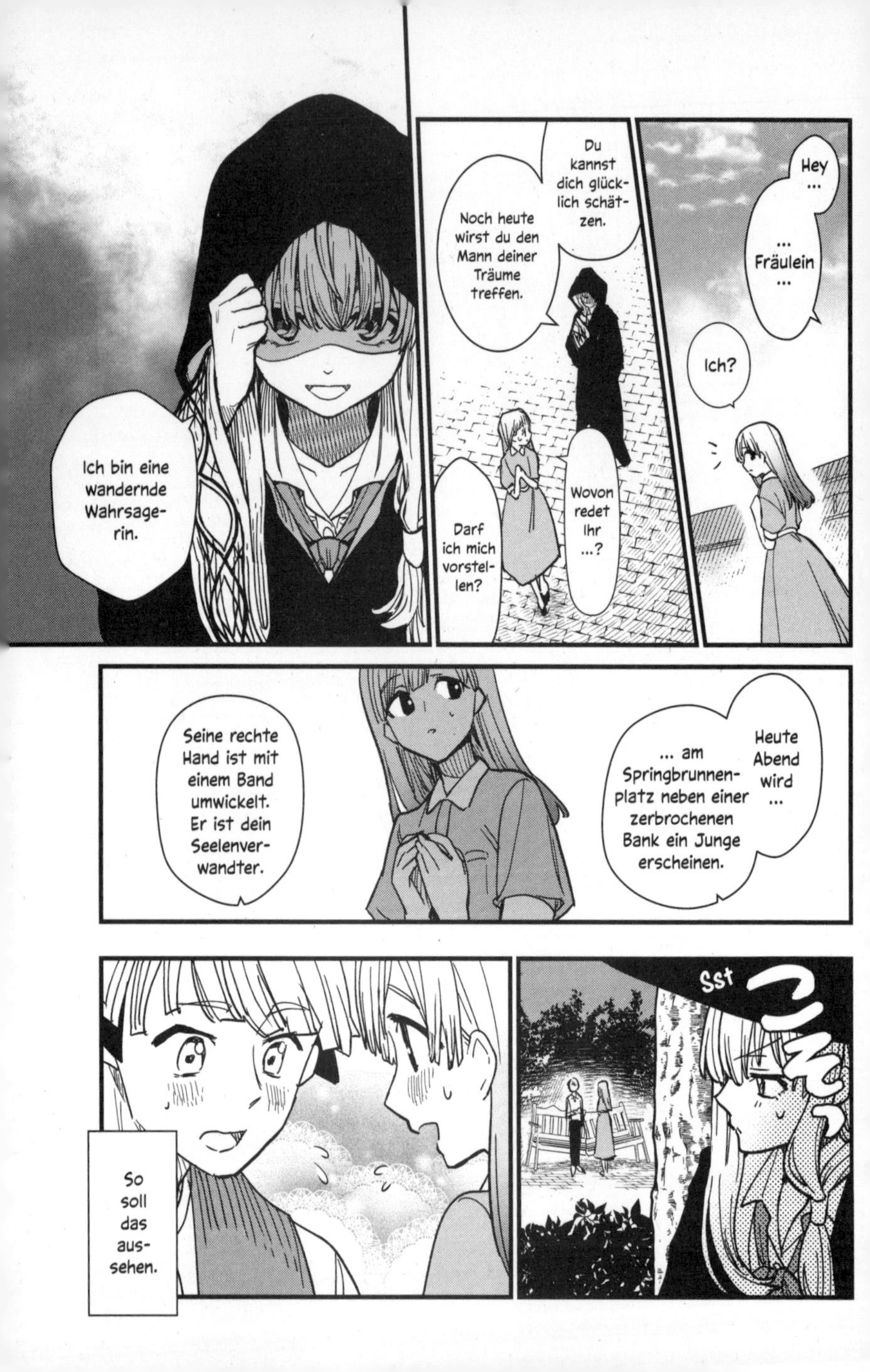
Hey ...
... Fräulein ...
Ich?
Du kannst dich glücklich schätzen.
Noch heute wirst du den Mann deiner Träume treffen.
Wovon redet Ihr ...?
Darf ich mich vorstellen?
Ich bin eine wandernde Wahrsagerin.
Heute Abend wird ...
... am Springbrunnenplatz neben einer zerbrochenen Bank ein Junge erscheinen.
Seine rechte Hand ist mit einem Band umwickelt. Er ist dein Seelenverwandter.
Sst
So soll das aussehen.

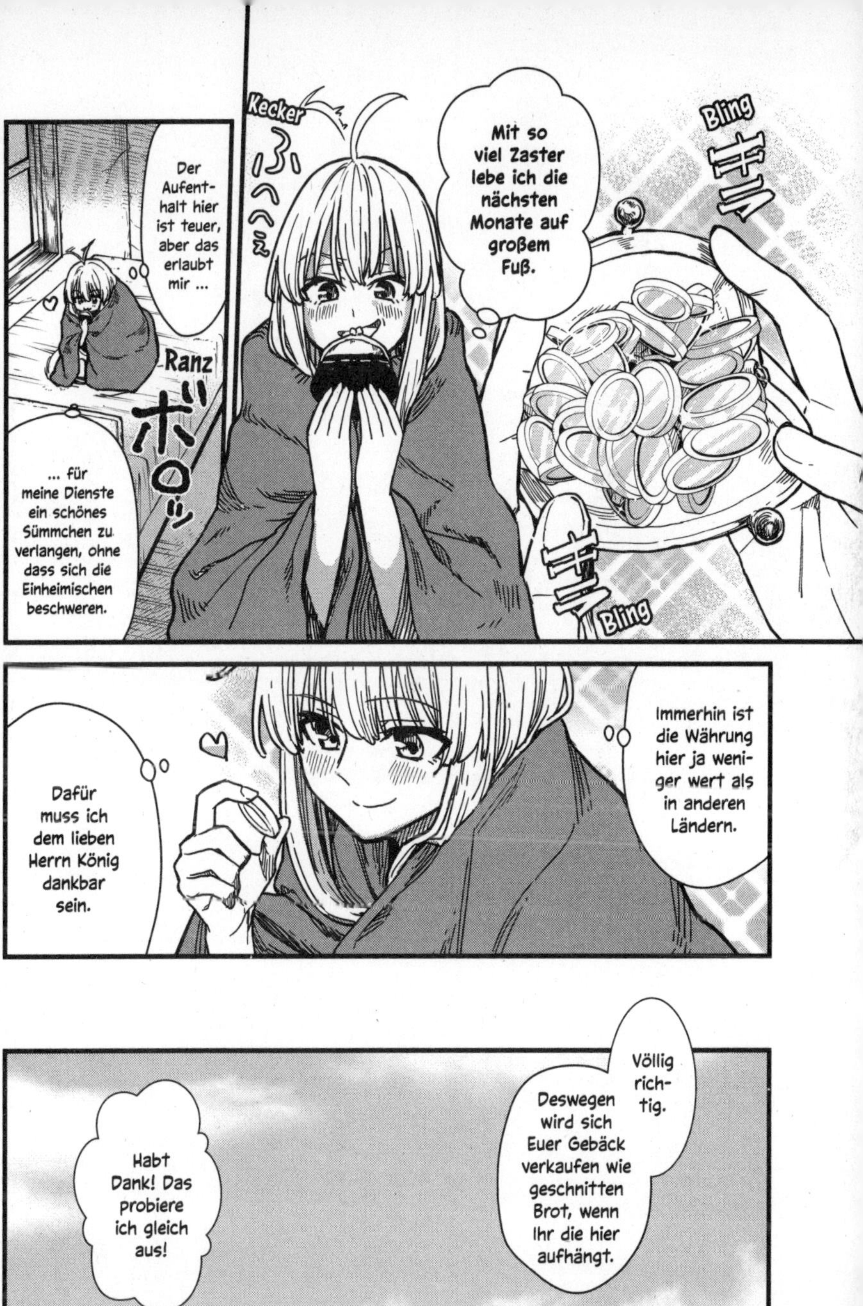
Kecker
Mit so viel Zaster lebe ich die nächsten Monate auf großem Fuß.
Bling
Bling
Der Aufenthalt hier ist teuer, aber das erlaubt mir ...
Ranz
... für meine Dienste ein schönes Sümmchen zu verlangen, ohne dass sich die Einheimischen beschweren.
Immerhin ist die Währung hier ja weniger wert als in anderen Ländern.
Dafür muss ich dem lieben Herrn König dankbar sein.
Völlig richtig.
Deswegen wird sich Euer Gebäck verkaufen wie geschnitten Brot, wenn Ihr die hier aufhängt.
Habt Dank! Das probiere ich gleich aus!

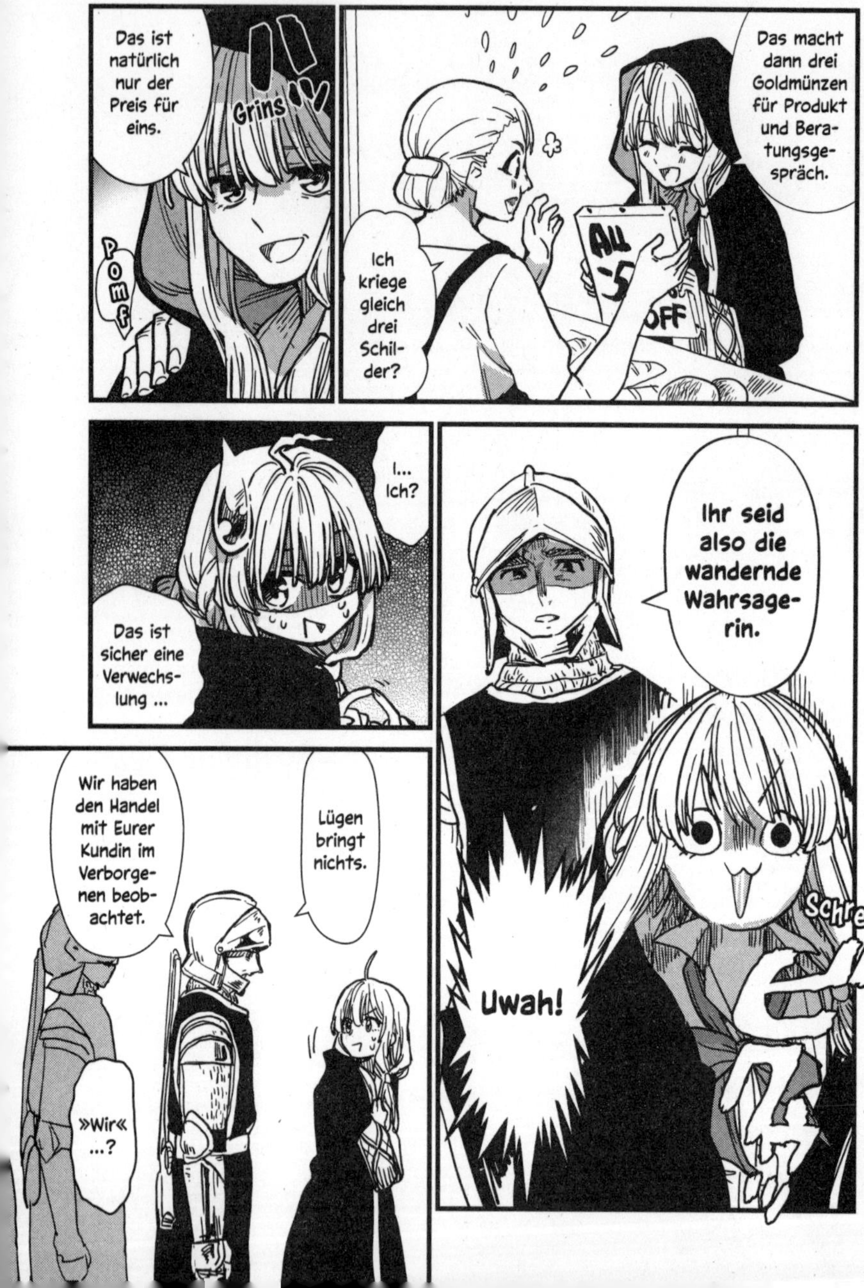
Das macht dann drei Goldmünzen für Produkt und Beratungsgespräch.
Ich kriege gleich drei Schilder?
Das ist natürlich nur der Preis für eins.
Grins
Pomf
Ihr seid also die wandernde Wahrsagerin.
Uwah!
Schrec
I... Ich?
Das ist sicher eine Verwechslung ...
Lügen bringt nichts.
Wir haben den Handel mit Eurer Kundin im Verborgenen beobachtet.
»Wir« ...?

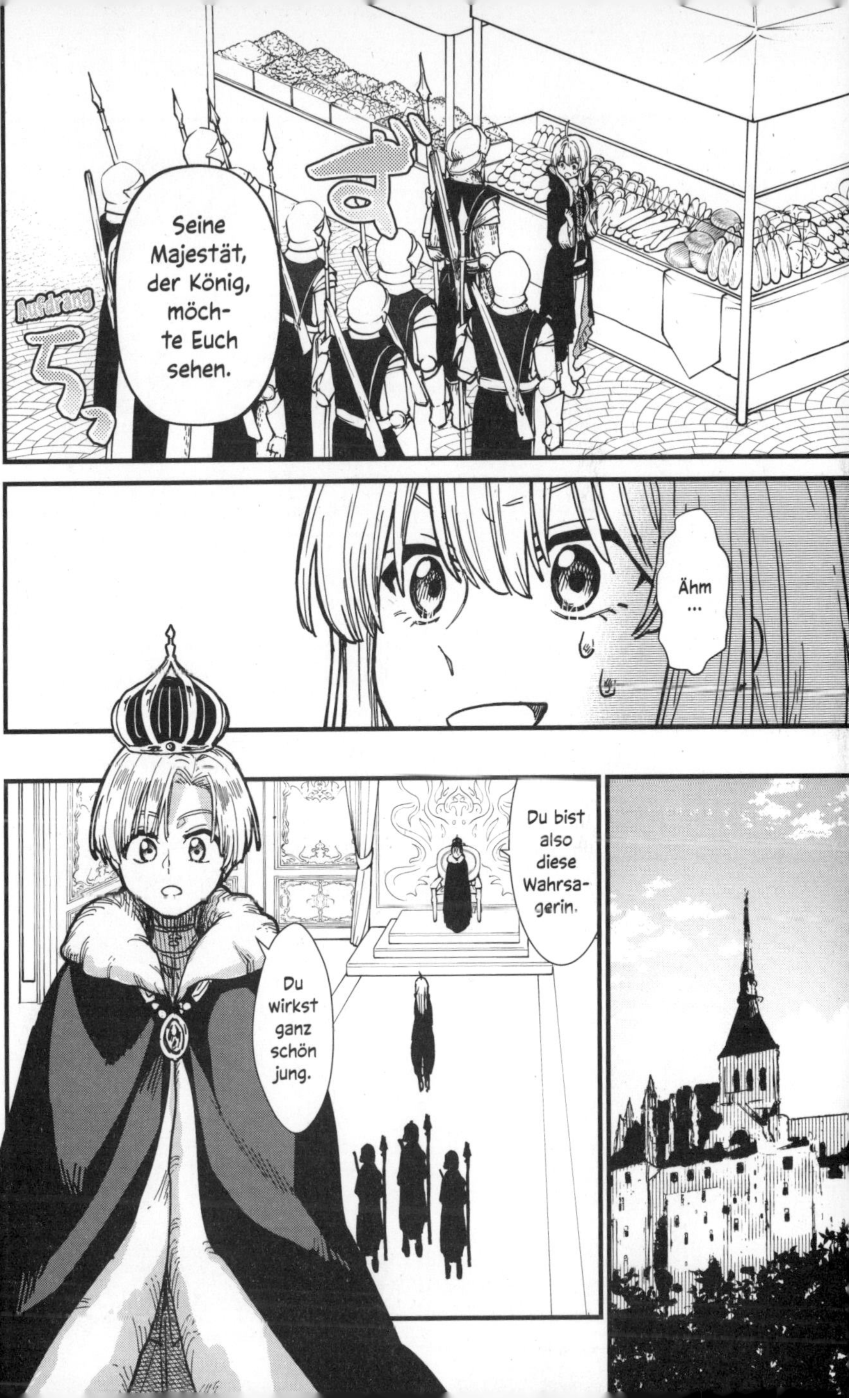
Aufdrang
Seine Majestät, der König, möchte Euch sehen.
Ähm ...
Du bist also diese Wahrsagerin.
Du wirkst ganz schön jung.

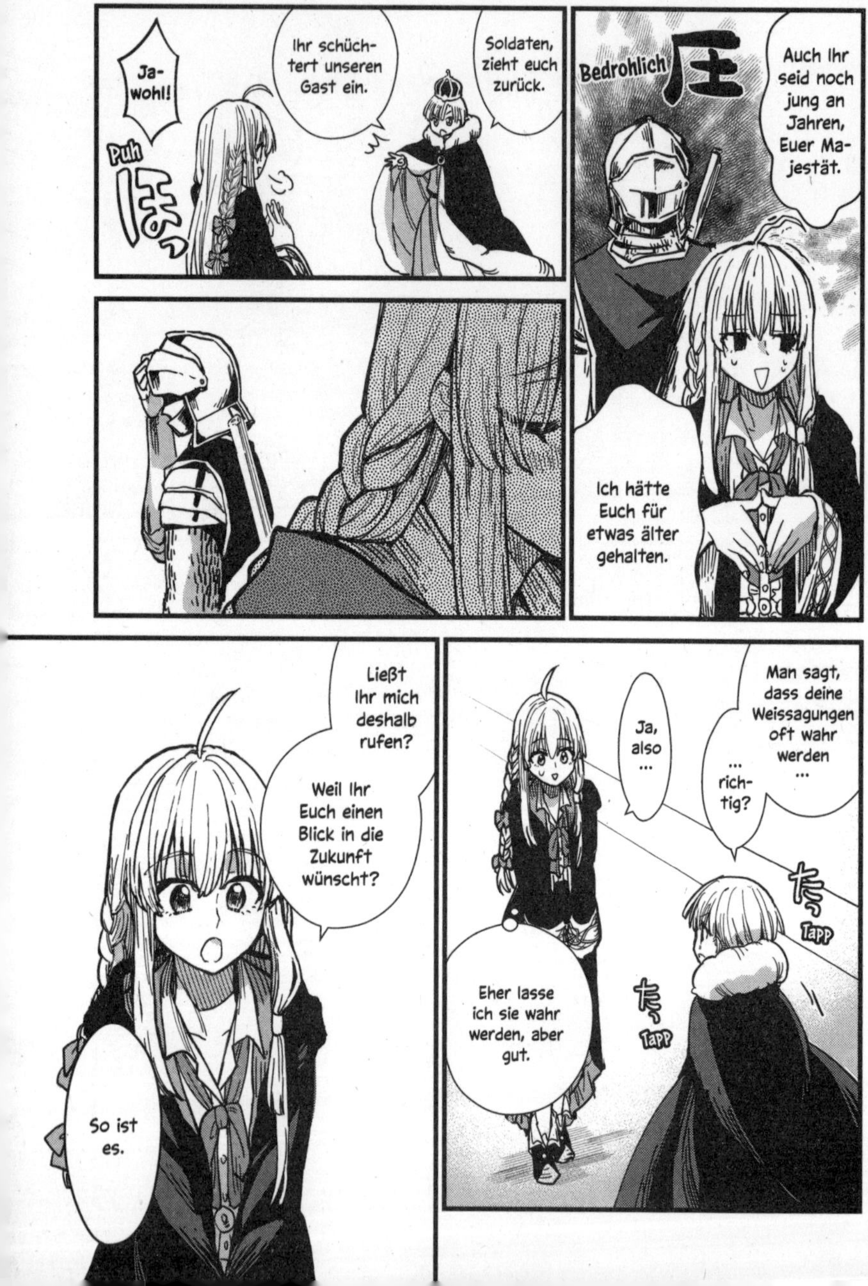
Bedrohlich
Auch Ihr seid noch jung an Jahren, Euer Majestät.
Ich hätte Euch für etwas älter gehalten.
Soldaten, zieht euch zurück.
Ihr schüchtert unseren Gast ein.
Jawohl!
Puh
Man sagt, dass deine Weissagungen oft wahr werden …
… richtig?
Ja, also …
Tapp
Tapp
Eher lasse ich sie wahr werden, aber gut.
Ließt Ihr mich deshalb rufen?
Weil Ihr Euch einen Blick in die Zukunft wünscht?
So ist es.

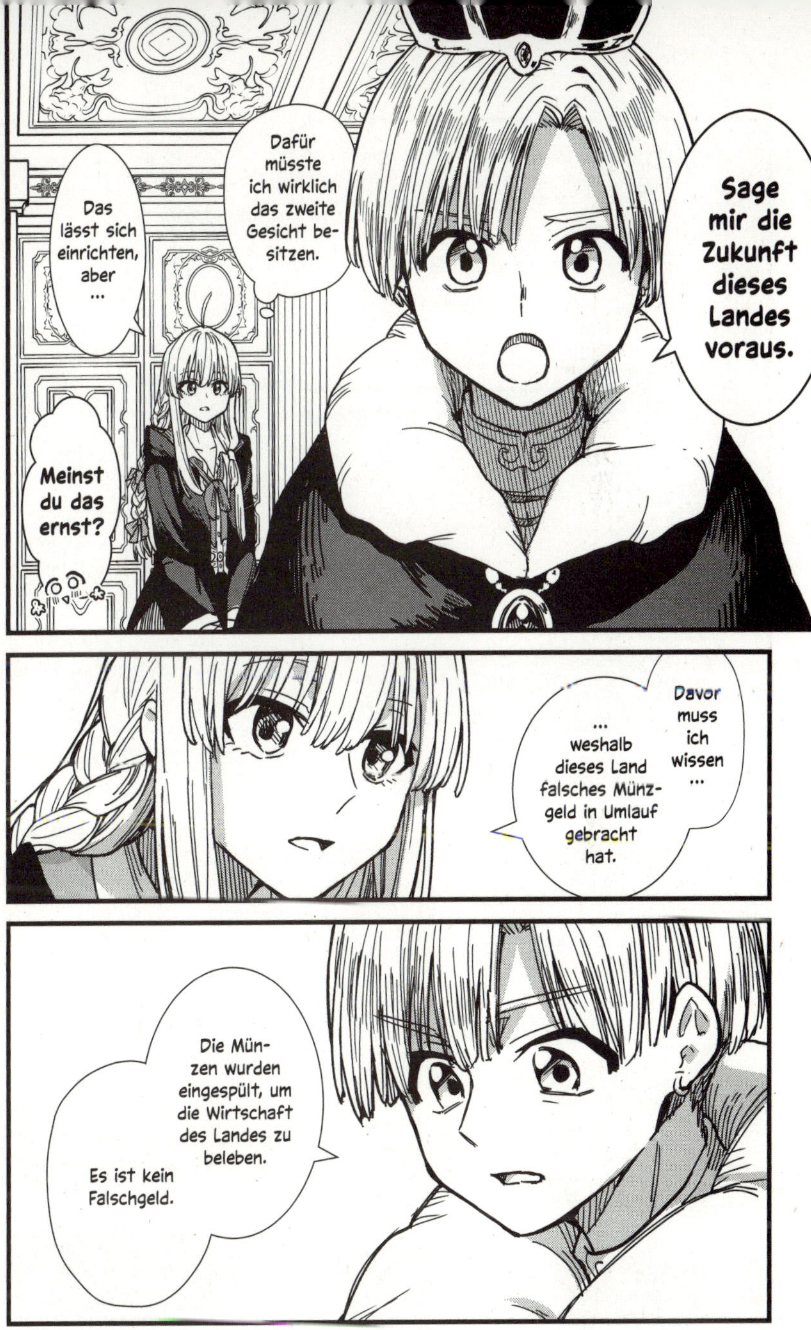
Sage mir die Zukunft dieses Landes voraus.
Dafür müsste ich wirklich das zweite Gesicht besitzen.
Das lässt sich einrichten, aber ...
Meinst du das ernst?
Davor muss ich wissen ...
... weshalb dieses Land falsches Münzgeld in Umlauf gebracht hat.
Die Münzen wurden eingespült, um die Wirtschaft des Landes zu beleben.
Es ist kein Falschgeld.

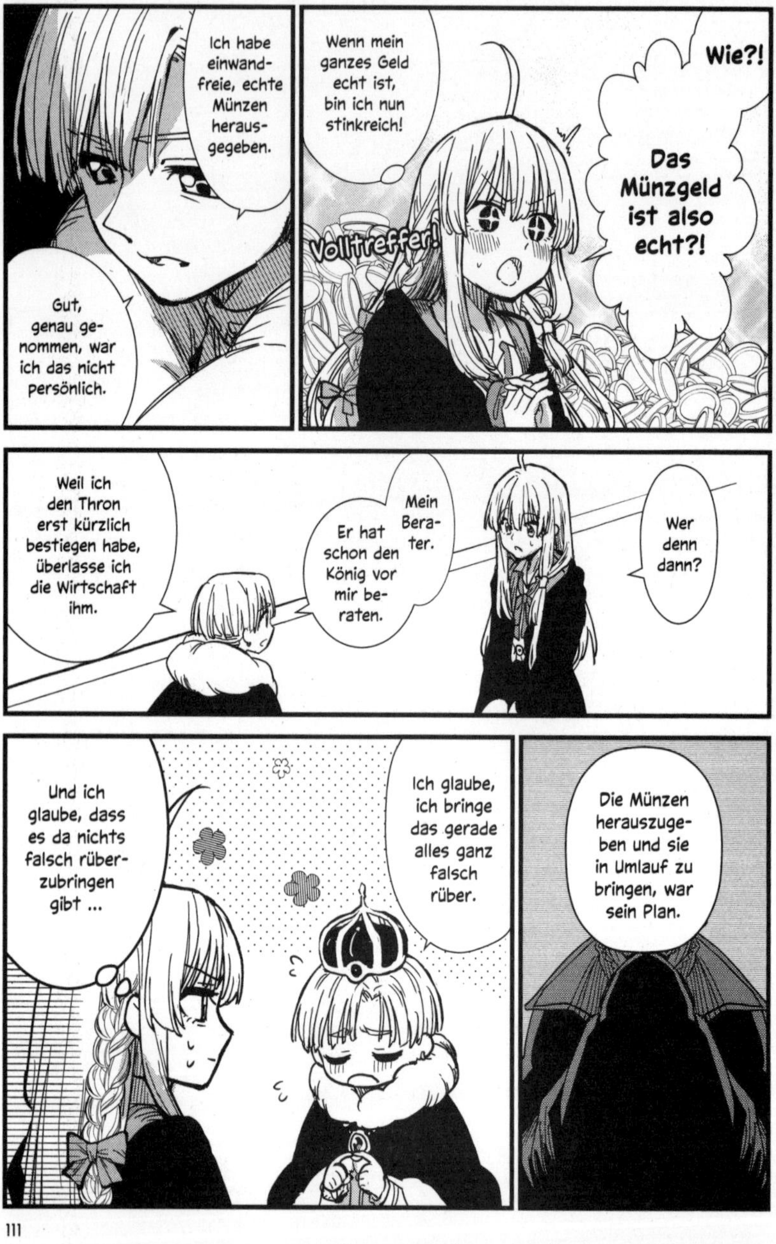
Wie?!
Das Münzgeld ist also echt?!
Wenn mein ganzes Geld echt ist, bin ich nun stinkreich!
Volltreffer!
Ich habe einwandfreie, echte Münzen herausgegeben.
Gut, genau genommen, war ich das nicht persönlich.
Wer denn dann?
Mein Berater.
Er hat schon den König vor mir beraten.
Weil ich den Thron erst kürzlich bestiegen habe, überlasse ich die Wirtschaft ihm.
Die Münzen herauszugeben und sie in Umlauf zu bringen, war sein Plan.
Ich glaube, ich bringe das gerade alles ganz falsch rüber.
Und ich glaube, dass es da nichts falsch rüberzubringen gibt ...

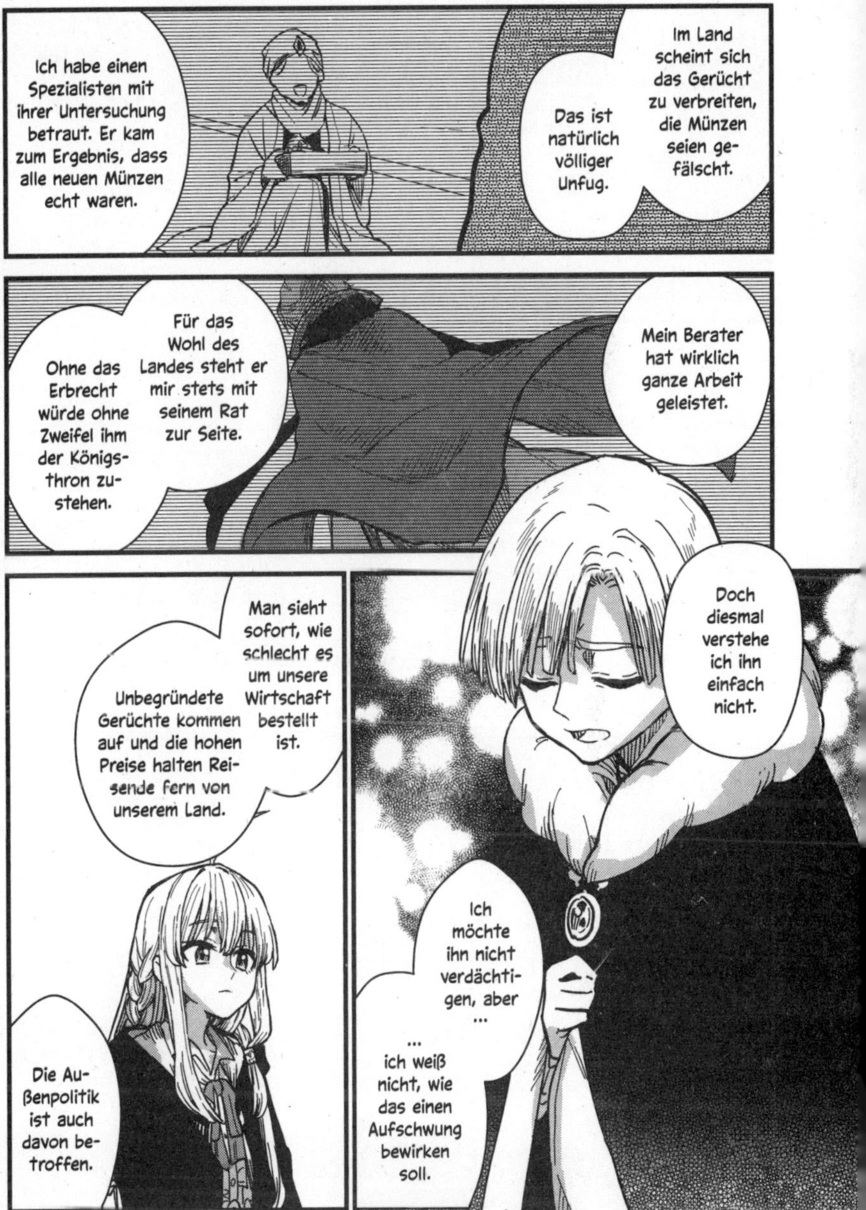
Im Land scheint sich das Gerücht zu verbreiten, die Münzen seien gefälscht.
Das ist natürlich völliger Unfug.
Ich habe einen Spezialisten mit ihrer Untersuchung betraut. Er kam zum Ergebnis, dass alle neuen Münzen echt waren.
Mein Berater hat wirklich ganze Arbeit geleistet.
Für das Wohl des Landes steht er mir stets mit seinem Rat zur Seite.
Ohne das Erbrecht würde ohne Zweifel ihm der Königsthron zustehen.
Doch diesmal verstehe ich ihn einfach nicht.
Man sieht sofort, wie schlecht es um unsere Wirtschaft bestellt ist.
Unbegründete Gerüchte kommen auf und die hohen Preise halten Reisende fern von unserem Land.
Ich möchte ihn nicht verdächtigen, aber ...
... ich weiß nicht, wie das einen Aufschwung bewirken soll.
Die Außenpolitik ist auch davon betroffen.

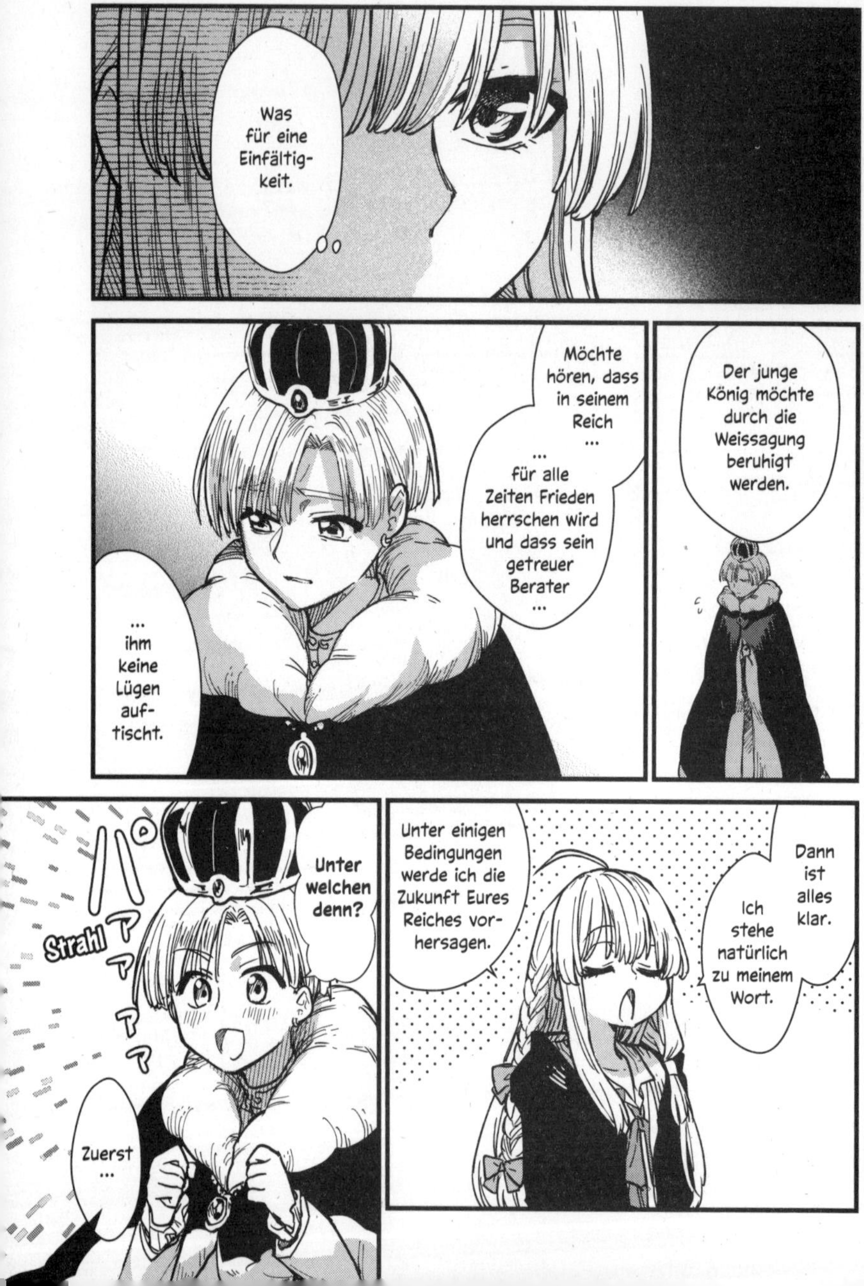
Was für eine Einfältigkeit.
Der junge König möchte durch die Weissagung beruhigt werden.
Möchte hören, dass in seinem Reich ...
... für alle Zeiten Frieden herrschen wird und dass sein getreuer Berater ...
... ihm keine Lügen auftischt.
Dann ist alles klar.
Ich stehe natürlich zu meinem Wort.
Unter einigen Bedingungen werde ich die Zukunft Eures Reiches vorhersagen.
Unter welchen denn?
Strahl
Zuerst ...

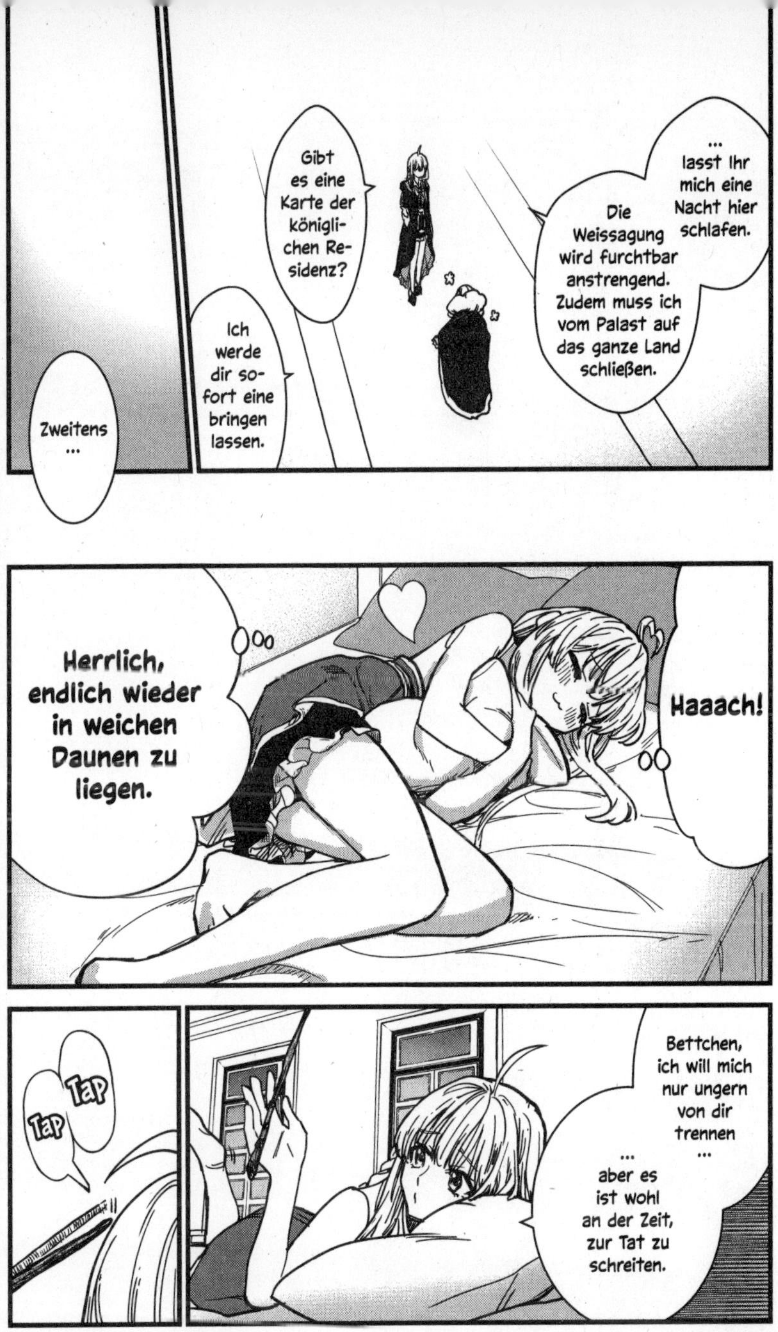
... lasst Ihr mich eine Nacht hier schlafen.
Die Weissagung wird furchtbar anstrengend. Zudem muss ich vom Palast auf das ganze Land schließen.
Gibt es eine Karte der königlichen Residenz?
Ich werde dir sofort eine bringen lassen.
Zweitens ...
Haaach!
Herrlich, endlich wieder in weichen Daunen zu liegen.
Bettchen, ich will mich nur ungern von dir trennen ...
... aber es ist wohl an der Zeit, zur Tat zu schreiten.
Tap
Tap

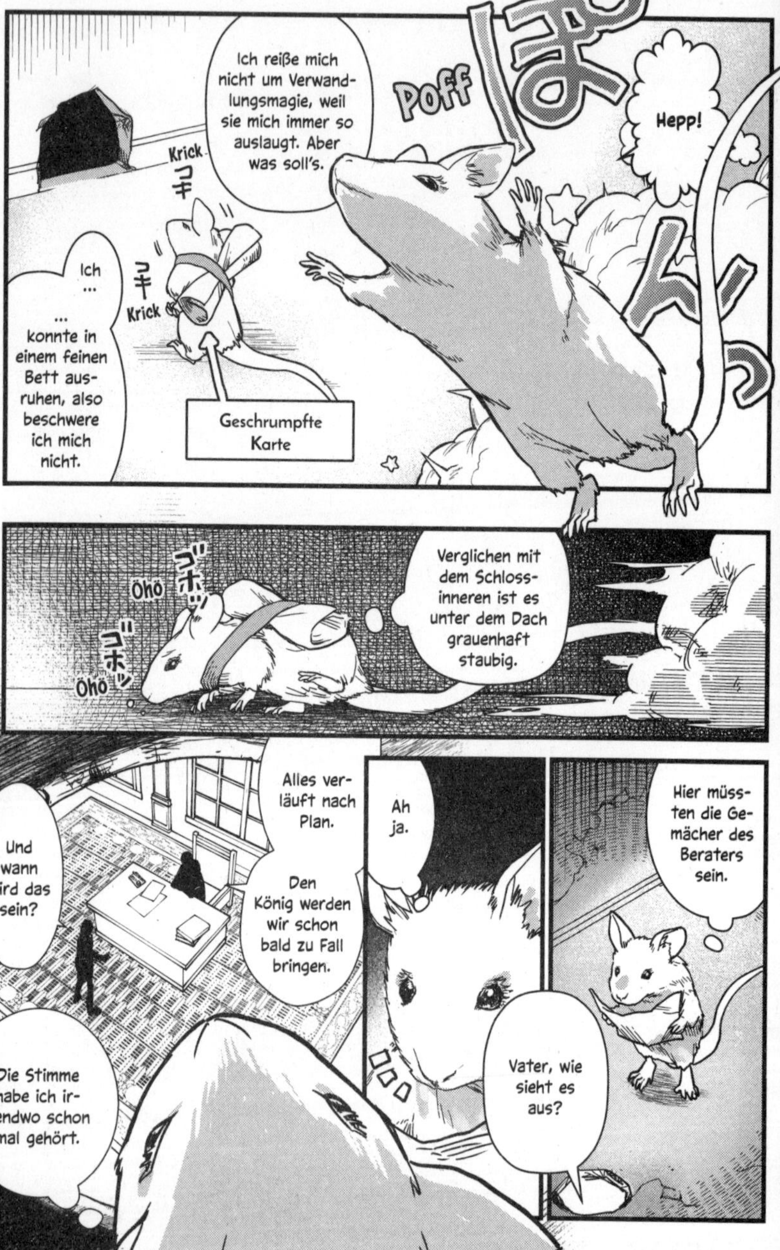
Poff
ぽんっ
Hepp!
Ich reiße mich nicht um Verwandlungsmagie, weil sie mich immer so auslaugt. Aber was soll's.
Krick コキ
Krick コキ
Ich ...
... konnte in einem feinen Bett ausruhen, also beschwere ich mich nicht.
Geschrumpfte Karte
Verglichen mit dem Schlossinneren ist es unter dem Dach grauenhaft staubig.
Öhö ゴホッ
Öhö ゴホッ
Hier müssten die Gemächer des Beraters sein.
Vater, wie sieht es aus?
Ah ja.
Alles verläuft nach Plan.
Den König werden wir schon bald zu Fall bringen.
Und wann wird das sein?
Die Stimme habe ich irgendwo schon mal gehört.

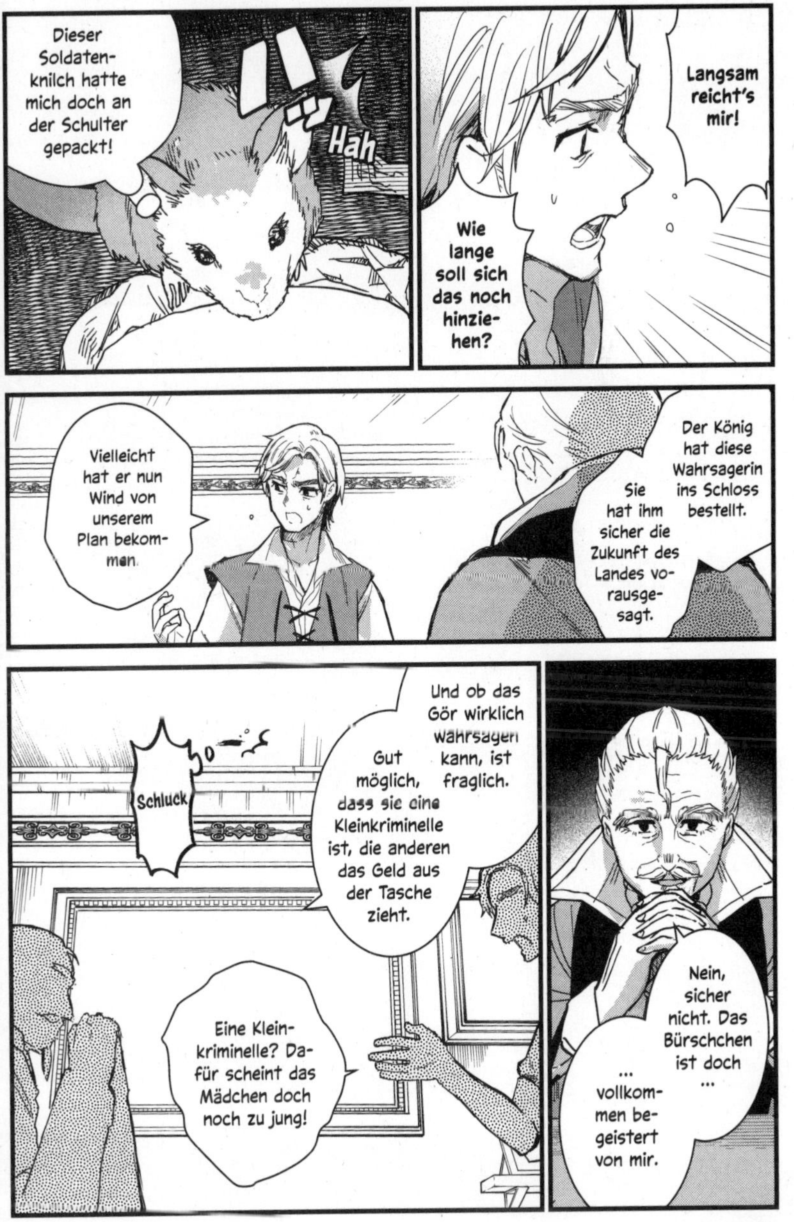
Langsam reicht's mir!
Wie lange soll sich das noch hinziehen?
Dieser Soldatenknilch hatte mich doch an der Schulter gepackt!
Hah
Der König hat diese Wahrsagerin ins Schloss bestellt.
Sie hat ihm sicher die Zukunft des Landes vorausgesagt.
Vielleicht hat er nun Wind von unserem Plan bekommen.
Nein, sicher nicht. Das Bürschchen ist doch ...
... vollkommen begeistert von mir.
Und ob das Gör wirklich wahrsagen kann, ist fraglich.
Gut möglich, dass sie eine Kleinkriminelle ist, die anderen das Geld aus der Tasche zieht.
Eine Kleinkriminelle? Dafür scheint das Mädchen doch noch zu jung!
Schluck

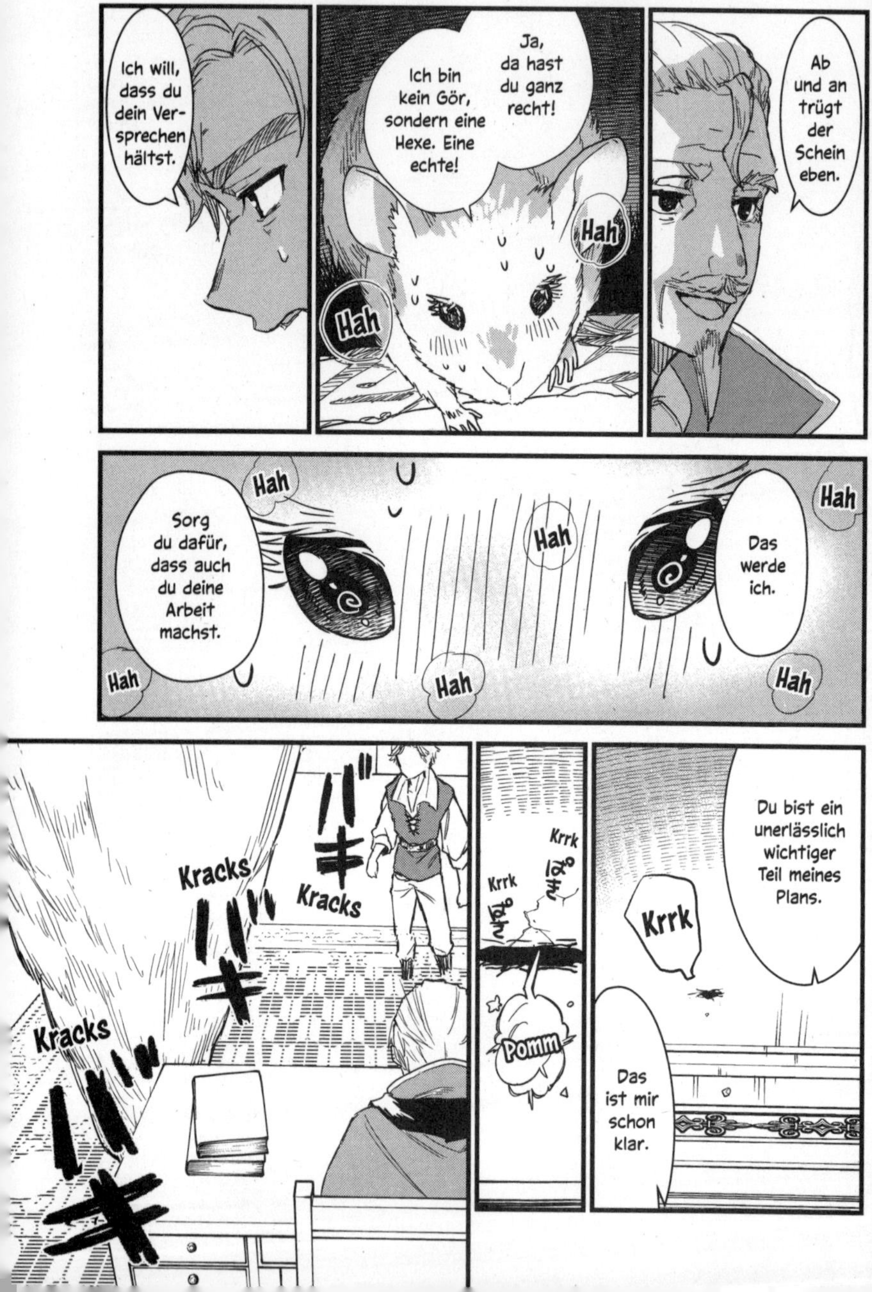

Ab und an trügt der Schein eben.
Ja, da hast du ganz recht!
Ich bin kein Gör, sondern eine Hexe. Eine echte!
Hah
Hah
Ich will, dass du dein Versprechen hältst.
Hah
Das werde ich.
Hah
Hah
Hah
Sorg du dafür, dass auch du deine Arbeit machst.
Hah
Hah
Du bist ein unerlässlich wichtiger Teil meines Plans.
Krrk
Das ist mir schon klar.
Krrk
Krrk
Pomm
Kracks
Kracks
Kracks

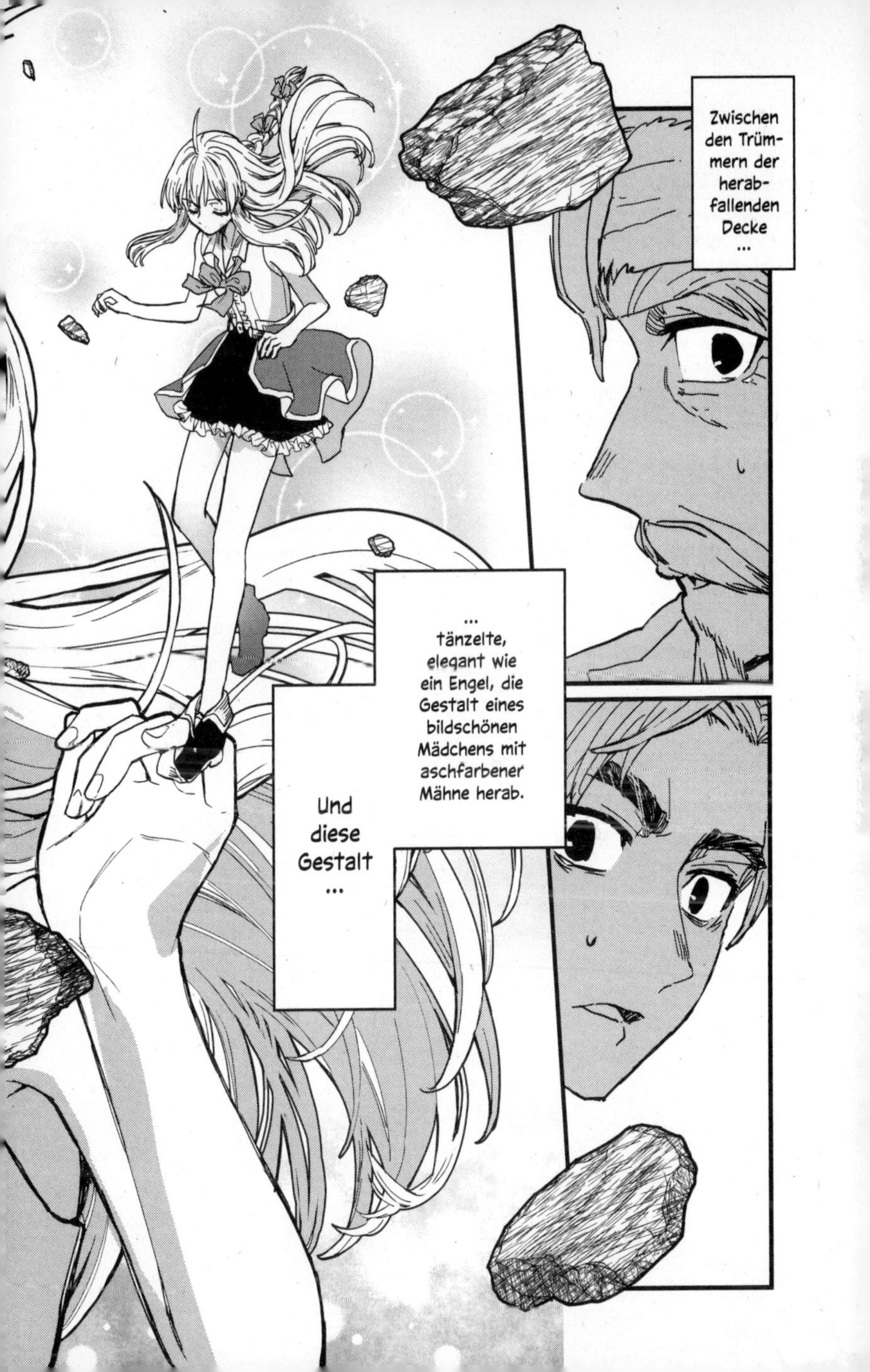
Zwischen den Trümmern der herabfallenden Decke …
… tänzelte, elegant wie ein Engel, die Gestalt eines bildschönen Mädchens mit aschfarbener Mähne herab.
Und diese Gestalt …

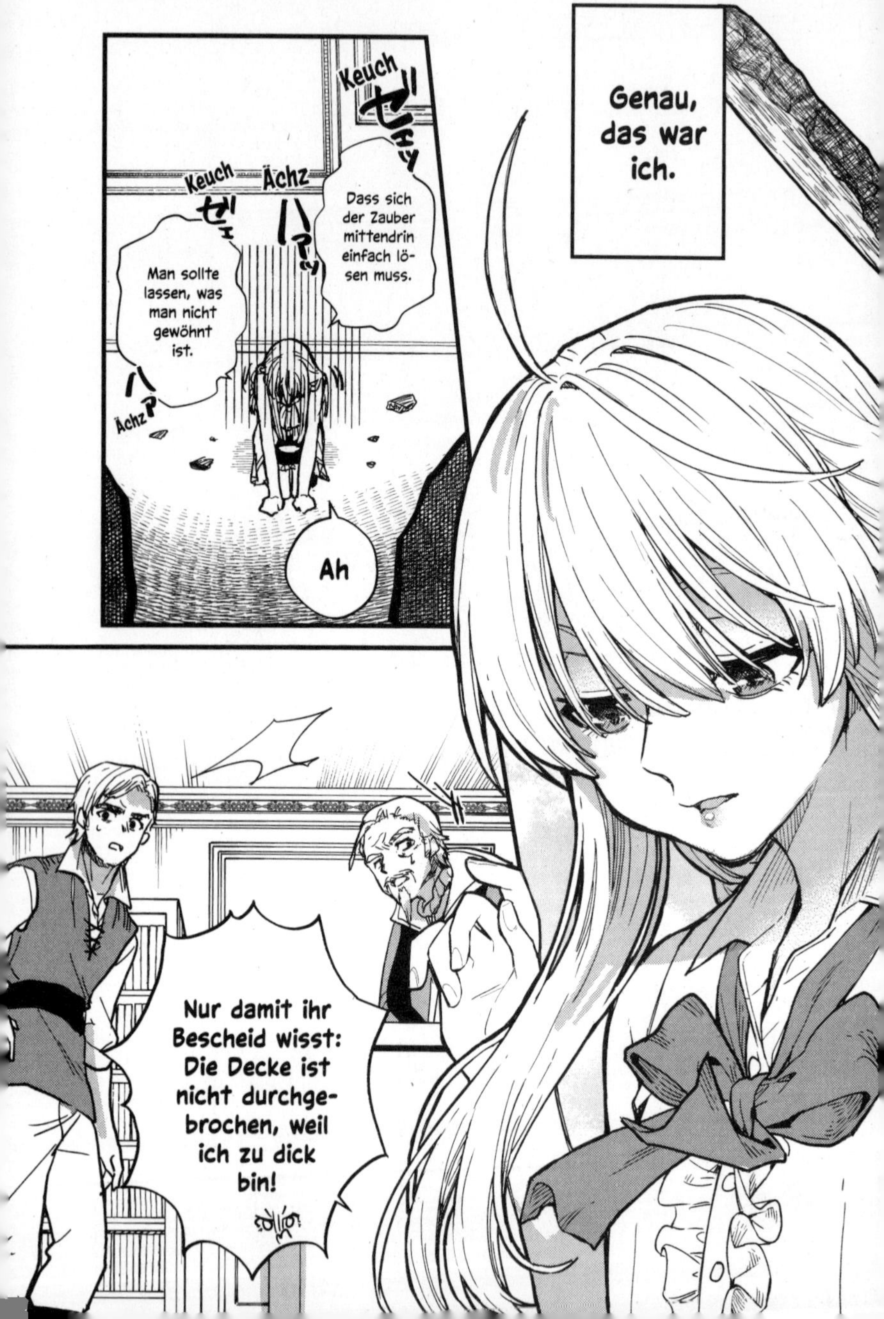

Genau, das war ich.
Keuch
Dass sich der Zauber mittendrin einfach lösen muss.
Äch z
Keuch
Man sollte lassen, was man nicht gewöhnt ist.
Ächz
Ah
Nur damit ihr Bescheid wisst: Die Decke ist nicht durchgebrochen, weil ich zu dick bin!

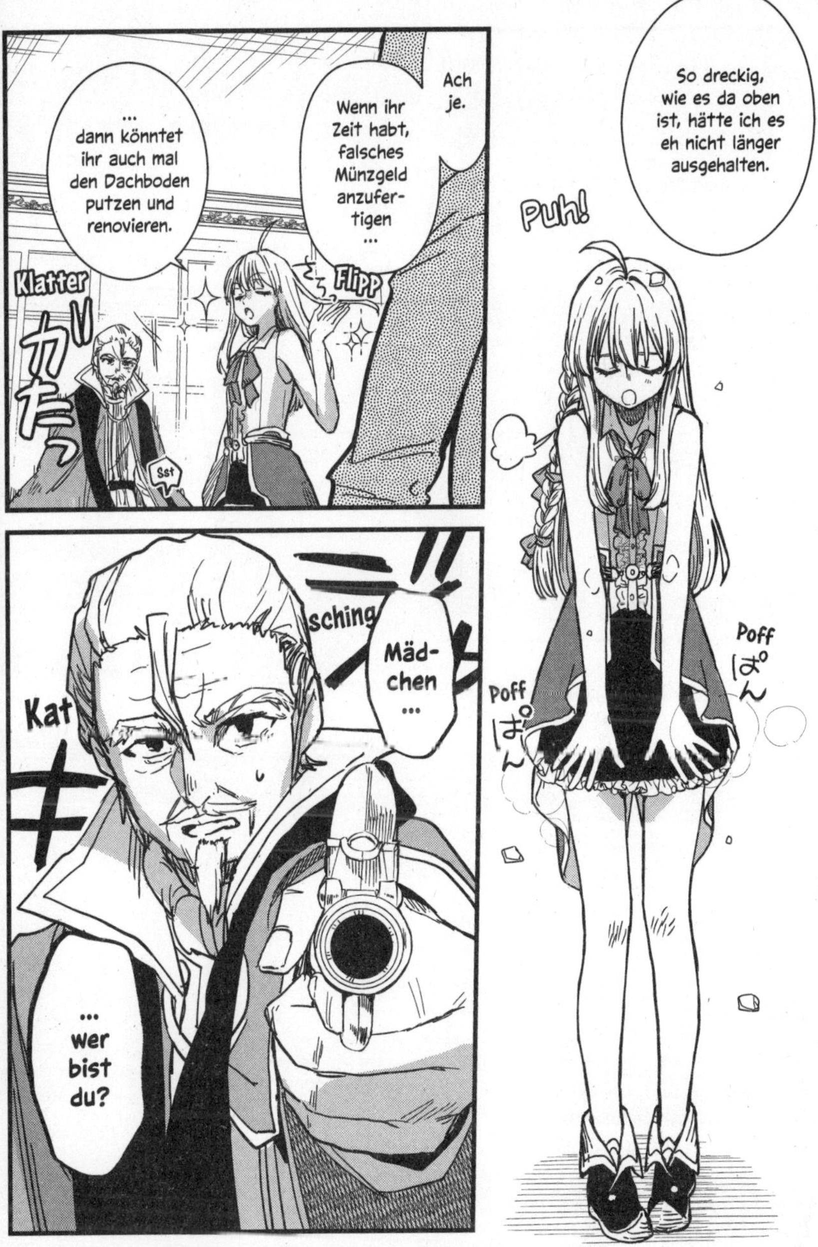
So dreckig, wie es da oben ist, hätte ich es eh nicht länger ausgehalten.
Puh!
Poff
Poff
Ach je.
Wenn ihr Zeit habt, falsches Münzgeld anzufer-tigen ...
... dann könntet ihr auch mal den Dachboden putzen und renovieren.
Flipp
Klatter
Sst
sching
Mäd-chen ...
Kat
... wer bist du?

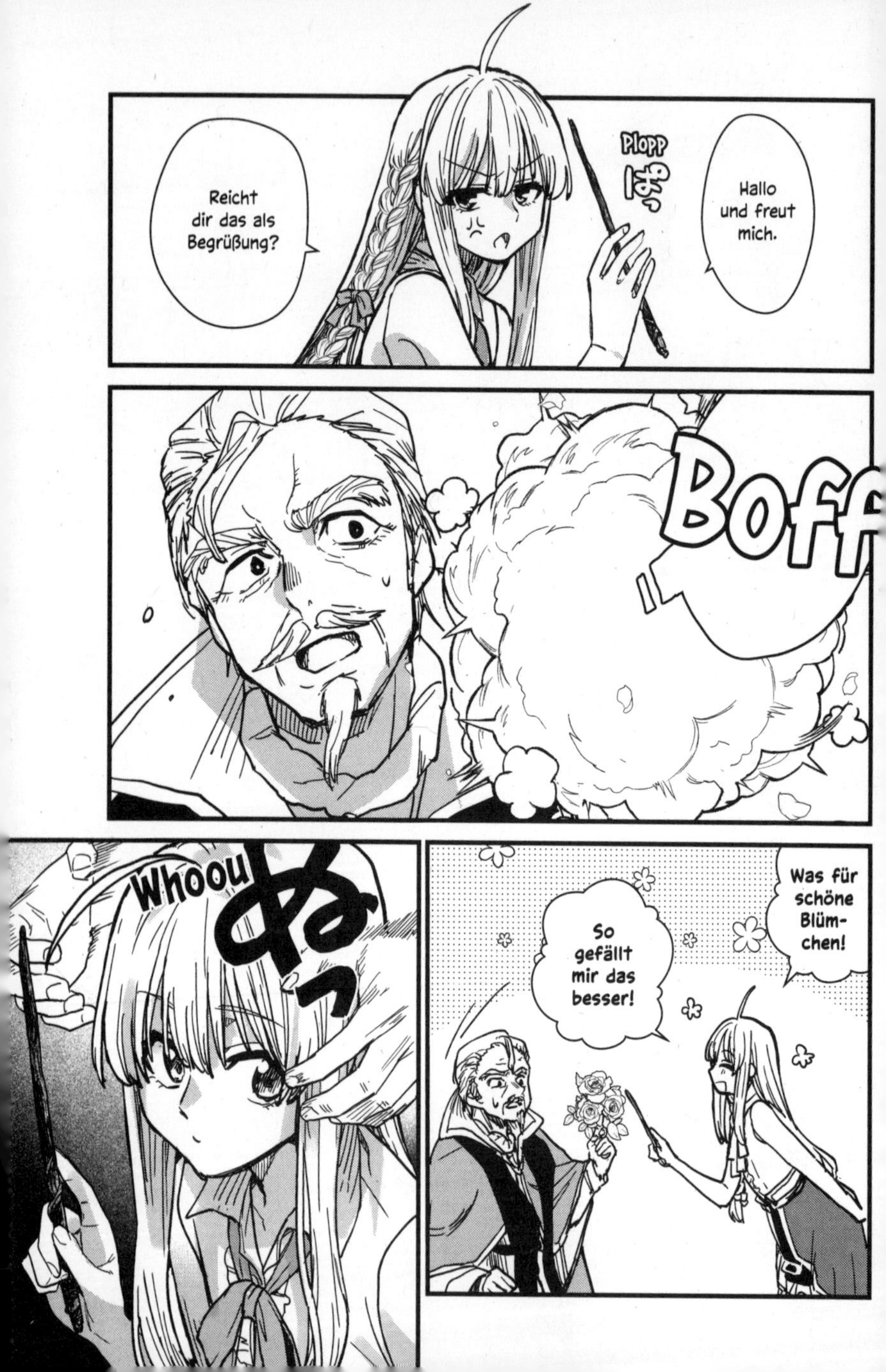
Hallo und freut mich.
Plopp
ぽっ
Reicht dir das als Begrüßung?
Boff
Was für schöne Blümchen!
So gefällt mir das besser!
Whoou
ぬっ

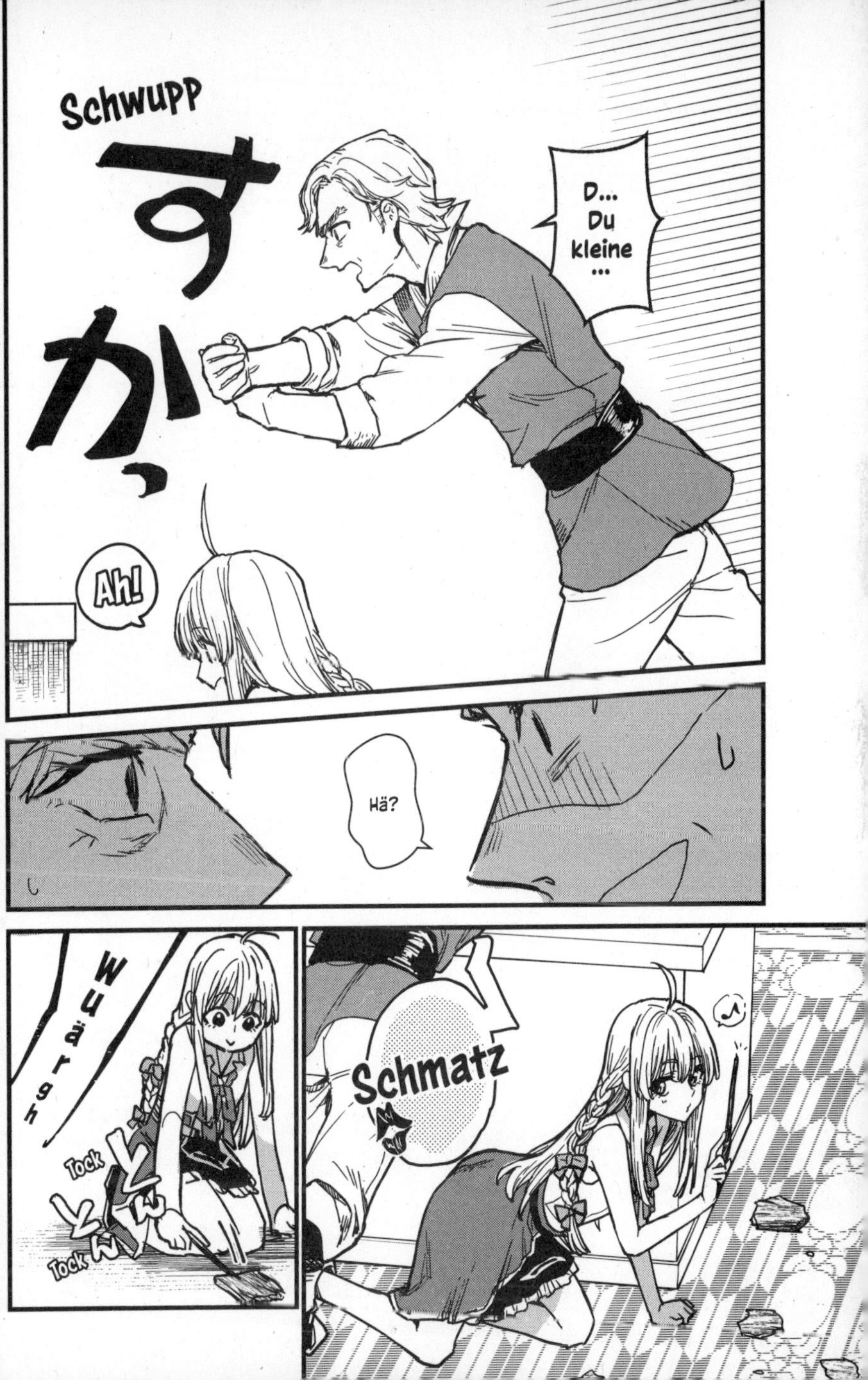
D... Du kleine ...
Schwupp
すかっ
Ah!
Hä?
Schmatz
Wuärgh
Tock
Tock

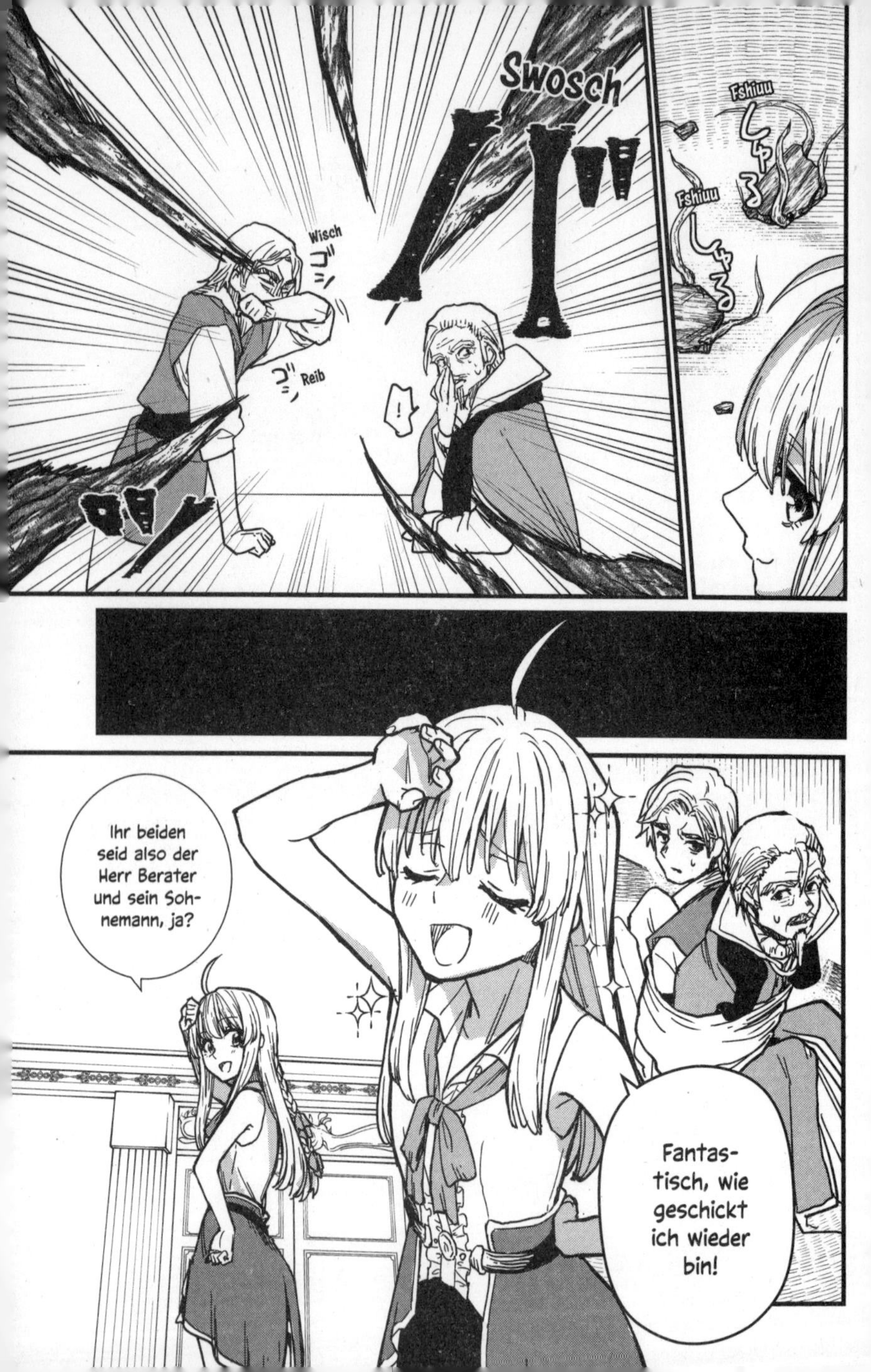

Fshiuu
しゅる
Fshiuu
しゅる
Swosch
Wisch
Reib
!
Fantastisch, wie geschickt ich wieder bin!
Ihr beiden seid also der Herr Berater und sein Sohnemann, ja?

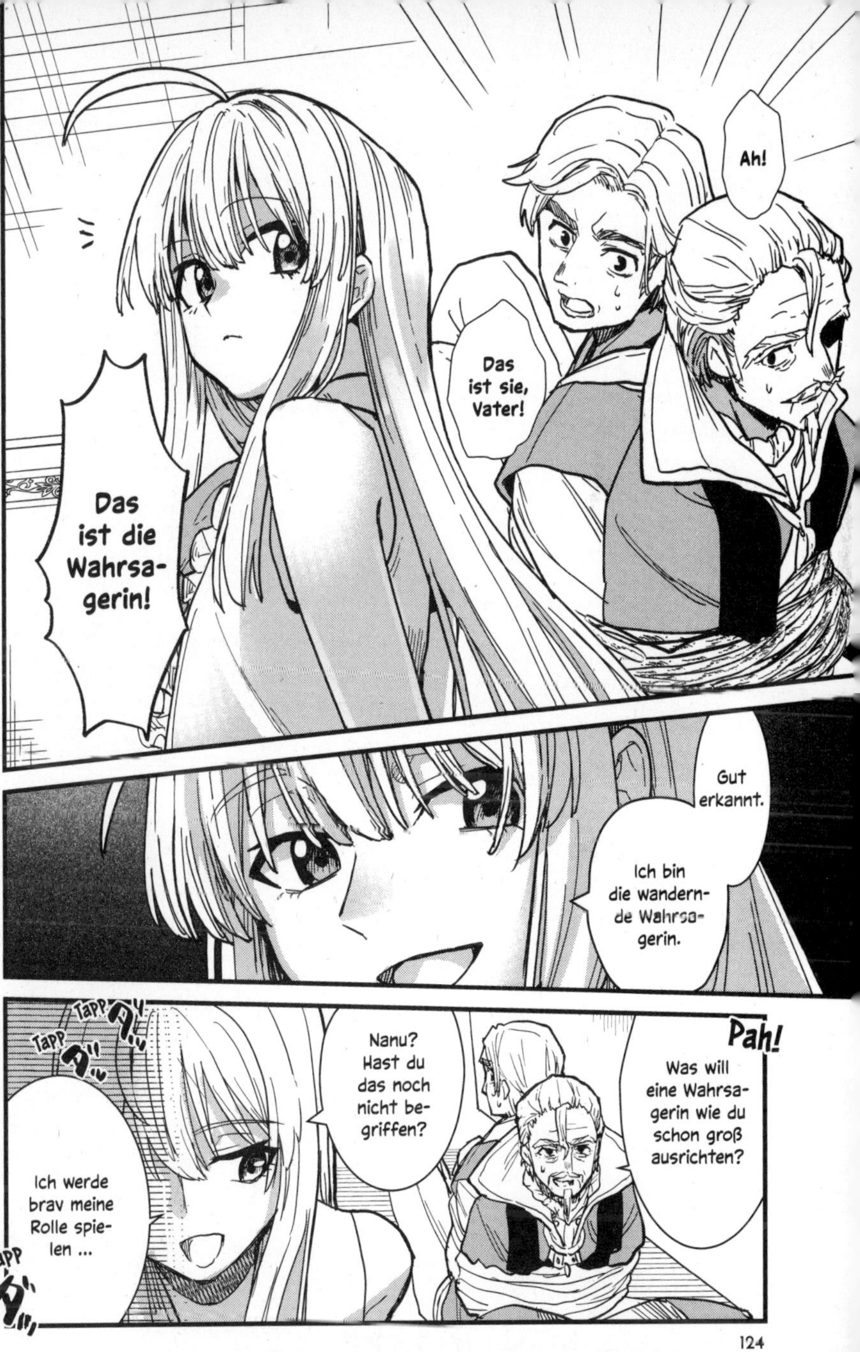
Ah!
Das ist sie, Vater!
Das ist die Wahrsagerin!
Gut erkannt.
Ich bin die wandernde Wahrsagerin.
Pah!
Was will eine Wahrsagerin wie du schon groß ausrichten?
Nanu? Hast du das noch nicht begriffen?
Tapp
Tapp
Ich werde brav meine Rolle spielen ...
Tapp

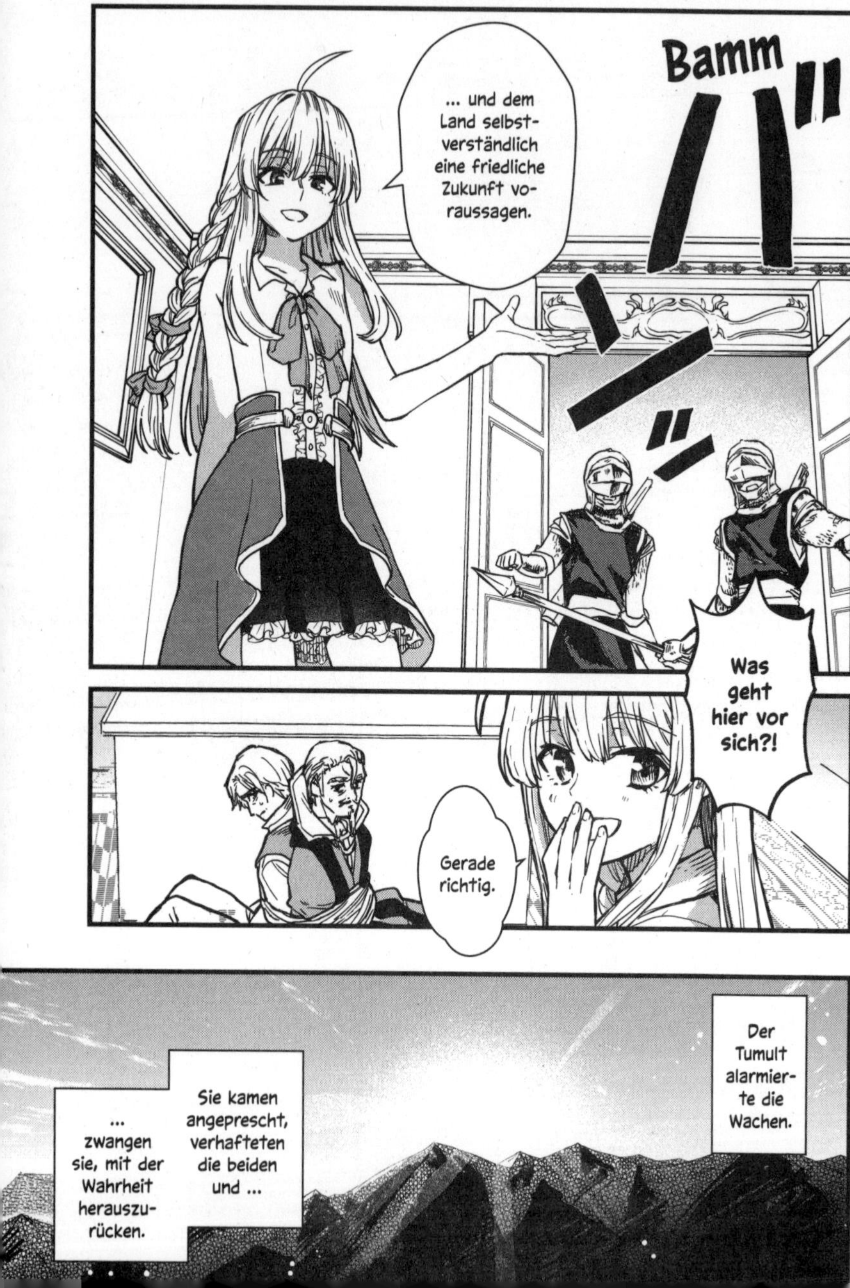
Bamm
... und dem Land selbstverständlich eine friedliche Zukunft voraussagen.
Was geht hier vor sich?!
Gerade richtig.
Der Tumult alarmierte die Wachen.
Sie kamen angeprescht, verhafteten die beiden und ...
... zwangen sie, mit der Wahrheit herauszurücken.

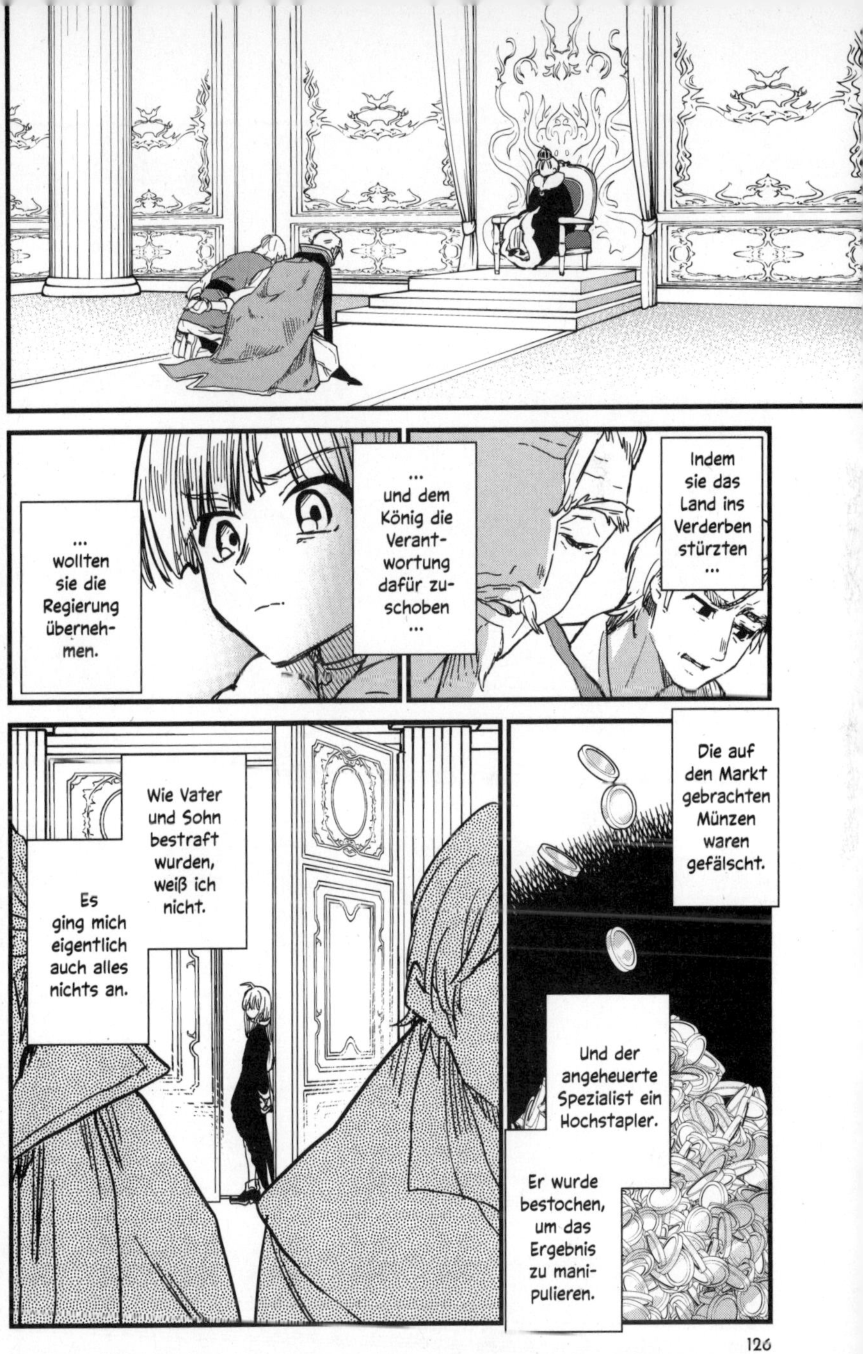
Indem sie das Land ins Verderben stürzten ...
... und dem König die Verant-wortung dafür zu-schoben ...
... wollten sie die Regierung überneh-men.
Die auf den Markt gebrachten Münzen waren gefälscht.
Und der angeheuerte Spezialist ein Hochstapler.
Er wurde bestochen, um das Ergebnis zu mani-pulieren.
Wie Vater und Sohn bestraft wurden, weiß ich nicht.
Es ging mich eigentlich auch alles nichts an.

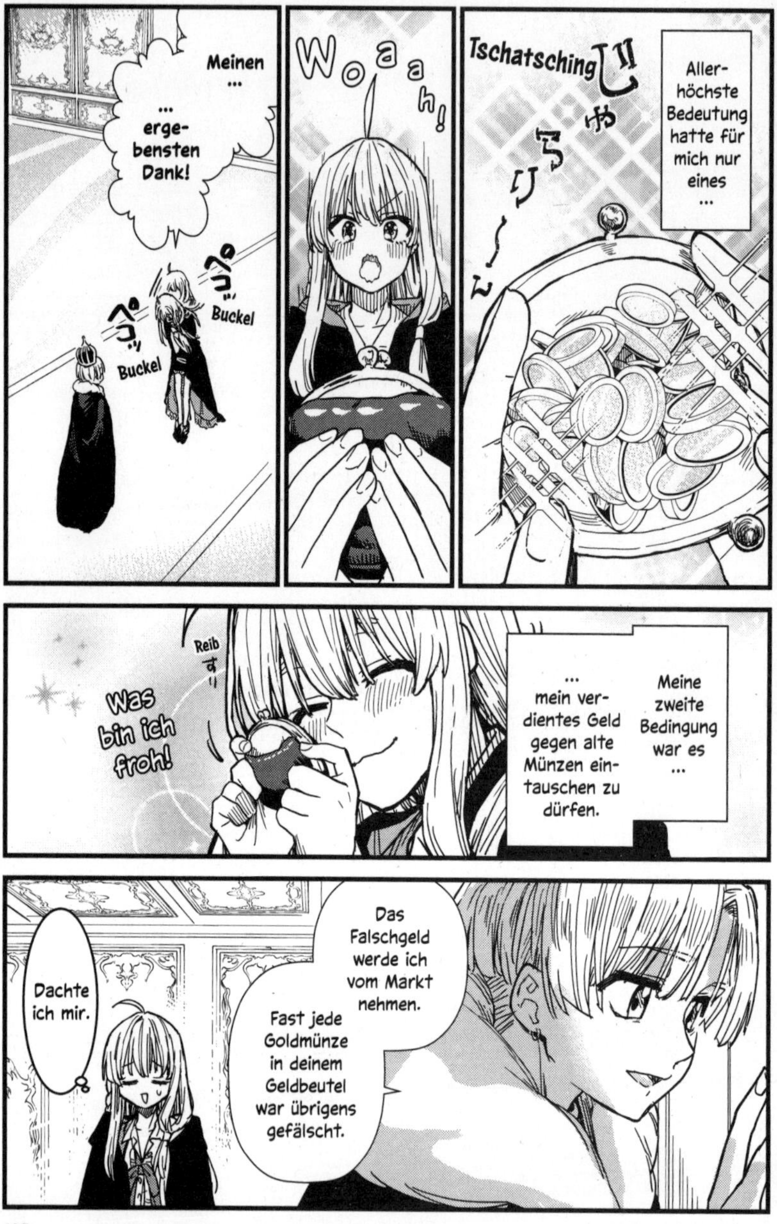

Aller-
höchste
Bedeutung
hatte für
mich nur
eines
...
Tschatsching
Woaah!
Meinen
...
...
ergebensten
Dank!
Buckel
Buckel
Meine
zweite
Bedingung
war es
...
...
mein verdientes Geld
gegen alte
Münzen eintauschen zu
dürfen.
Reib
Was
bin ich
froh!
Das
Falschgeld
werde ich
vom Markt
nehmen.
Fast jede
Goldmünze
in deinem
Geldbeutel
war übrigens
gefälscht.
Dachte
ich mir.

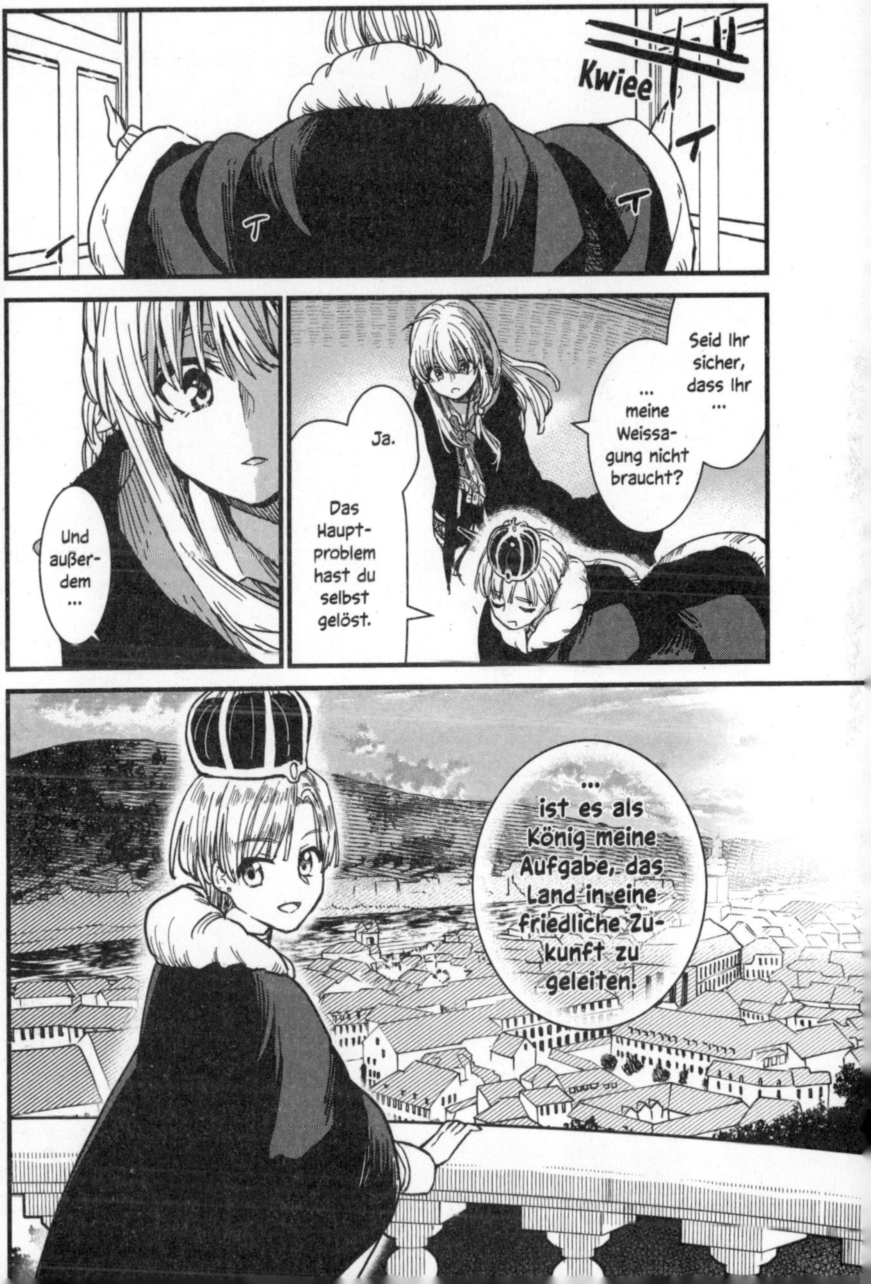
Kwiee
Seid Ihr sicher, dass Ihr …
… meine Weissagung nicht braucht?
Ja.
Das Hauptproblem hast du selbst gelöst.
Und außerdem …
… ist es als König meine Aufgabe, das Land in eine friedliche Zukunft zu geleiten.

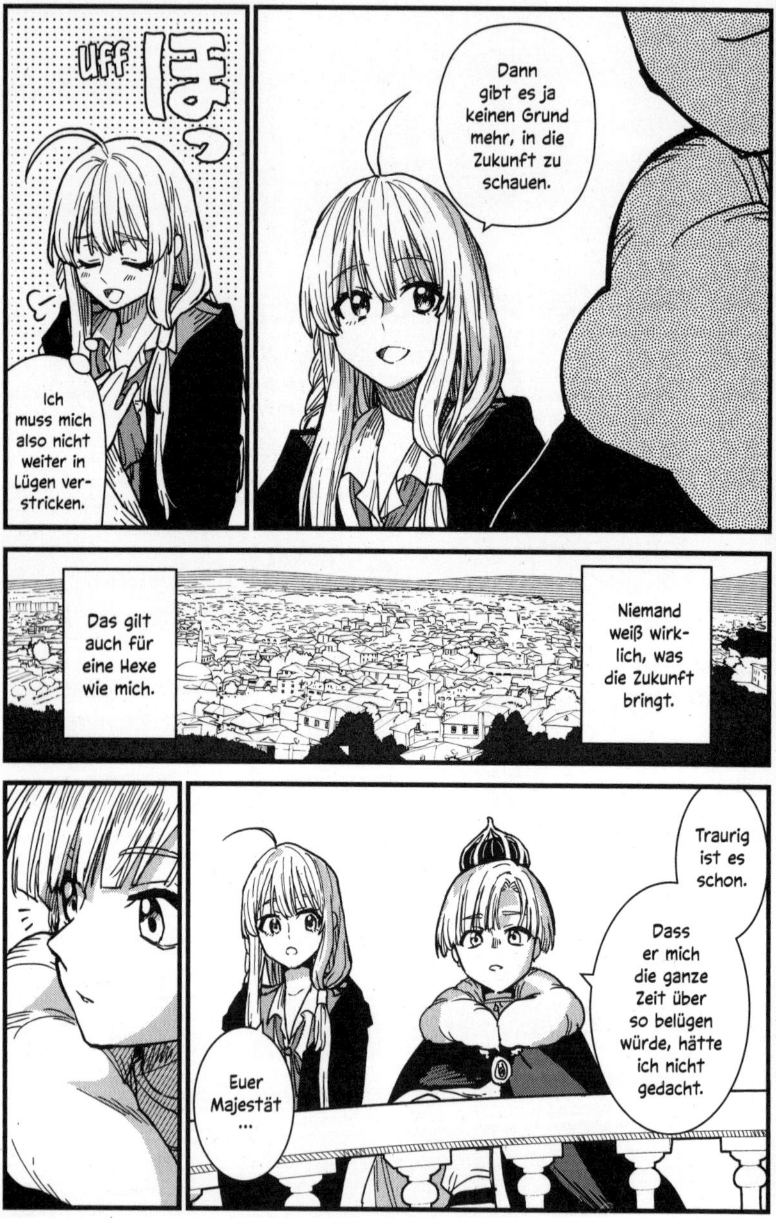
Dann gibt es ja keinen Grund mehr, in die Zukunft zu schauen.
ほっ
Uff
Ich muss mich also nicht weiter in Lügen verstricken.
Niemand weiß wirklich, was die Zukunft bringt.
Das gilt auch für eine Hexe wie mich.
Traurig ist es schon.
Dass er mich die ganze Zeit über so belügen würde, hätte ich nicht gedacht.
Euer Majestät ...

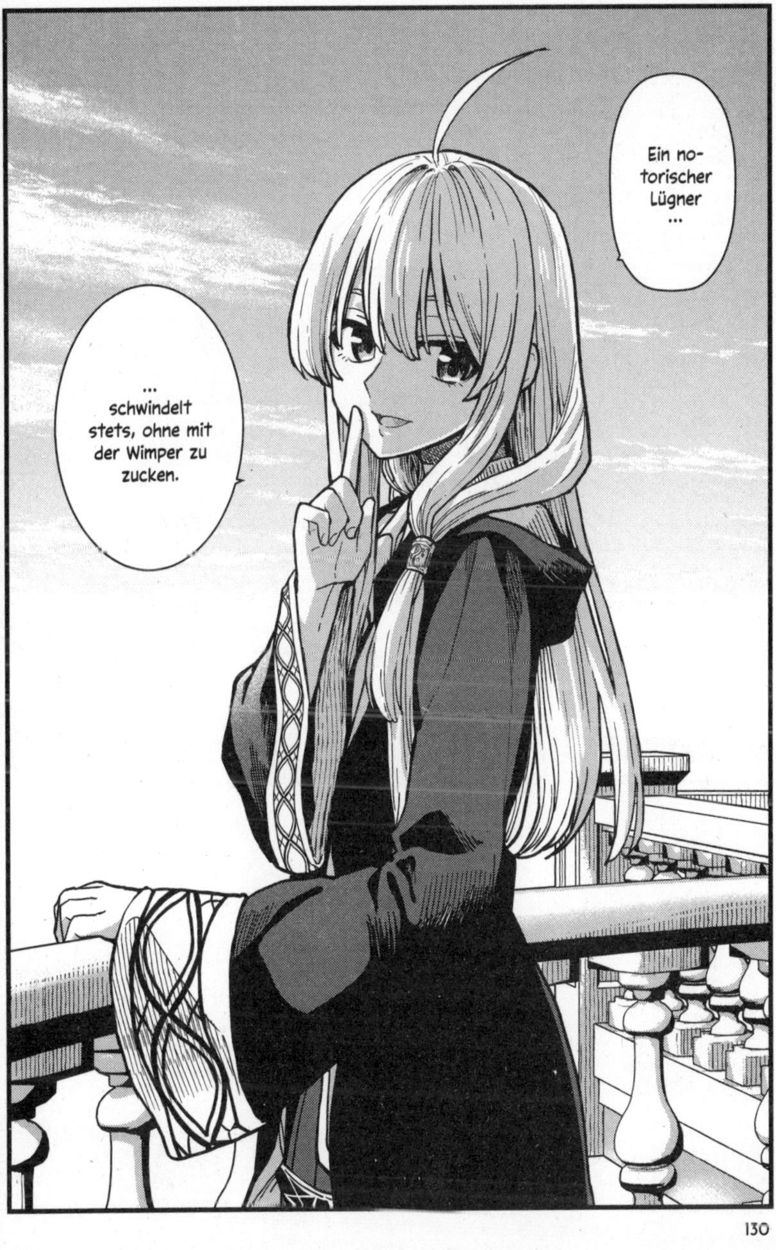
Ein notorischer Lügner ...
... schwindelt stets, ohne mit der Wimper zu zucken.

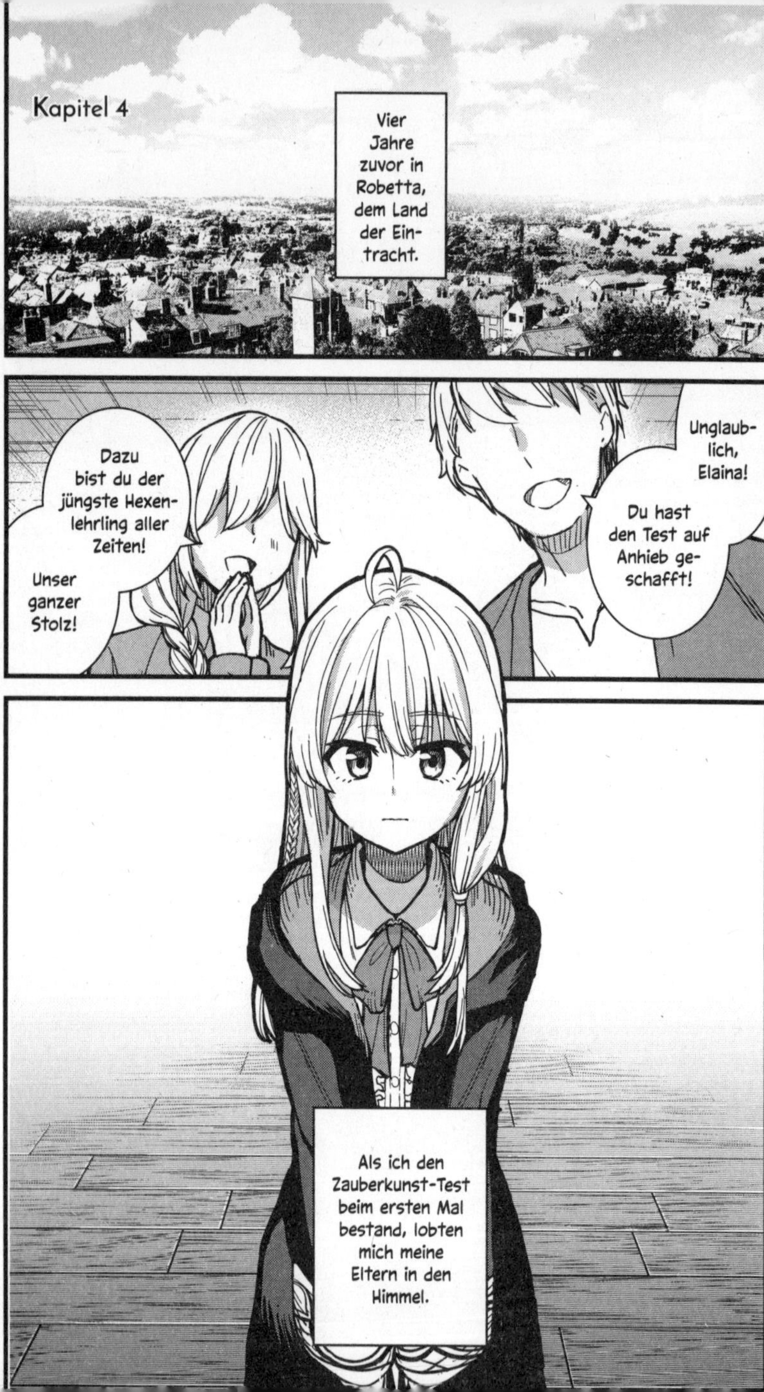
Kapitel 4
Vier Jahre zuvor in Robetta, dem Land der Eintracht.
Unglaublich, Elaina!
Du hast den Test auf Anhieb geschafft!
Dazu bist du der jüngste Hexenlehrling aller Zeiten!
Unser ganzer Stolz!
Als ich den Zauberkunst-Test beim ersten Mal bestand, lobten mich meine Eltern in den Himmel.

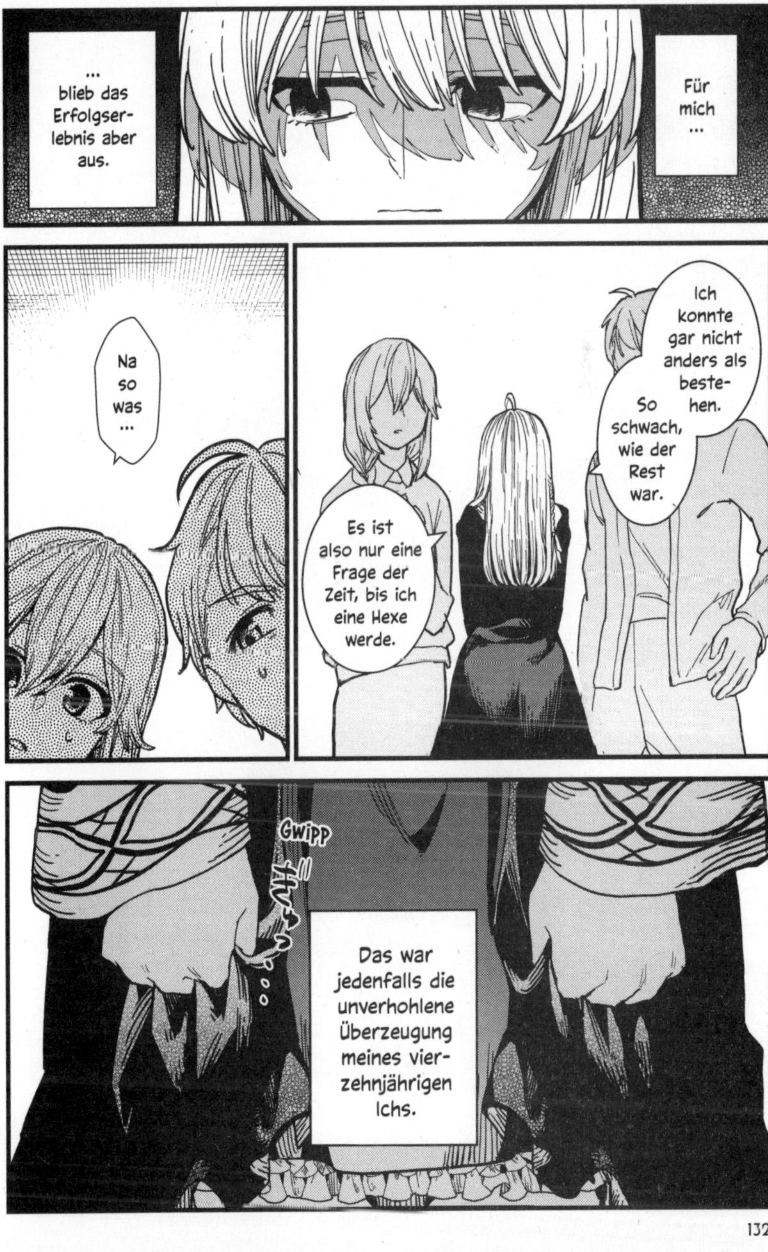
Für mich ...
... blieb das Erfolgserlebnis aber aus.
Ich konnte gar nicht anders als bestehen.
So schwach, wie der Rest war.
Es ist also nur eine Frage der Zeit, bis ich eine Hexe werde.
Na so was ...
GWIPP
Das war jedenfalls die unverhohlene Überzeugung meines vierzehnjährigen Ichs.

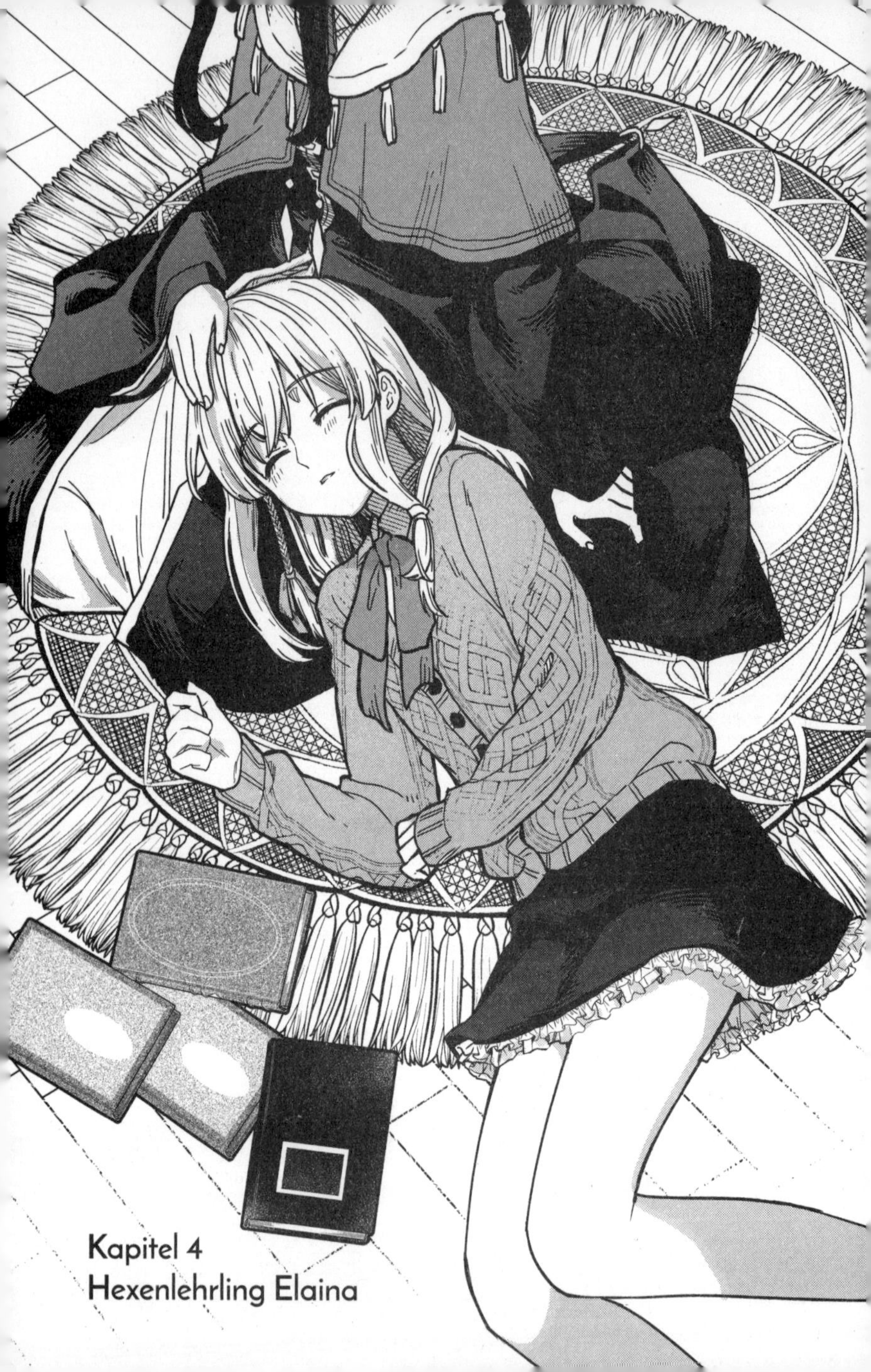

Kapitel 4
Hexenlehrling Elaina

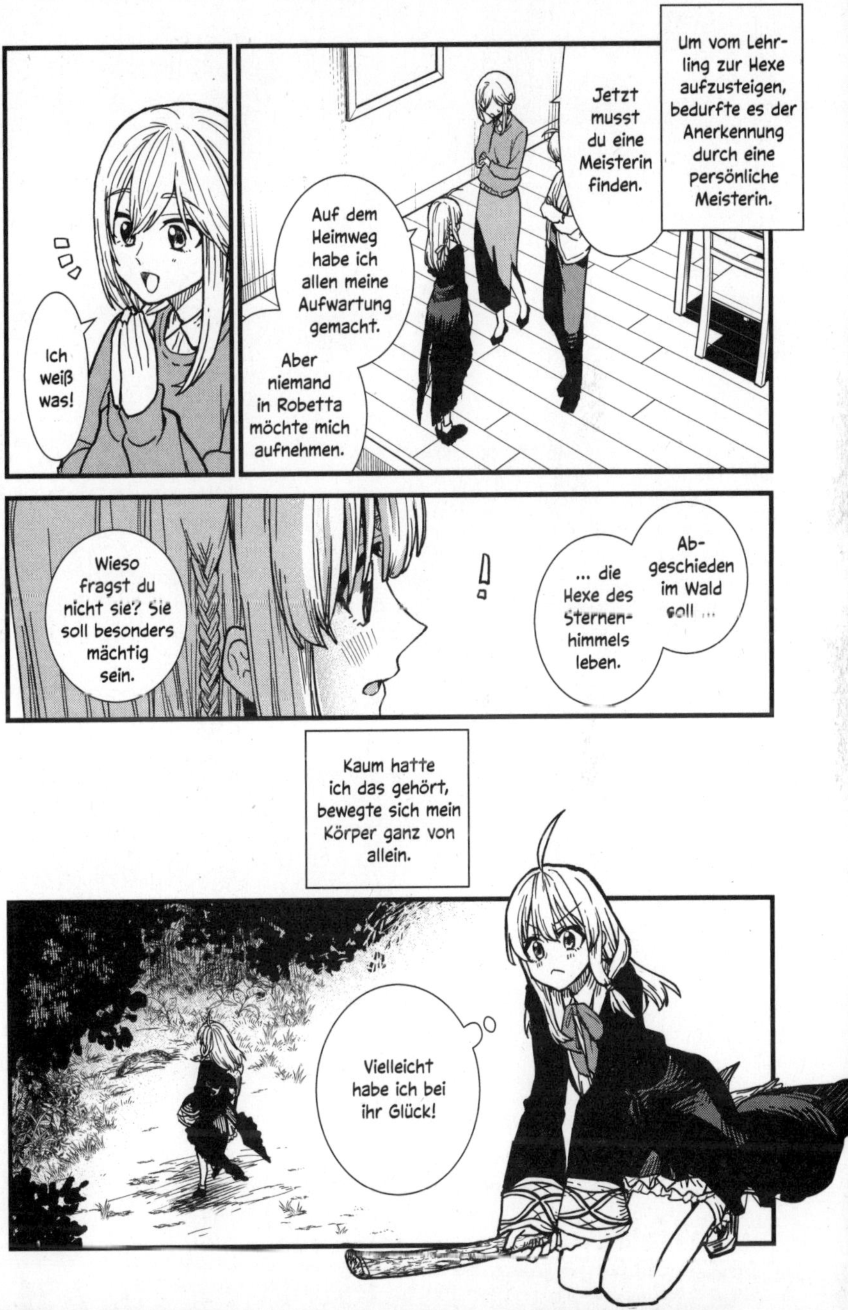
Um vom Lehrling zur Hexe aufzusteigen, bedurfte es der Anerkennung durch eine persönliche Meisterin.
Jetzt musst du eine Meisterin finden.
Auf dem Heimweg habe ich allen meine Aufwartung gemacht.
Aber niemand in Robetta möchte mich aufnehmen.
Ich weiß was!
Abgeschieden im Wald soll ...
... die Hexe des Sternenhimmels leben.
!
Wieso fragst du nicht sie? Sie soll besonders mächtig sein.
Kaum hatte ich das gehört, bewegte sich mein Körper ganz von allein.
Vielleicht habe ich bei ihr Glück!

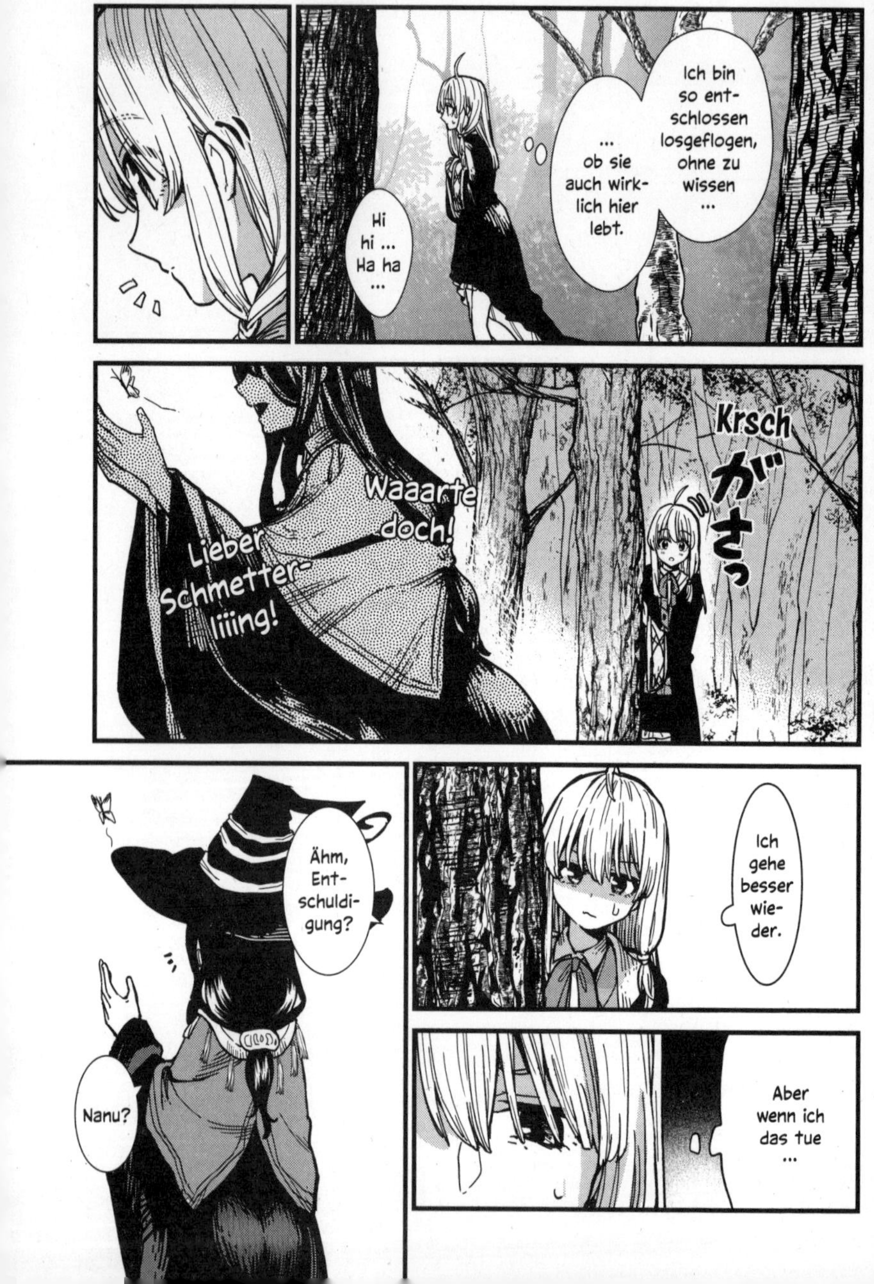
Ich bin so entschlossen losgeflogen, ohne zu wissen ...
... ob sie auch wirklich hier lebt.
Hi hi ... Ha ha ...
Krsch
がさっ
Waaarte doch!
Lieber Schmetterliiing!
Ich gehe besser wieder.
Ähm, Entschuldigung?
Nanu?
Aber wenn ich das tue ...

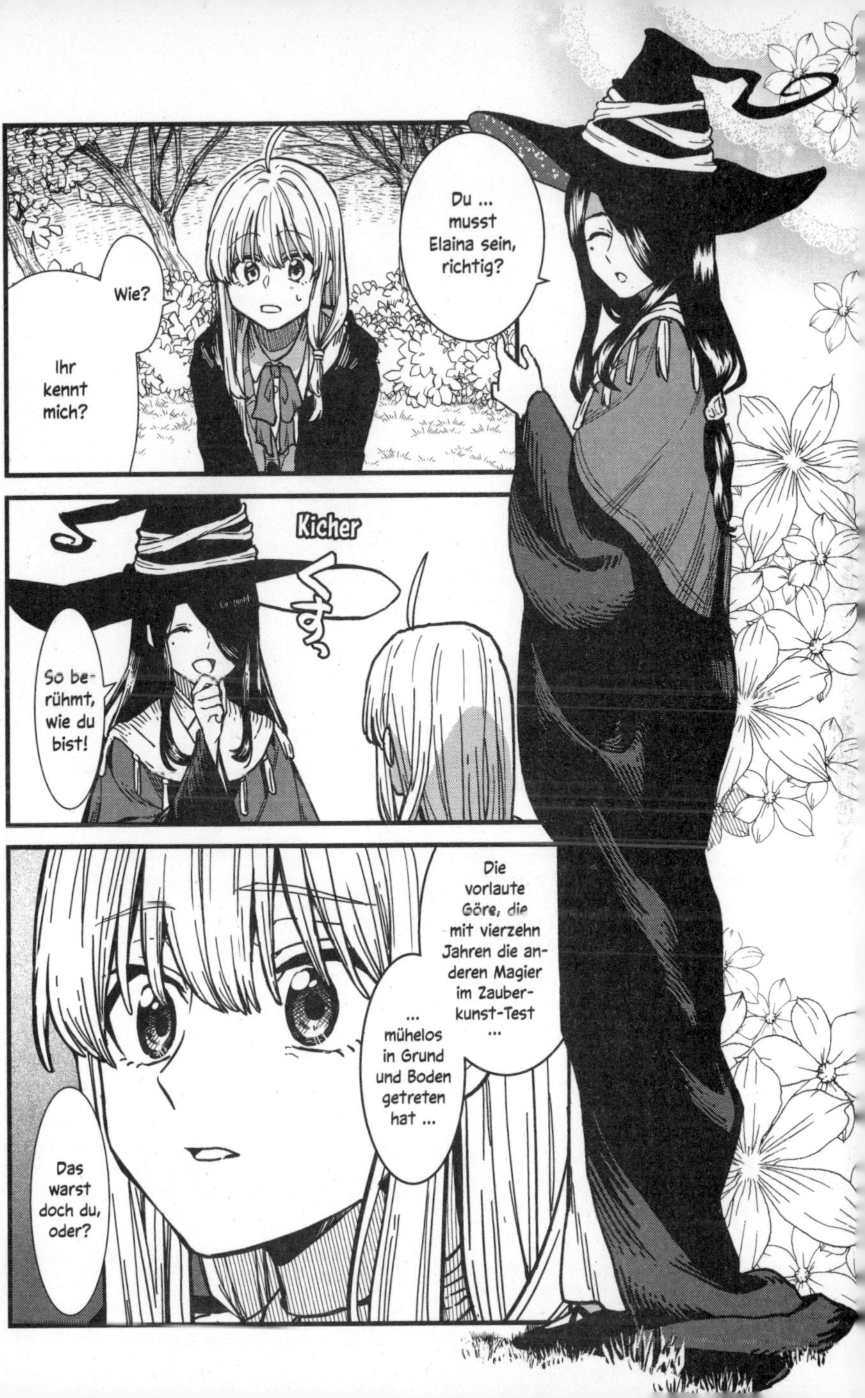
Du ... musst Elaina sein, richtig?
Wie?
Ihr kennt mich?
Kicher
くすっ
So berühmt, wie du bist!
Die vorlaute Göre, die mit vierzehn Jahren die anderen Magier im Zauberkunst-Test ...
... mühelos in Grund und Boden getreten hat ...
Das warst doch du, oder?

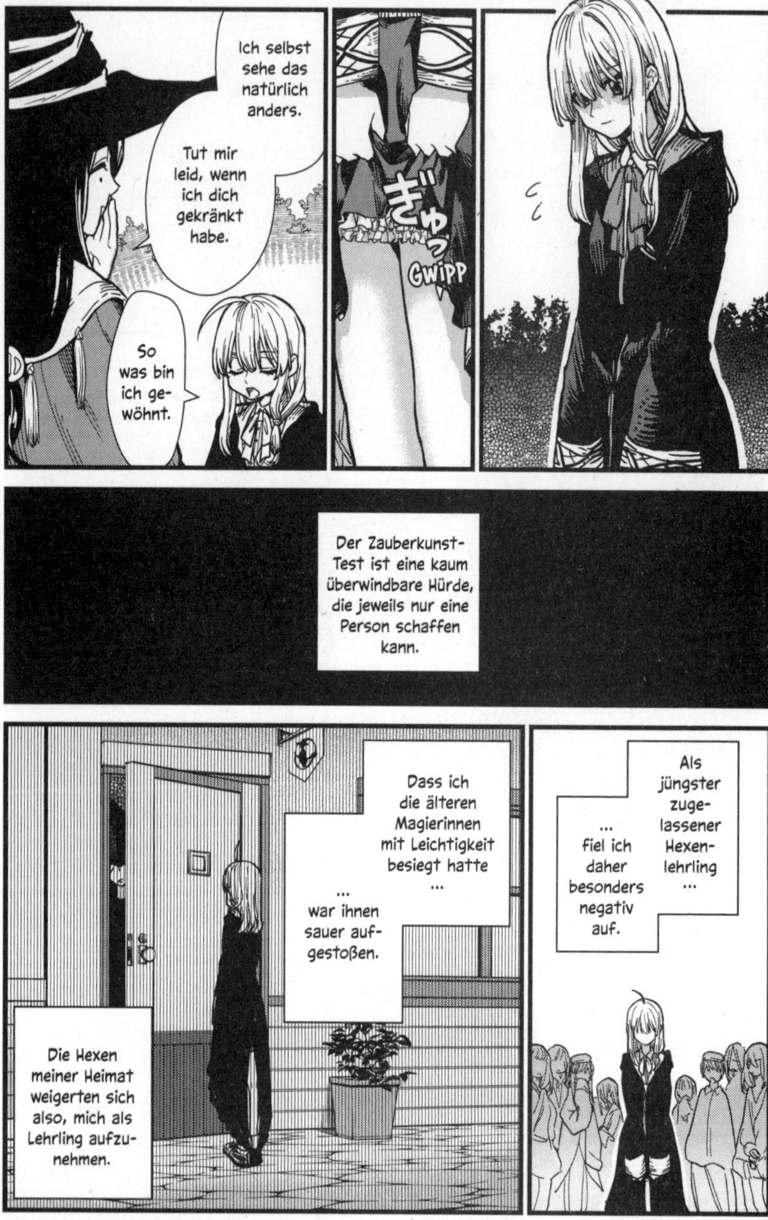
ぎゅっ
GWIPP
Ich selbst sehe das natürlich anders.
Tut mir leid, wenn ich dich gekränkt habe.
So was bin ich gewöhnt.
Der Zauberkunst-Test ist eine kaum überwindbare Hürde, die jeweils nur eine Person schaffen kann.
Als jüngster zugelassener Hexenlehrling ...
... fiel ich daher besonders negativ auf.
Dass ich die älteren Magierinnen mit Leichtigkeit besiegt hatte ...
... war ihnen sauer aufgestoßen.
Die Hexen meiner Heimat weigerten sich also, mich als Lehrling aufzunehmen.

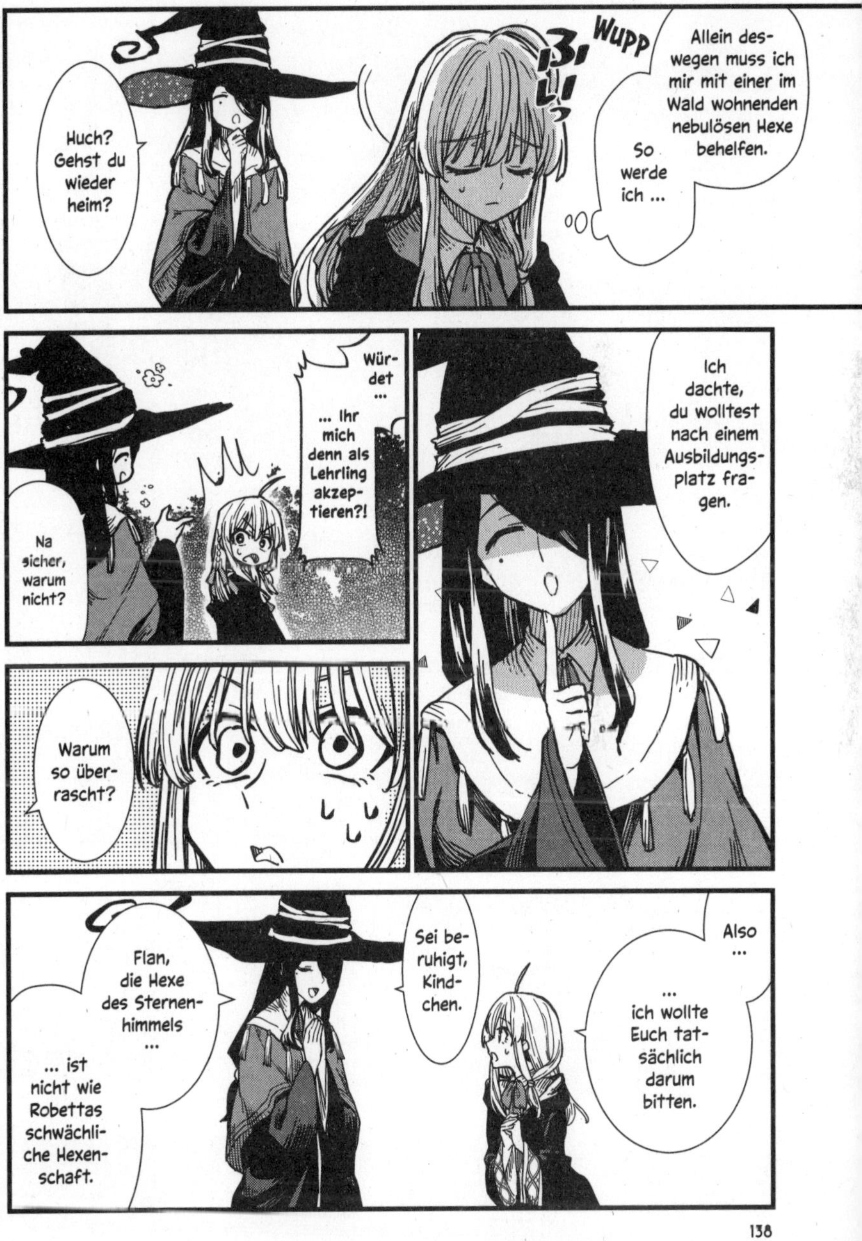
Allein deswegen muss ich mir mit einer im Wald wohnenden nebulösen Hexe behelfen.
Wupp
So werde ich ...
Huch? Gehst du wieder heim?
Ich dachte, du wolltest nach einem Ausbildungsplatz fragen.
Würdet ...
... Ihr mich denn als Lehrling akzeptieren?!
Na sicher, warum nicht?
Warum so überrascht?
Also ...
... ich wollte Euch tatsächlich darum bitten.
Sei beruhigt, Kindchen.
Flan, die Hexe des Sternenhimmels ...
... ist nicht wie Robettas schwächliche Hexenschaft.

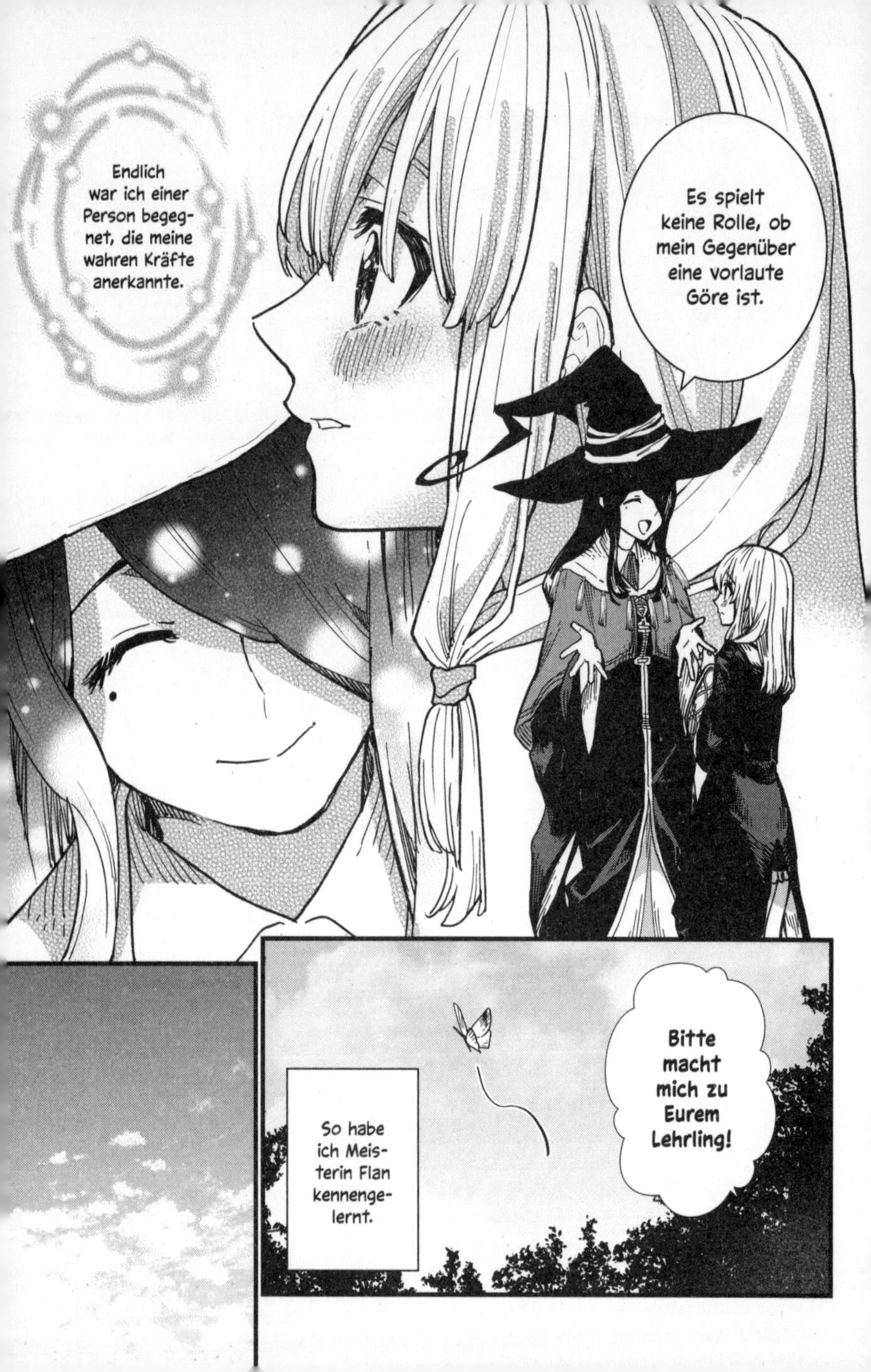
Es spielt keine Rolle, ob mein Gegenüber eine vorlaute Göre ist.
Endlich war ich einer Person begegnet, die meine wahren Kräfte anerkannte.
Bitte macht mich zu Eurem Lehrling!
So habe ich Meisterin Flan kennengelernt.

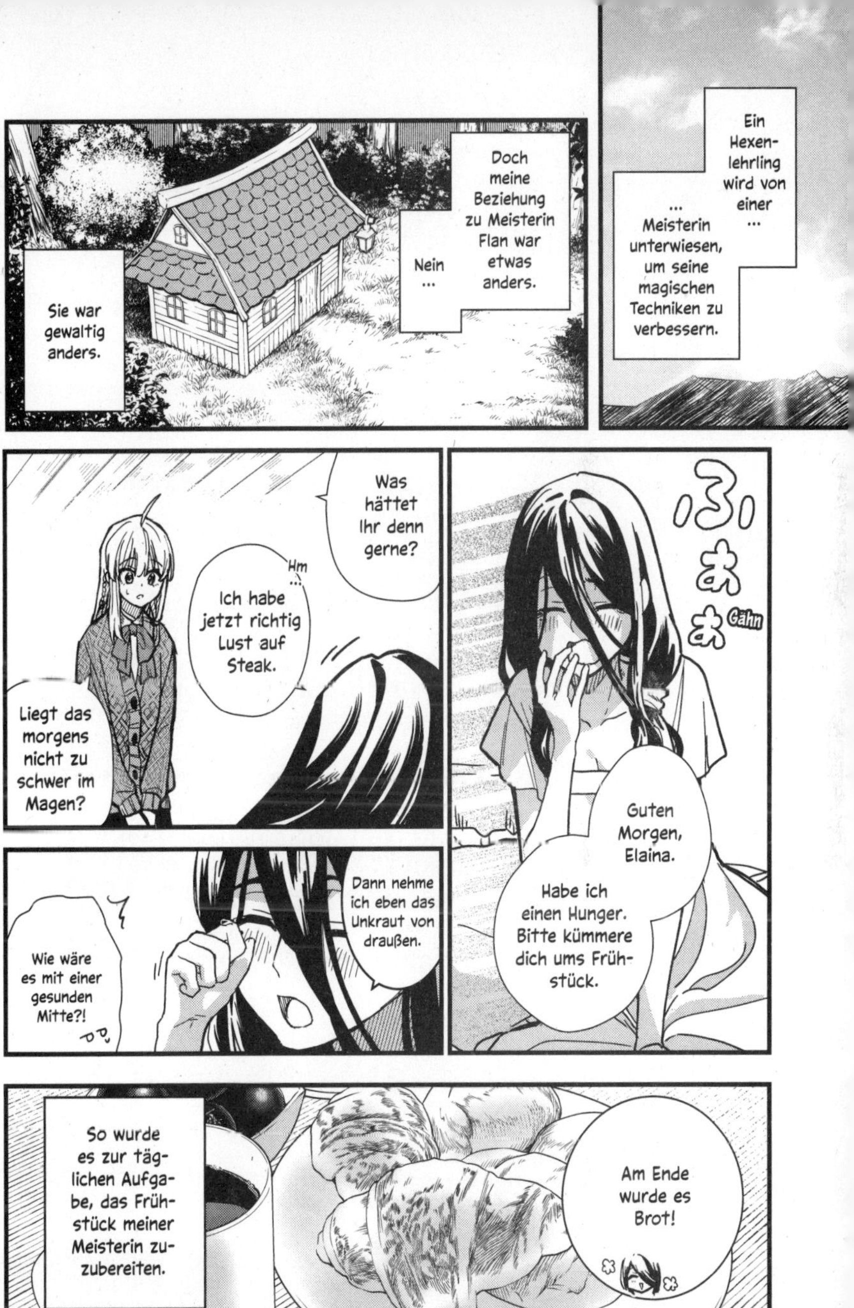
Ein Hexen-lehrling wird von einer ...
... Meisterin unterwiesen, um seine magischen Techniken zu verbessern.
Doch meine Beziehung zu Meisterin Flan war etwas anders.
Nein ...
Sie war gewaltig anders.
ふあぁ
Gähn
Guten Morgen, Elaina.
Habe ich einen Hunger. Bitte kümmere dich ums Früh-stück.
Was hättet Ihr denn gerne?
Hm ...
Ich habe jetzt richtig Lust auf Steak.
Liegt das morgens nicht zu schwer im Magen?
Dann nehme ich eben das Unkraut von draußen.
Wie wäre es mit einer gesunden Mitte?!
Am Ende wurde es Brot!
So wurde es zur täg-lichen Aufga-be, das Früh-stück meiner Meisterin zu-zubereiten.

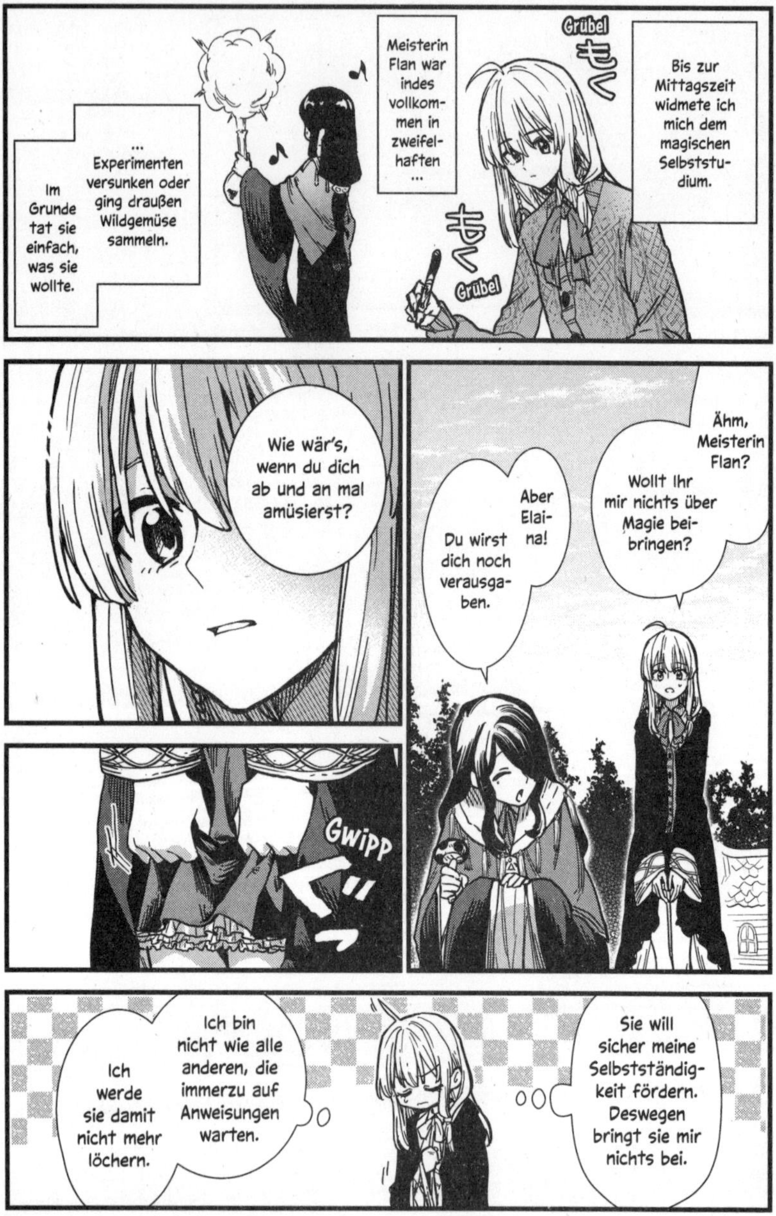
Bis zur Mittagszeit widmete ich mich dem magischen Selbststudium.
Grübel
もく
もく
Grübel
Meisterin Flan war indes vollkommen in zweifelhaften …
… Experimenten versunken oder ging draußen Wildgemüse sammeln.
Im Grunde tat sie einfach, was sie wollte.
Ähm, Meisterin Flan?
Wollt Ihr mir nichts über Magie beibringen?
Aber Elaina!
Du wirst dich noch verausgaben.
Wie wär's, wenn du dich ab und an mal amüsierst?
Gwipp
Sie will sicher meine Selbstständigkeit fördern. Deswegen bringt sie mir nichts bei.
Ich bin nicht wie alle anderen, die immerzu auf Anweisungen warten.
Ich werde sie damit nicht mehr löchern.

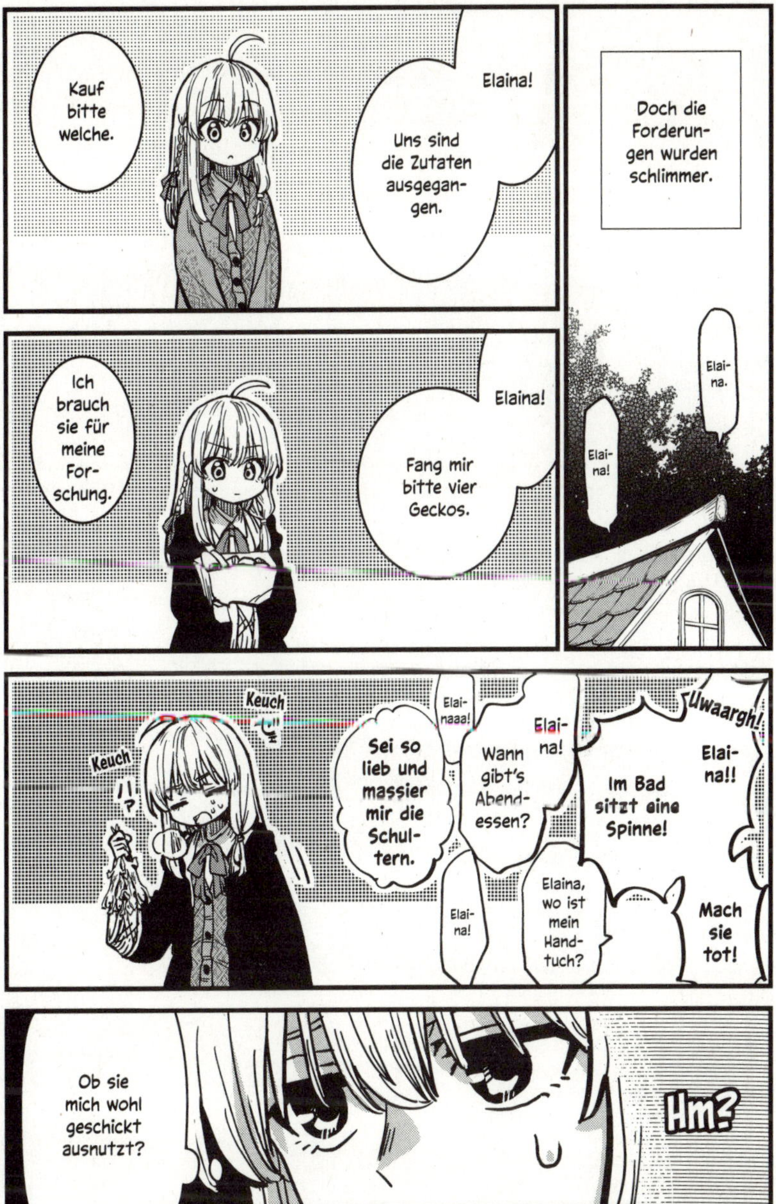
Doch die Forderungen wurden schlimmer.
Elaina.
Elaina!
Elaina! Uns sind die Zutaten ausgegangen.
Kauf bitte welche.
Elaina! Fang mir bitte vier Geckos.
Ich brauch sie für meine Forschung.
Uwaargh!
Elaina!! Im Bad sitzt eine Spinne!
Mach sie tot!
Elaina, wo ist mein Handtuch?
Elaina! Wann gibt's Abendessen?
Elaina!
Elainaaa!
Sei so lieb und massier mir die Schultern.
Keuch
Keuch
Hm?
Ob sie mich wohl geschickt ausnutzt?

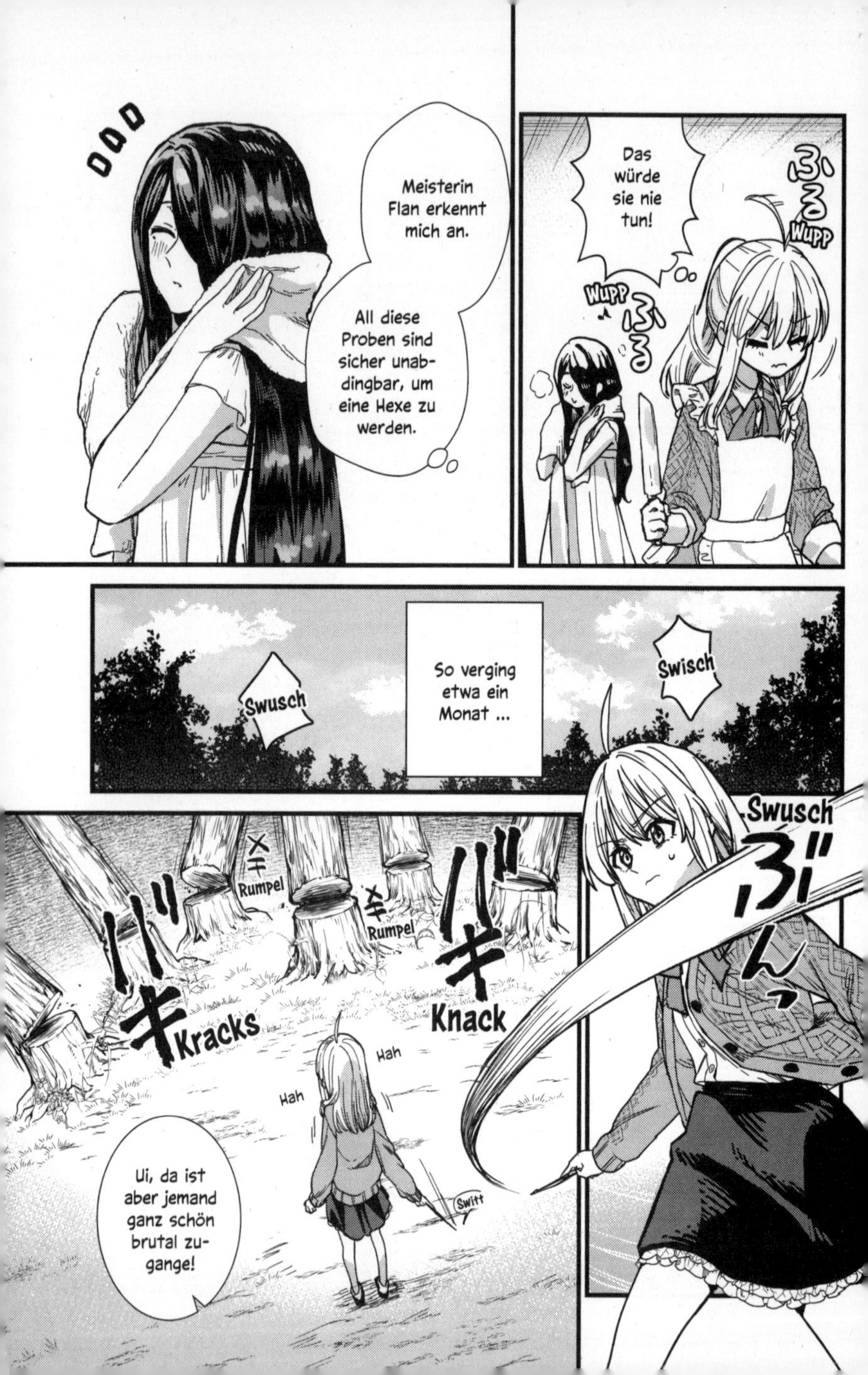
Das würde sie nie tun!
ふる
Wupp
Wupp
ふる
Meisterin Flan erkennt mich an.
All diese Proben sind sicher unabdingbar, um eine Hexe zu werden.
Swisch
So verging etwa ein Monat ...
Swusch
Swusch
ぶんっ
Knack
Rumpel
Rumpel
Kracks
Hah
Hah
Switt
Ui, da ist aber jemand ganz schön brutal zugange!

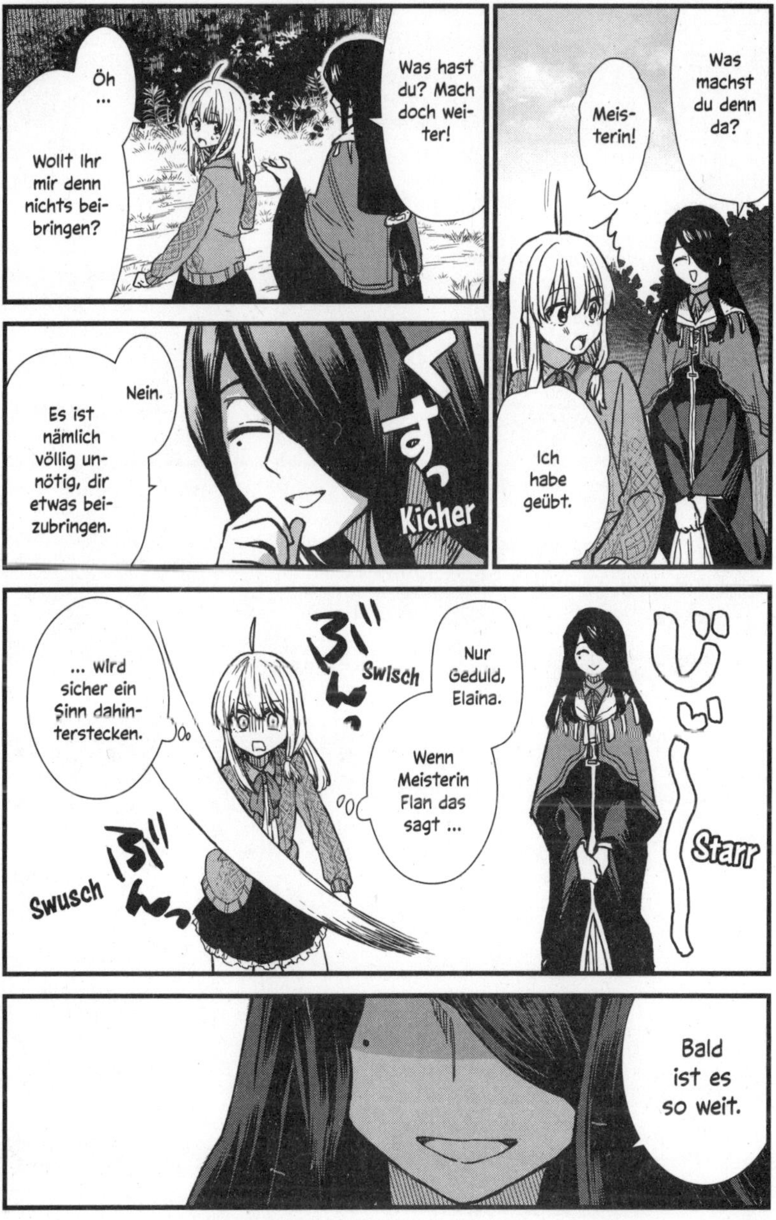
Was machst du denn da?
Meisterin!
Ich habe geübt.
Was hast du? Mach doch weiter!
Öh ...
Wollt Ihr mir denn nichts beibringen?
Kicher
Nein.
Es ist nämlich völlig unnötig, dir etwas beizubringen.
Starr
Nur Geduld, Elaina.
Swisch
Wenn Meisterin Flan das sagt ...
... wird sicher ein Sinn dahinterstecken.
Swusch
Bald ist es so weit.

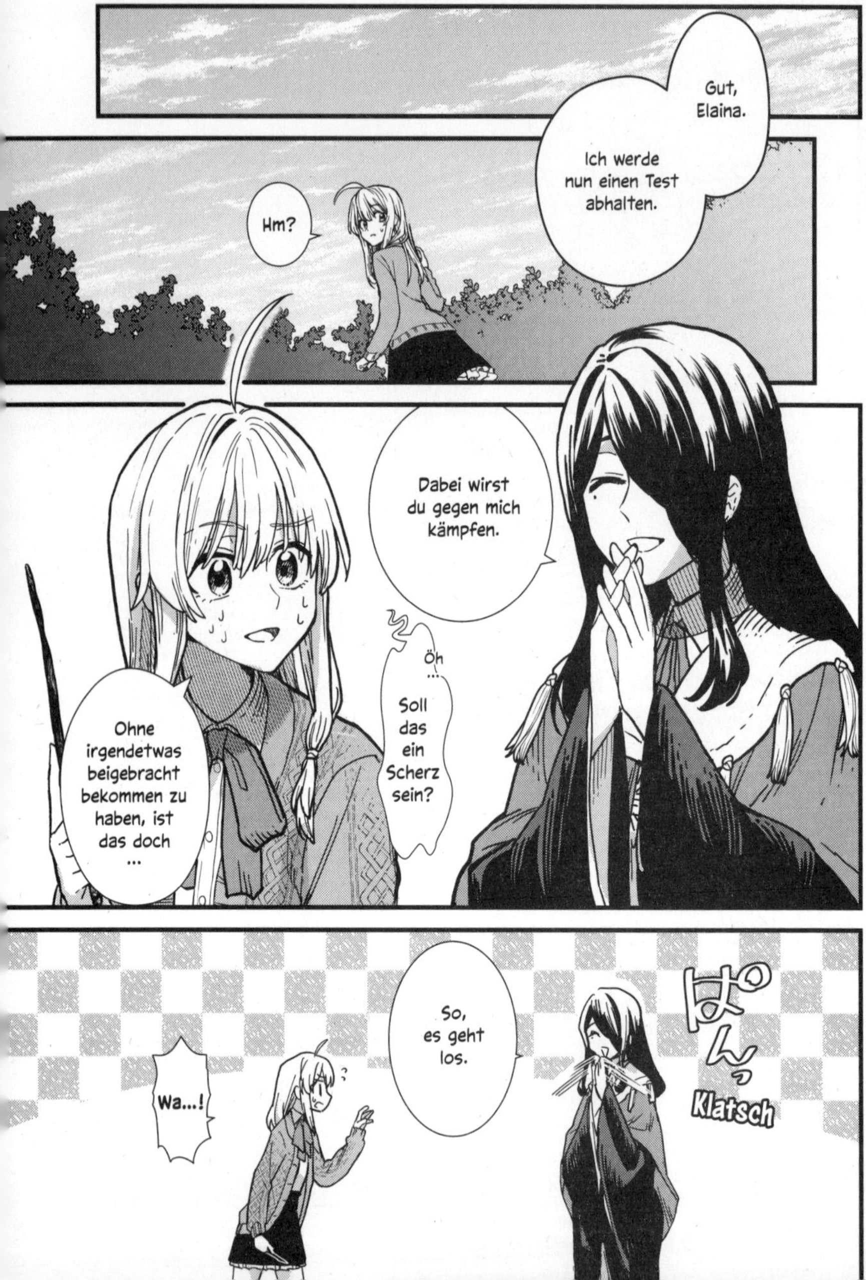
Gut, Elaina.
Ich werde nun einen Test abhalten.
Hm?
Dabei wirst du gegen mich kämpfen.
Öh ... Soll das ein Scherz sein?
Ohne irgendetwas beigebracht bekommen zu haben, ist das doch ...
ぱんっ
Klatsch
So, es geht los.
Wa...!

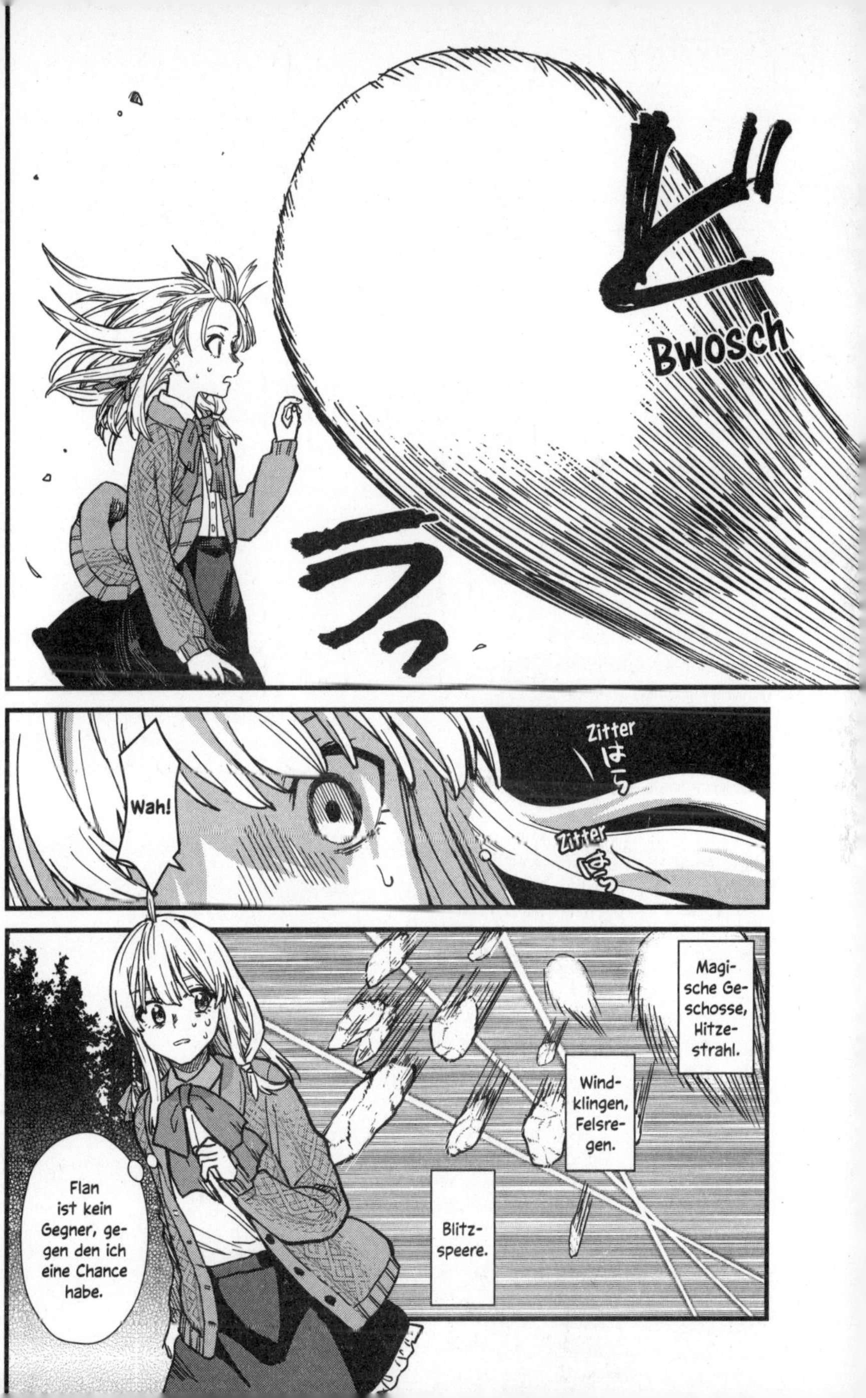

ど
Bwosch
ごっ
Zitter はら
Zitter はら
Wah!
Magische Geschosse, Hitzestrahl.
Windklingen, Felsregen.
Blitzspeere.
Flan ist kein Gegner, gegen den ich eine Chance habe.

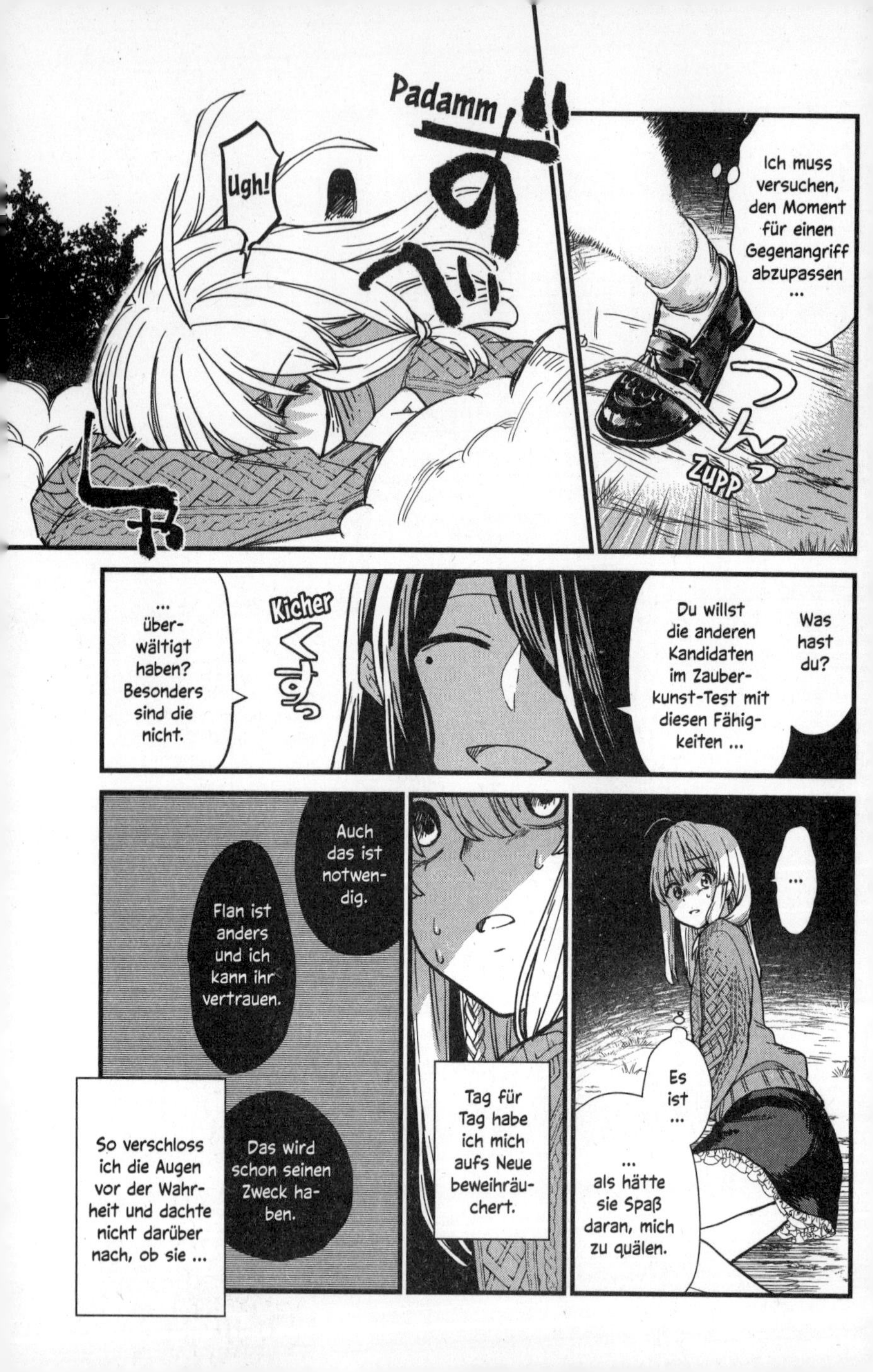
Ich muss versuchen, den Moment für einen Gegenangriff abzupassen ...
Zupp
Padamm
Ugh!
Was hast du?
Du willst die anderen Kandidaten im Zauberkunst-Test mit diesen Fähigkeiten ...
Kicher
... überwältigt haben? Besonders sind die nicht.
...
Es ist ...
... als hätte sie Spaß daran, mich zu quälen.
Tag für Tag habe ich mich aufs Neue beweihräuchert.
Auch das ist notwendig.
Flan ist anders und ich kann ihr vertrauen.
Das wird schon seinen Zweck haben.
So verschloss ich die Augen vor der Wahrheit und dachte nicht darüber nach, ob sie ...

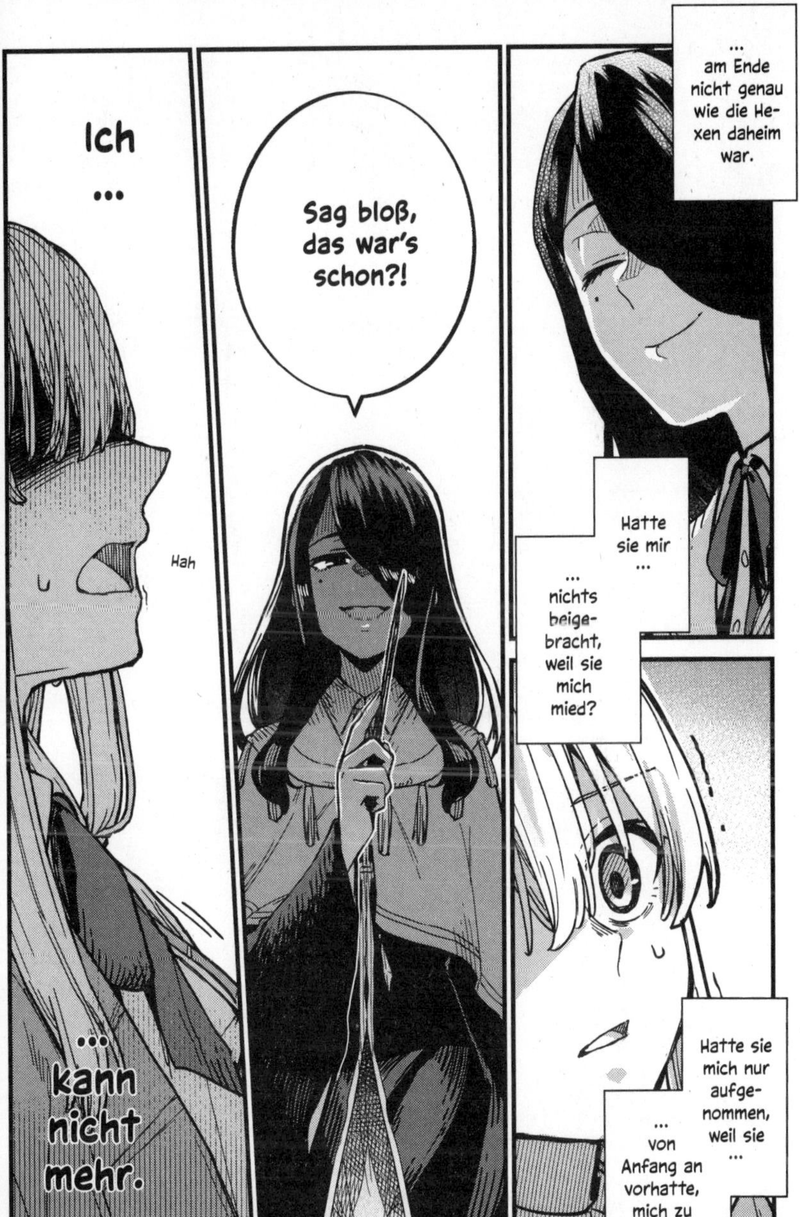
... am Ende nicht genau wie die Hexen daheim war.
Hatte sie mir ...
... nichts beigebracht, weil sie mich mied?
Hatte sie mich nur aufgenommen, weil sie ...
... von Anfang an vorhatte, mich zu zerquetschen?
Sag bloß, das war's schon?!
Ich ...
Hah
... kann nicht mehr.

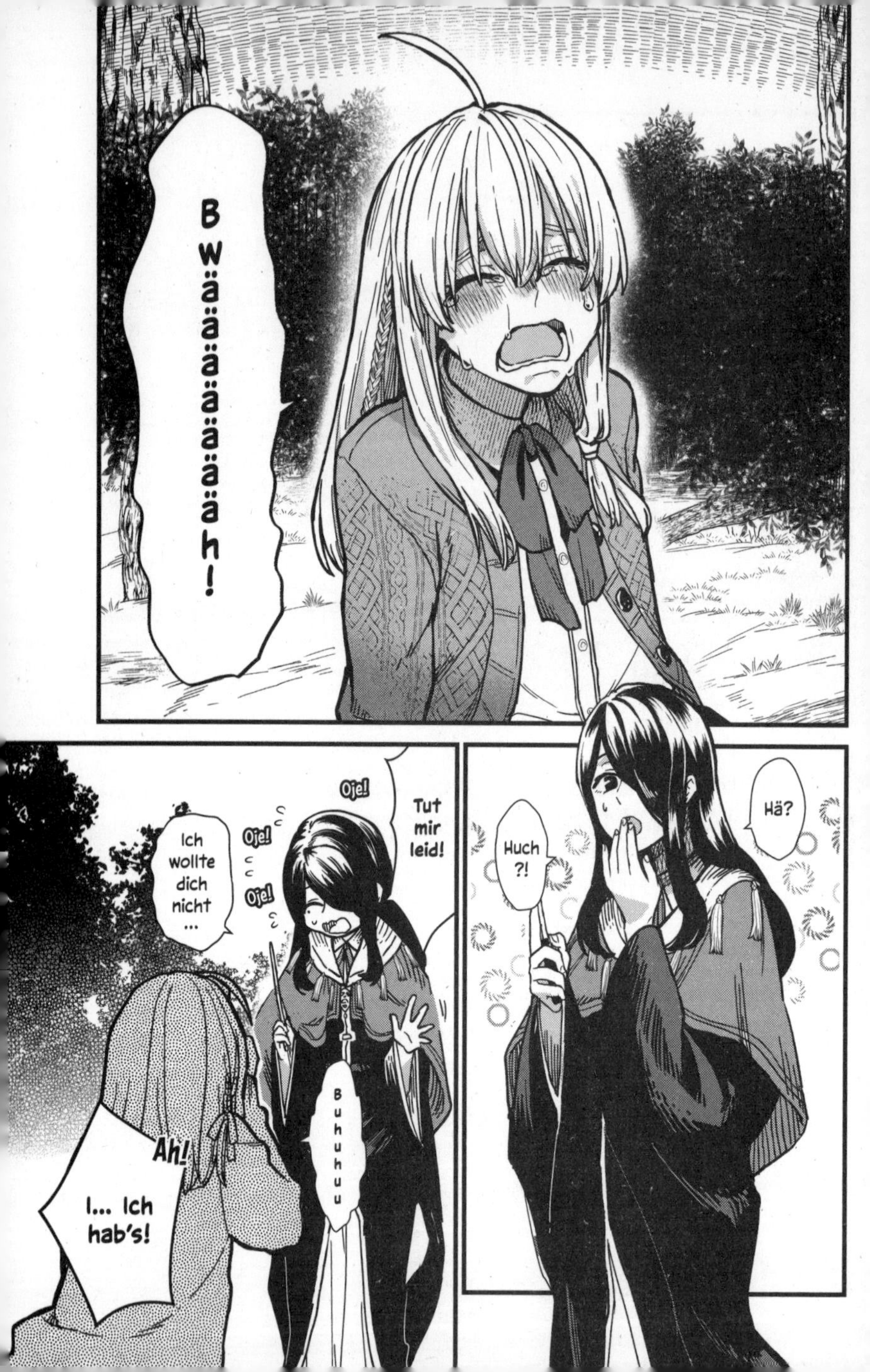
BWäääääääh!
Hä?
Huch ?!
Tut mir leid!
Oje!
Oje!
Oje!
Ich wollte dich nicht ...
Buhuhuu
Ah!
I... Ich hab's!

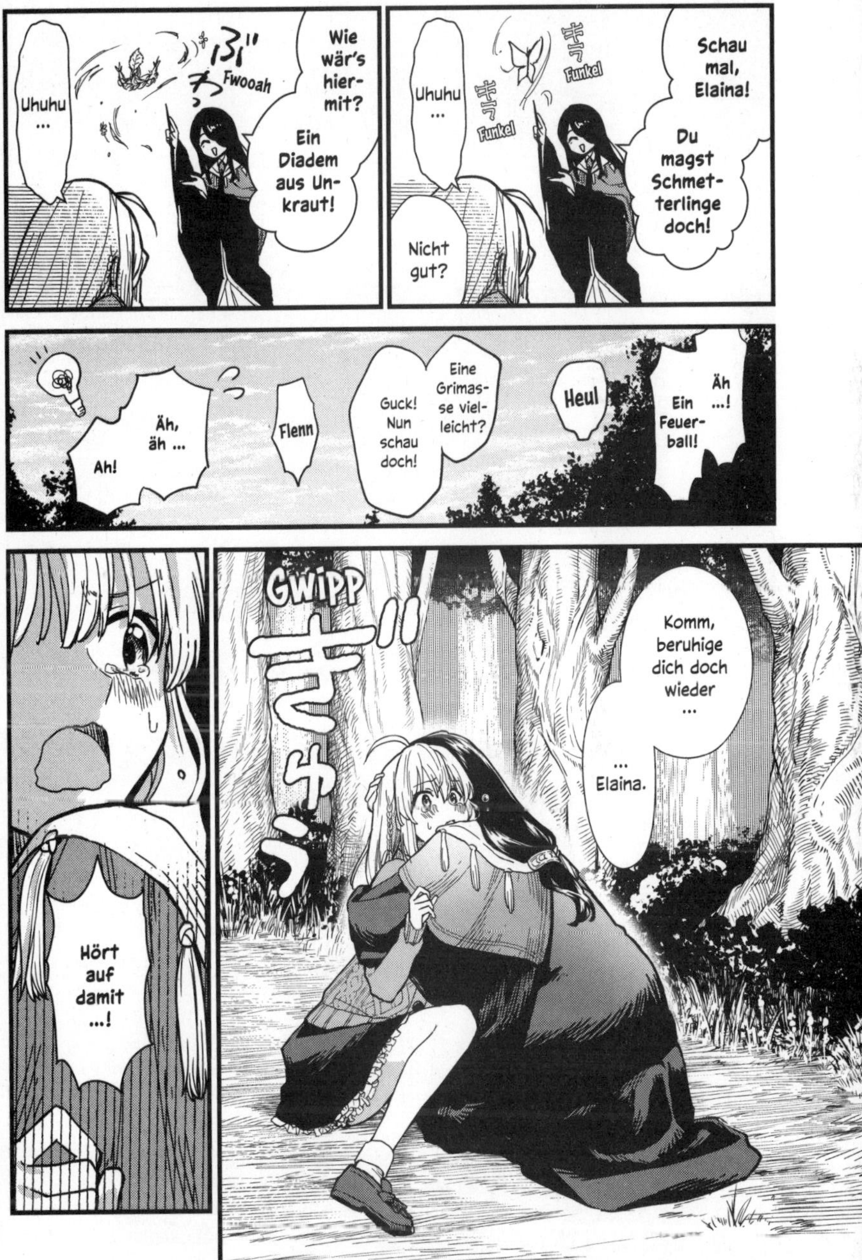
Schau mal, Elaina!
Du magst Schmetterlinge doch!
Funkel
Funkel
Uhuhu …
Nicht gut?
Wie wär's hiermit?
Ein Diadem aus Unkraut!
Fwooah
Uhuhu …
Äh …!
Ein Feuerball!
Heul
Eine Grimasse vielleicht?
Guck! Nun schau doch!
Flenn
Äh, äh …
Ah!
Gwipp
Komm, beruhige dich doch wieder …
… Elaina.
Hört auf damit …!

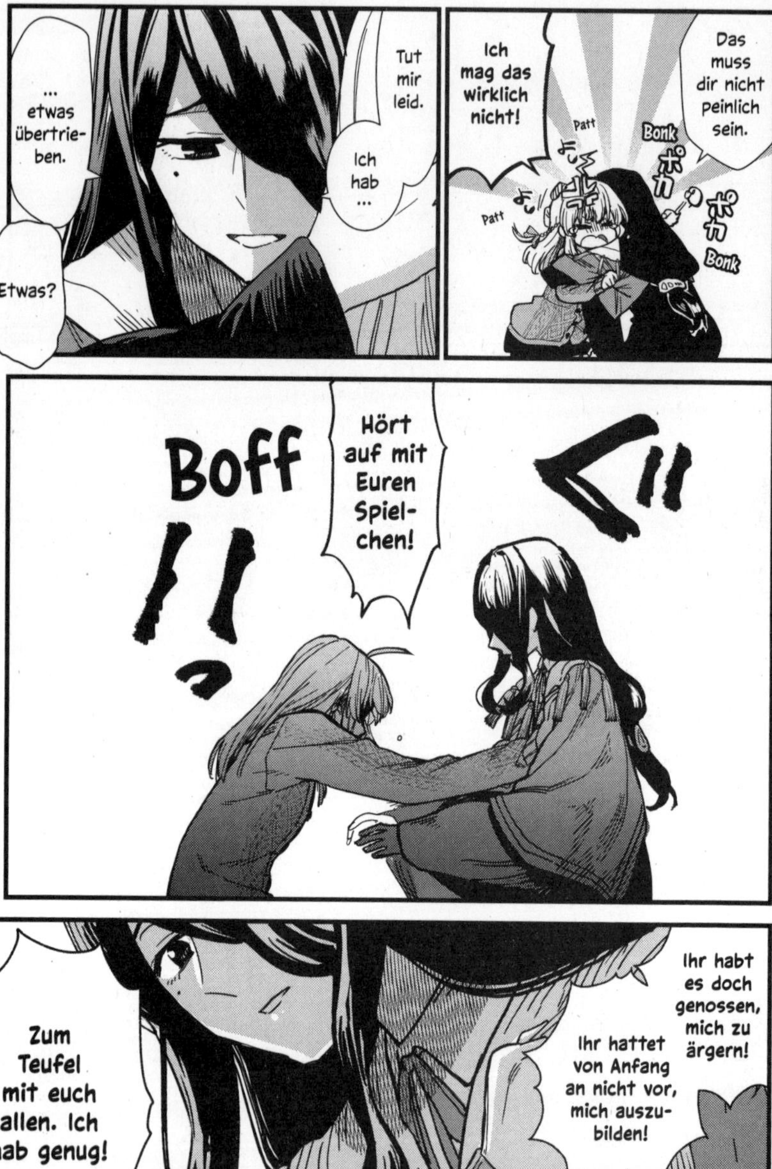

Das muss dir nicht peinlich sein.
Ich mag das wirklich nicht!
Patt
Patt
Bonk
Bonk
Tut mir leid.
Ich hab ...
... etwas übertrieben.
Etwas?
Hört auf mit Euren Spielchen!
Boff
Ihr habt es doch genossen, mich zu ärgern!
Ihr hattet von Anfang an nicht vor, mich auszubilden!
Zum Teufel mit euch allen. Ich hab genug!

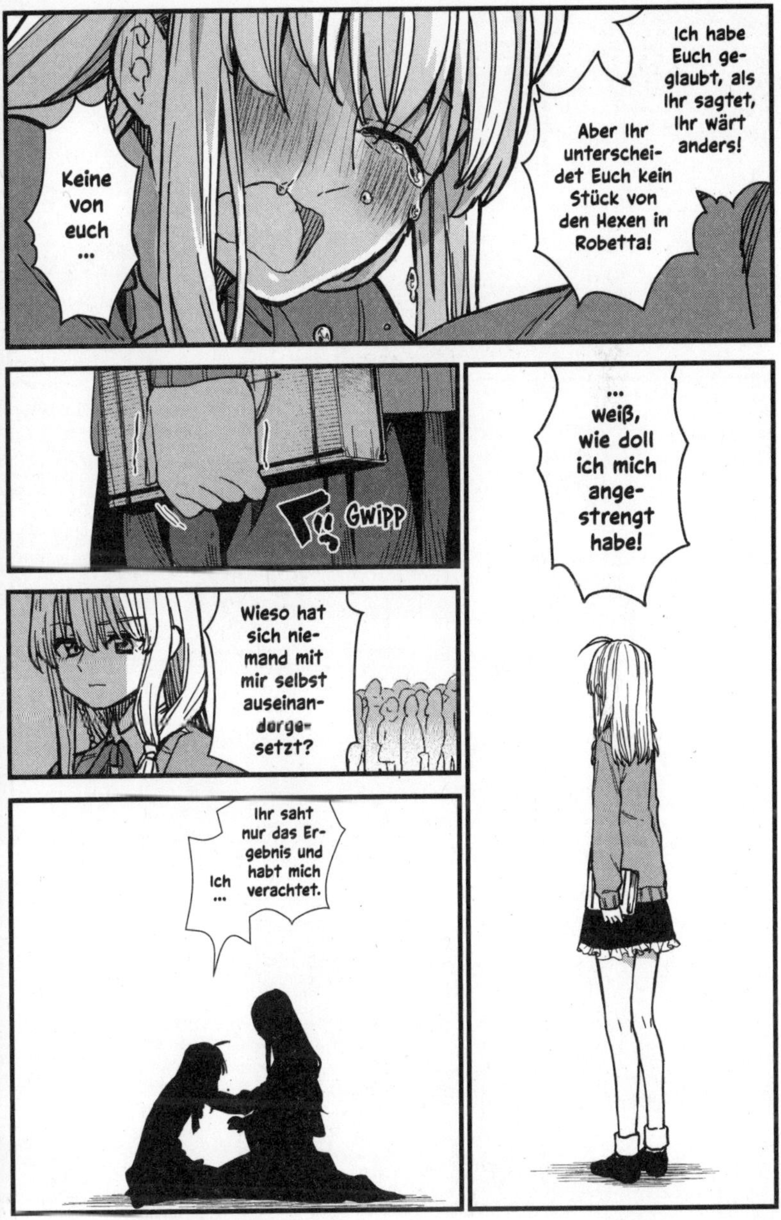

Ich habe Euch geglaubt, als Ihr sagtet, Ihr wärt anders!
Aber Ihr unterscheidet Euch kein Stück von den Hexen in Robetta!
Keine von euch ...
... weiß, wie doll ich mich angestrengt habe!
Gwipp
Wieso hat sich niemand mit mir selbst auseinandergesetzt?
Ihr saht nur das Ergebnis und habt mich verachtet.
Ich ...

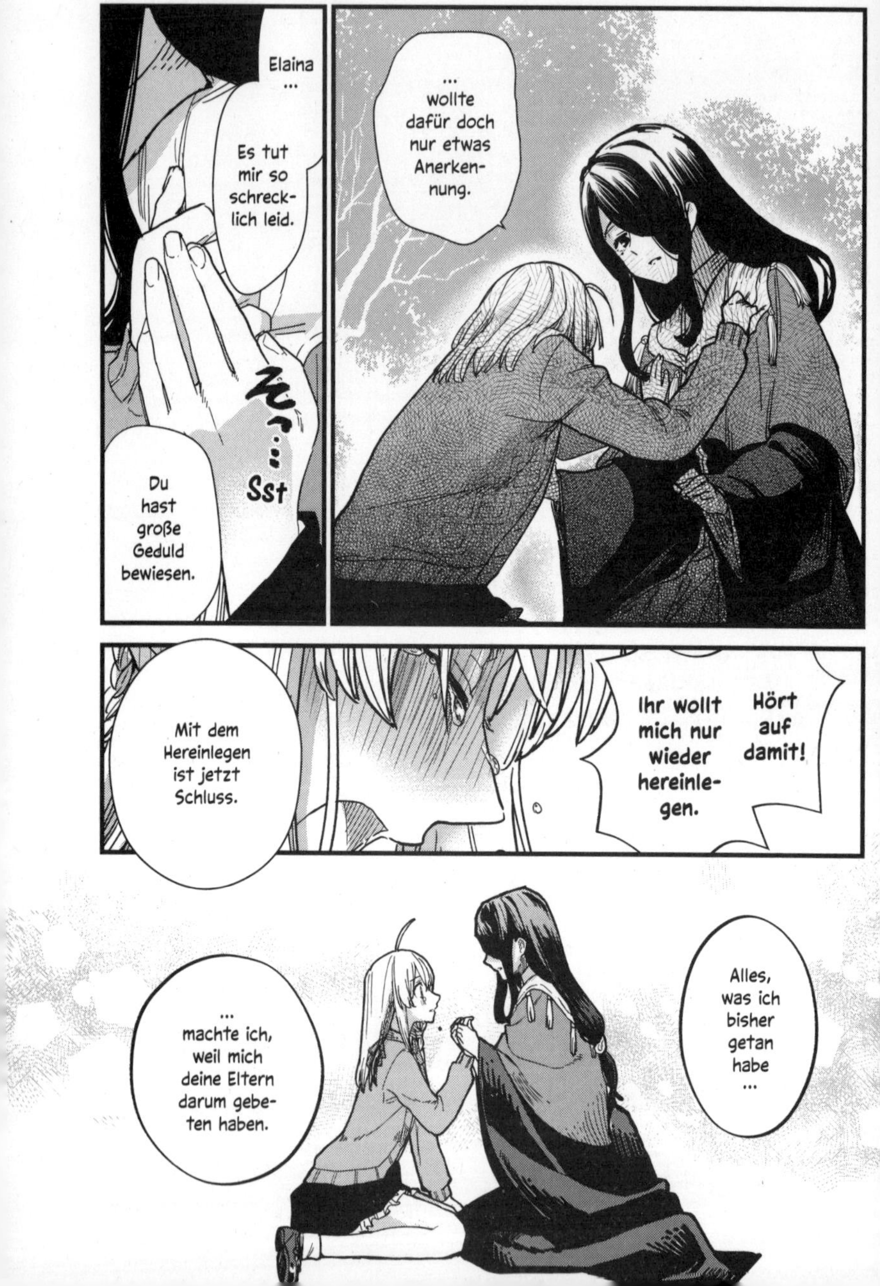
... wollte dafür doch nur etwas Anerken-nung.
Elaina ...
Es tut mir so schreck-lich leid.
Sst
Du hast große Geduld bewiesen.
Hört auf damit!
Ihr wollt mich nur wieder hereinle-gen.
Mit dem Hereinlegen ist jetzt Schluss.
Alles, was ich bisher getan habe ...
... machte ich, weil mich deine Eltern darum gebe-ten haben.

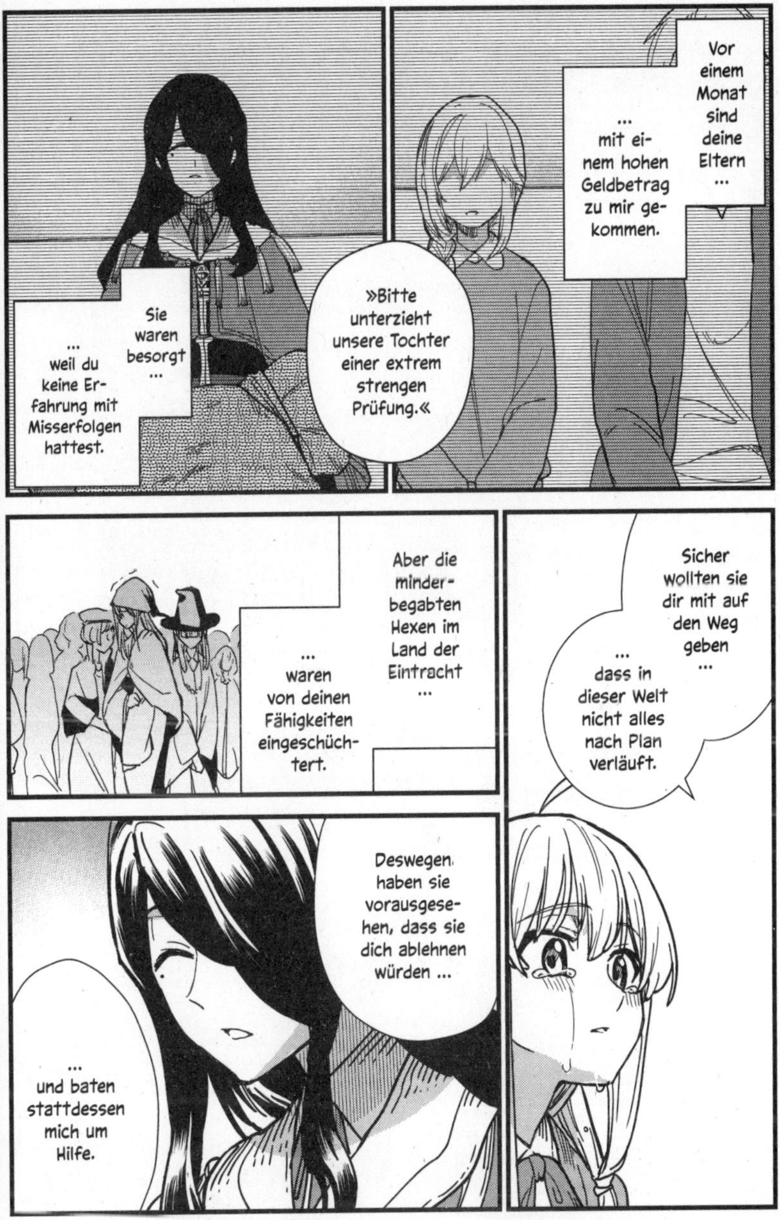
Vor einem Monat sind deine Eltern ...
... mit einem hohen Geldbetrag zu mir gekommen.
»Bitte unterzieht unsere Tochter einer extrem strengen Prüfung.«
Sie waren besorgt ...
... weil du keine Erfahrung mit Misserfolgen hattest.
Sicher wollten sie dir mit auf den Weg geben ...
... dass in dieser Welt nicht alles nach Plan verläuft.
Aber die minderbegabten Hexen im Land der Eintracht ...
... waren von deinen Fähigkeiten eingeschüchtert.
Deswegen haben sie vorausgesehen, dass sie dich ablehnen würden ...
... und baten stattdessen mich um Hilfe.

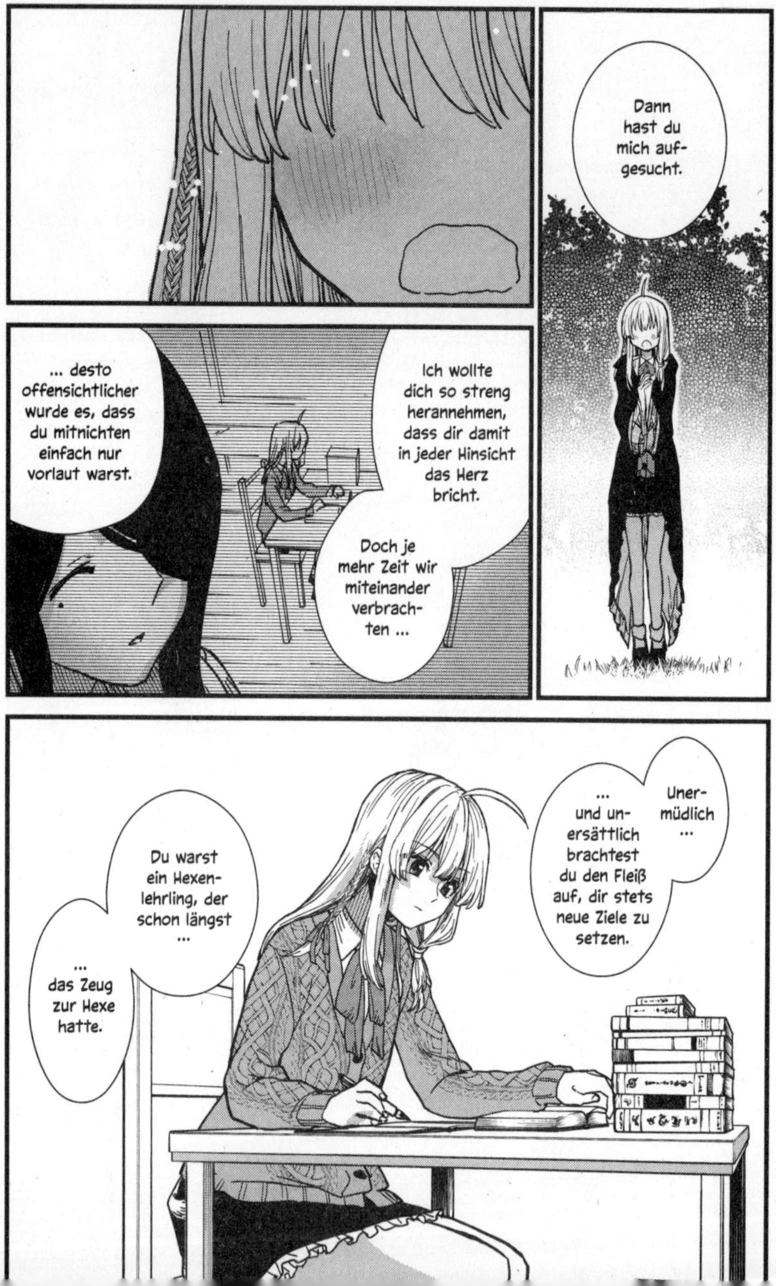
Dann hast du mich aufgesucht.
Ich wollte dich so streng herannehmen, dass dir damit in jeder Hinsicht das Herz bricht.
Doch je mehr Zeit wir miteinander verbrachten ...
... desto offensichtlicher wurde es, dass du mitnichten einfach nur vorlaut warst.
Unermüdlich ...
... und unersättlich brachtest du den Fleiß auf, dir stets neue Ziele zu setzen.
Du warst ein Hexenlehrling, der schon längst ...
... das Zeug zur Hexe hatte.

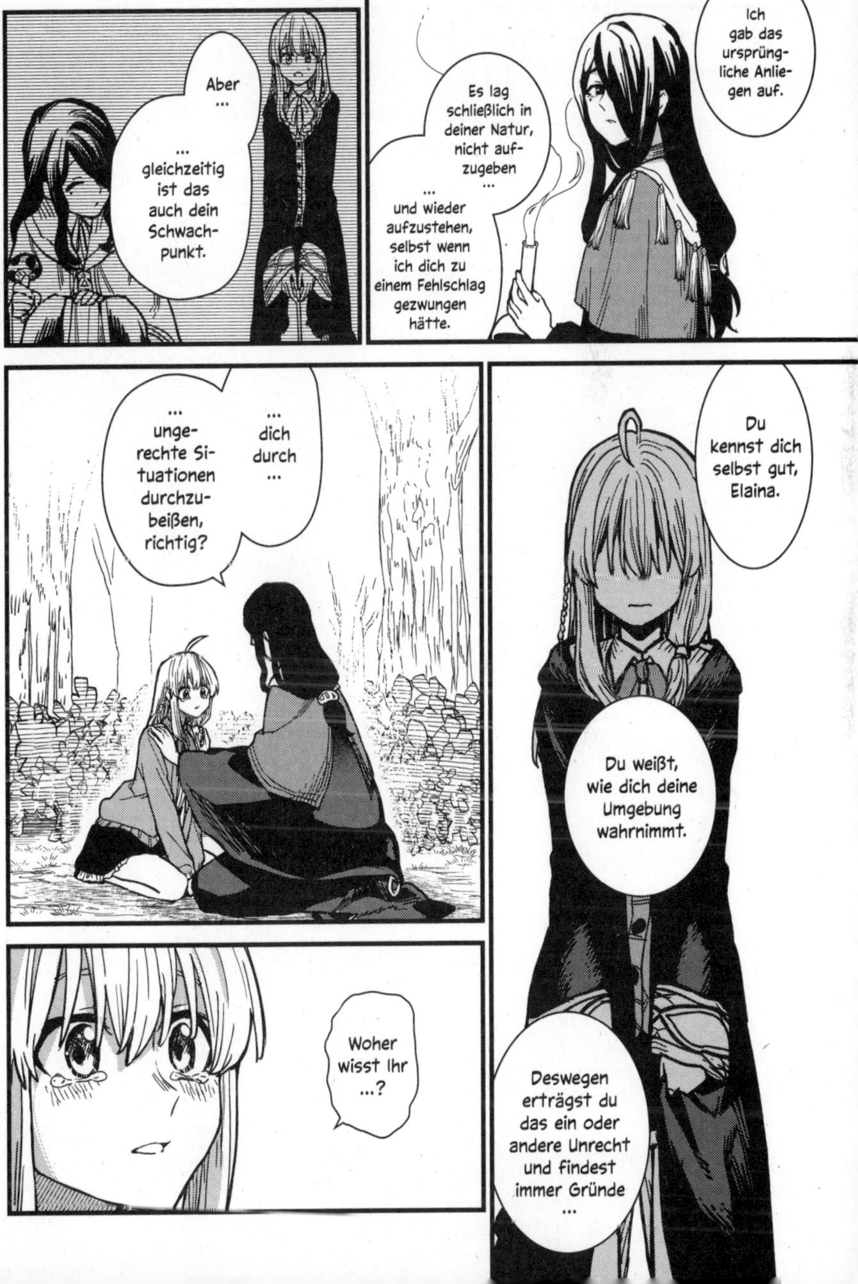
Ich gab das ursprüngliche Anliegen auf.
Es lag schließlich in deiner Natur, nicht aufzugeben ...
... und wieder aufzustehen, selbst wenn ich dich zu einem Fehlschlag gezwungen hätte.
Aber ...
... gleichzeitig ist das auch dein Schwachpunkt.
Du kennst dich selbst gut, Elaina.
Du weißt, wie dich deine Umgebung wahrnimmt.
Deswegen erträgst du das ein oder andere Unrecht und findest immer Gründe ...
... dich durch ...
... ungerechte Situationen durchzubeißen, richtig?
Woher wisst Ihr ...?

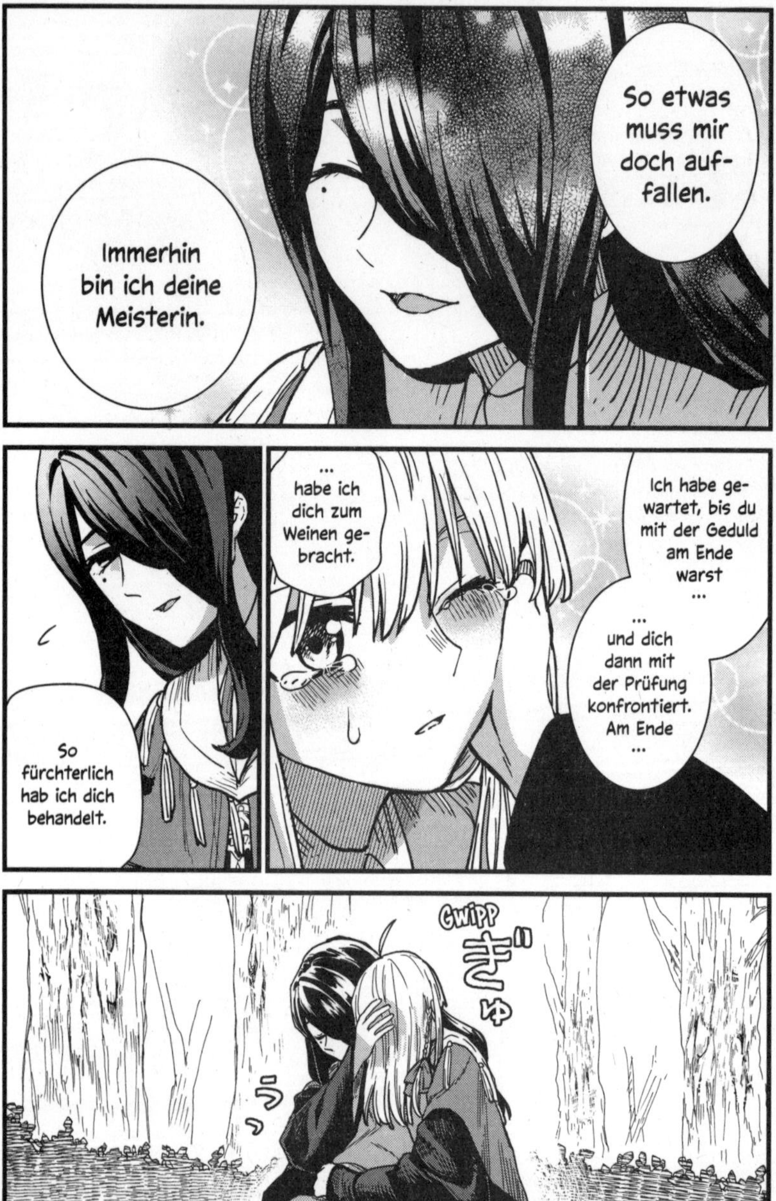
So etwas muss mir doch auffallen.
Immerhin bin ich deine Meisterin.
Ich habe gewartet, bis du mit der Geduld am Ende warst ...
... und dich dann mit der Prüfung konfrontiert. Am Ende ...
... habe ich dich zum Weinen gebracht.
So fürchterlich hab ich dich behandelt.
GWIPP
ぎゅ

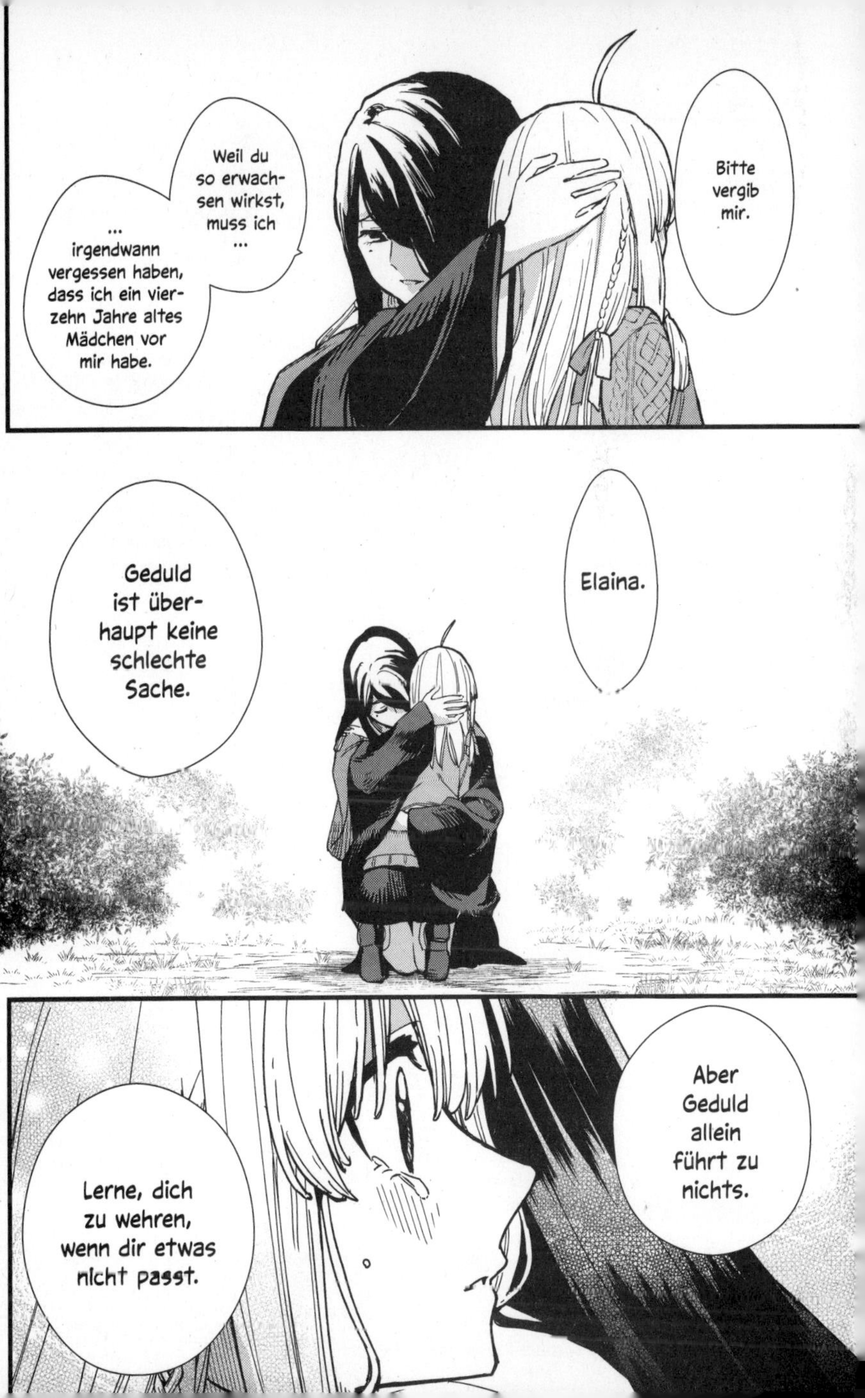
Bitte vergib mir.
Weil du so erwachsen wirkst, muss ich ...
... irgendwann vergessen haben, dass ich ein vierzehn Jahre altes Mädchen vor mir habe.
Elaina.
Geduld ist überhaupt keine schlechte Sache.
Aber Geduld allein führt zu nichts.
Lerne, dich zu wehren, wenn dir etwas nicht passt.

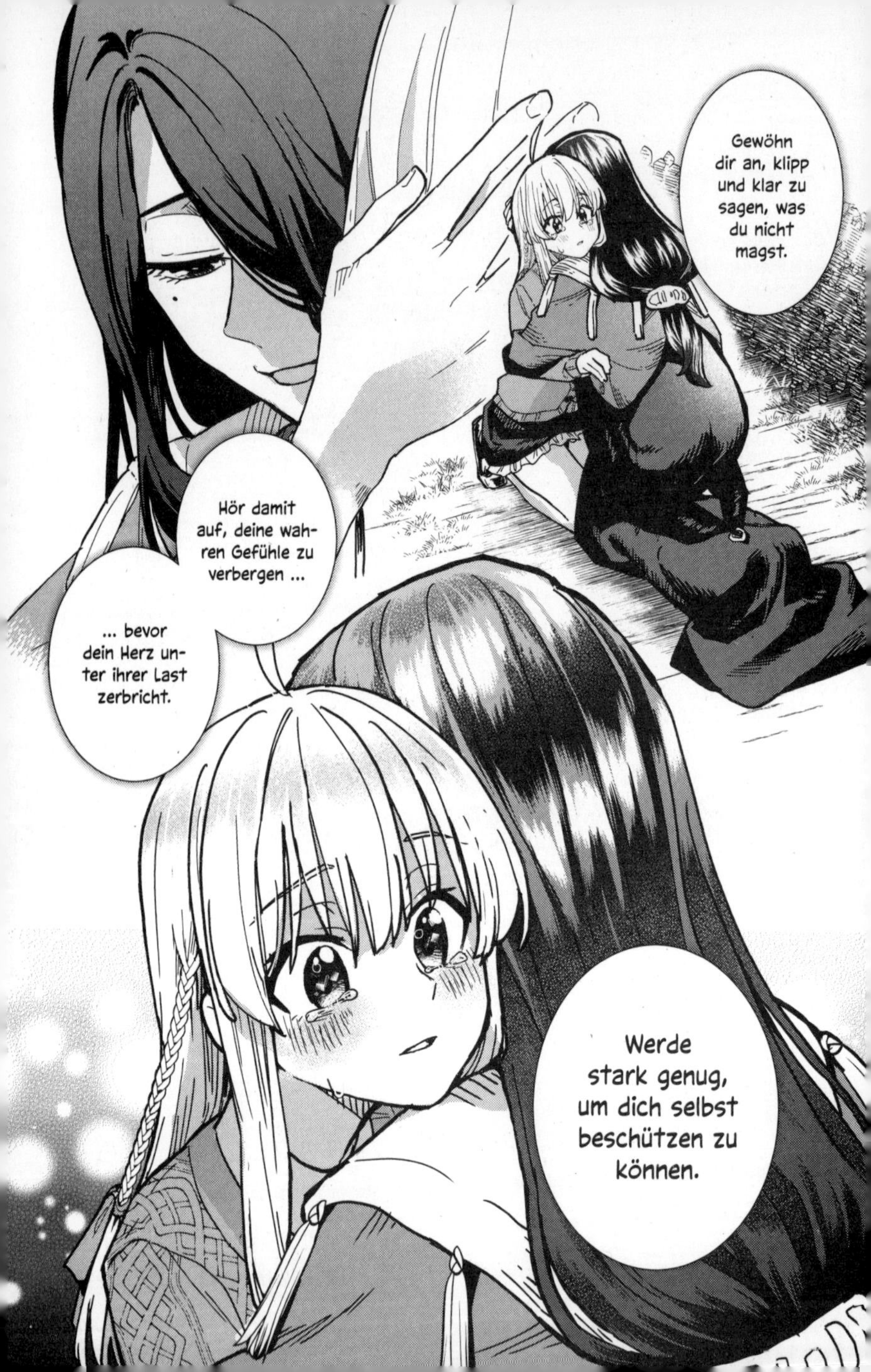
Gewöhn dir an, klipp und klar zu sagen, was du nicht magst.
Hör damit auf, deine wahren Gefühle zu verbergen ...
... bevor dein Herz unter ihrer Last zerbricht.
Werde stark genug, um dich selbst beschützen zu können.

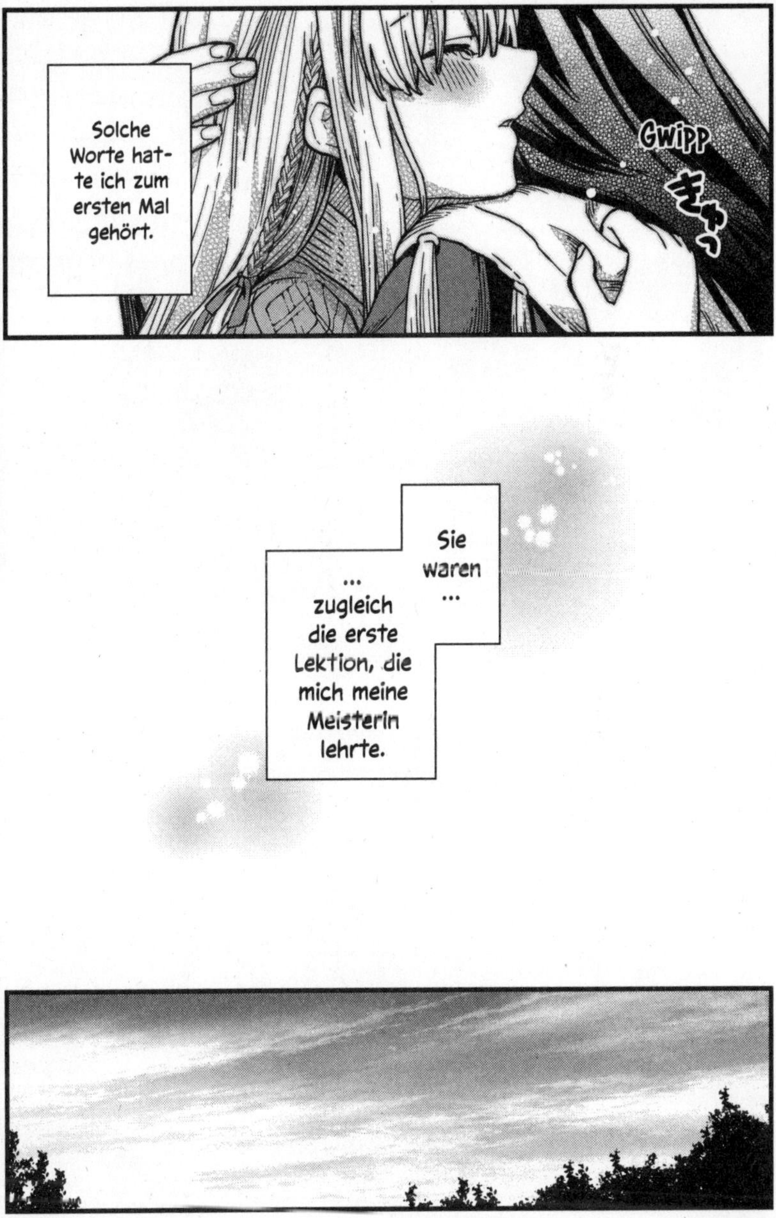
Solche Worte hatte ich zum ersten Mal gehört.
GWIPP
きゅっ
Sie waren ...
... zugleich die erste Lektion, die mich meine Meisterin lehrte.

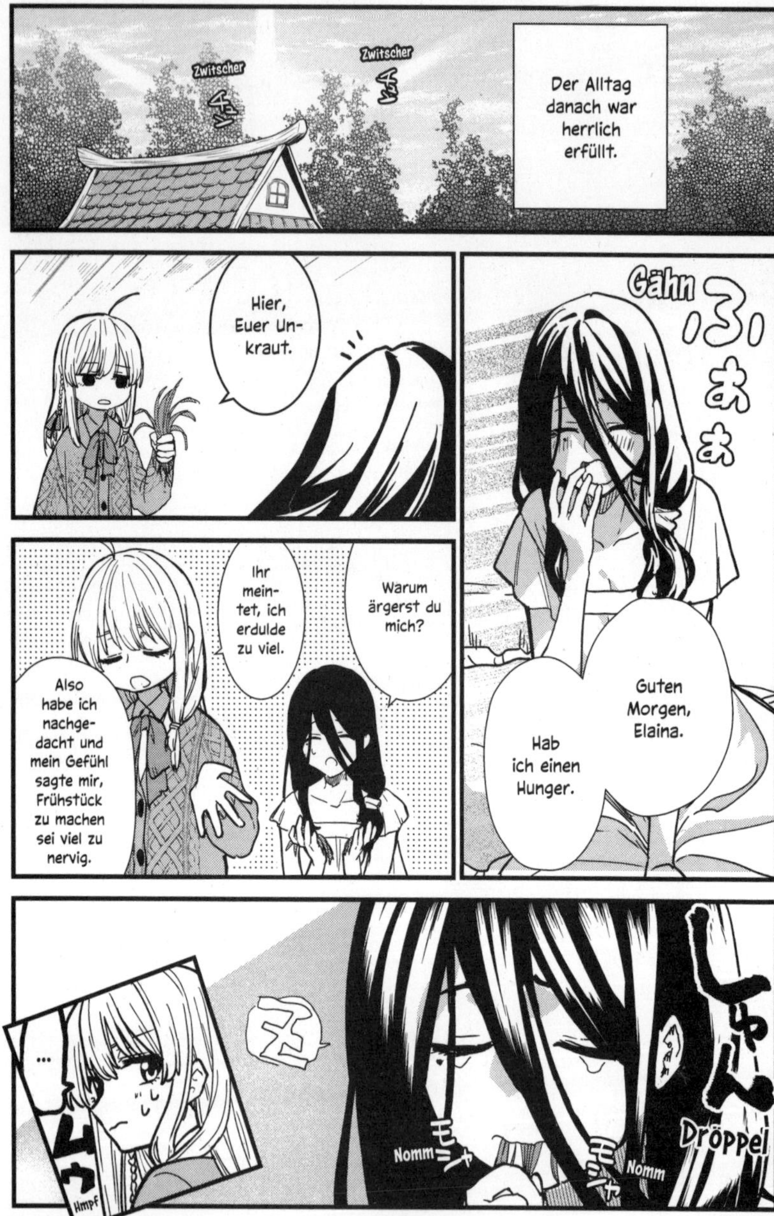
Der Alltag danach war herrlich erfüllt.
Zwitscher
Zwitscher
Gähn
Guten Morgen, Elaina.
Hab ich einen Hunger.
Hier, Euer Unkraut.
Warum ärgerst du mich?
Ihr meintet, ich erdulde zu viel.
Also habe ich nachgedacht und mein Gefühl sagte mir, Frühstück zu machen sei viel zu nervig.
Dröppel
Nomm
Nomm
...
Hmpf

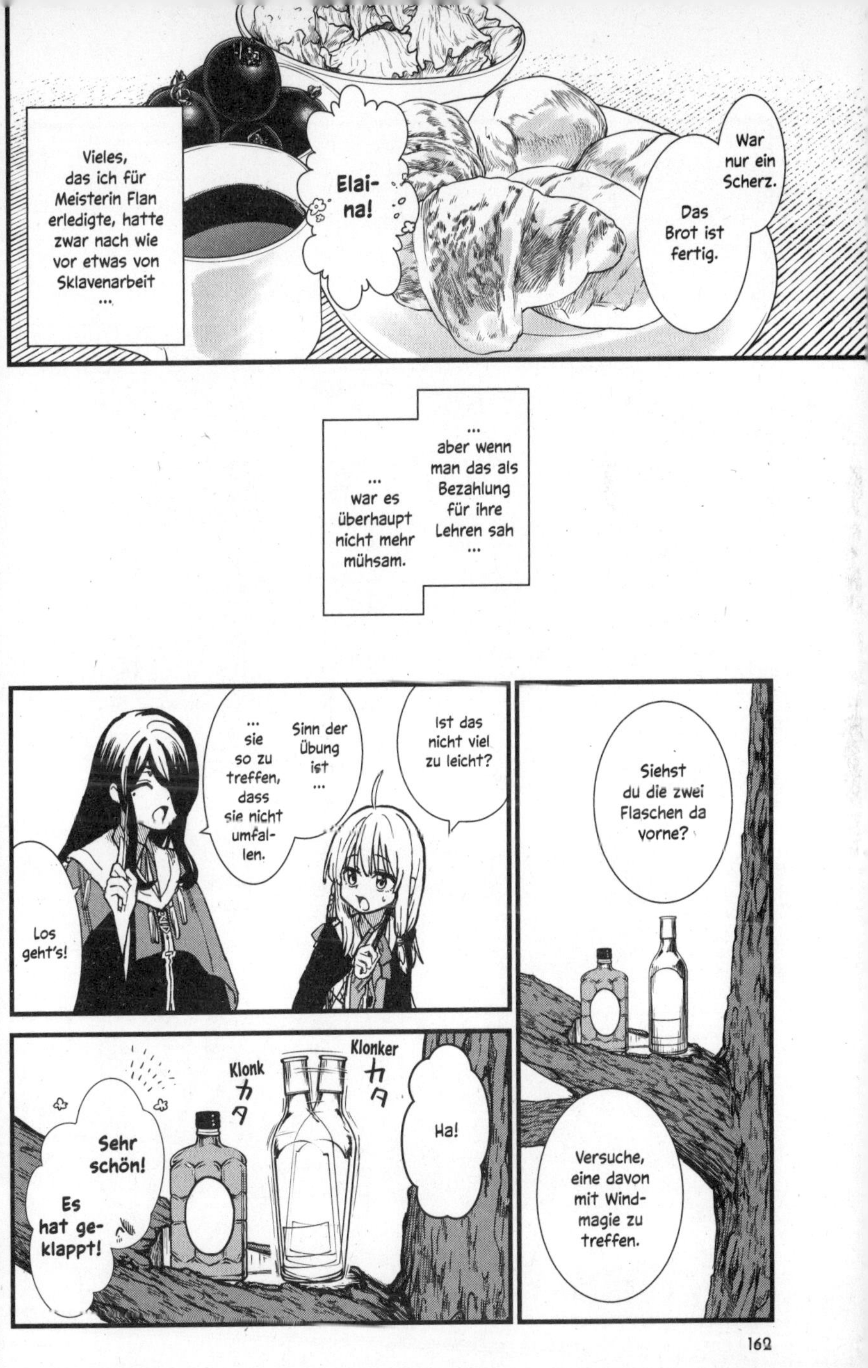
War nur ein Scherz. Das Brot ist fertig.
Elai-na!
Vieles, das ich für Meisterin Flan erledigte, hatte zwar nach wie vor etwas von Sklavenarbeit …
… aber wenn man das als Bezahlung für ihre Lehren sah …
… war es überhaupt nicht mehr mühsam.
Siehst du die zwei Flaschen da vorne?
Versuche, eine davon mit Wind-magie zu treffen.
Ist das nicht viel zu leicht?
Sinn der Übung ist …
… sie so zu treffen, dass sie nicht umfal-len.
Los geht's!
Ha!
Klonker
Klonk
Sehr schön!
Es hat ge-klappt!

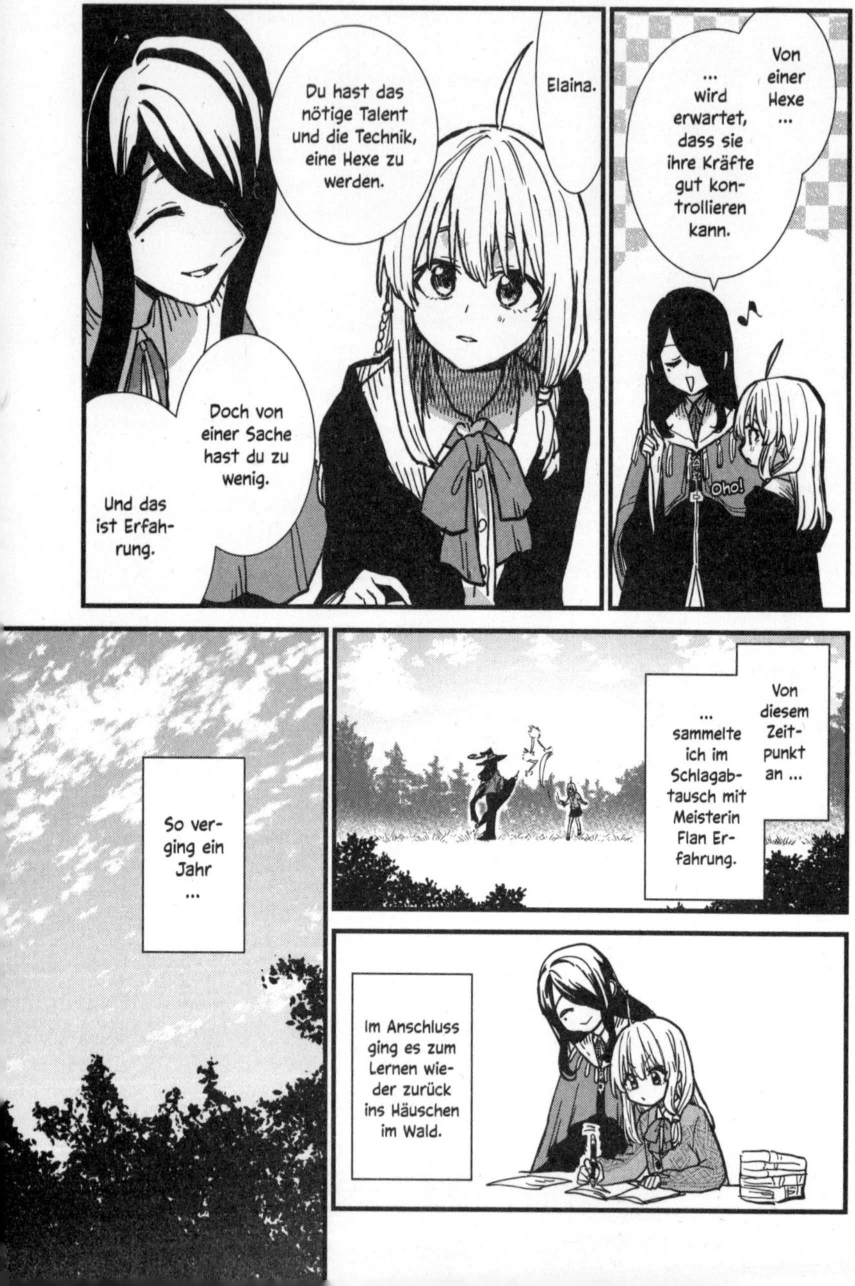
Du hast das nötige Talent und die Technik, eine Hexe zu werden.
Elaina.
Von einer Hexe ...
... wird erwartet, dass sie ihre Kräfte gut kontrollieren kann.
Doch von einer Sache hast du zu wenig.
Und das ist Erfahrung.
Oho!
So verging ein Jahr ...
Von diesem Zeitpunkt an ...
... sammelte ich im Schlagabtausch mit Meisterin Flan Erfahrung.
Im Anschluss ging es zum Lernen wieder zurück ins Häuschen im Wald.

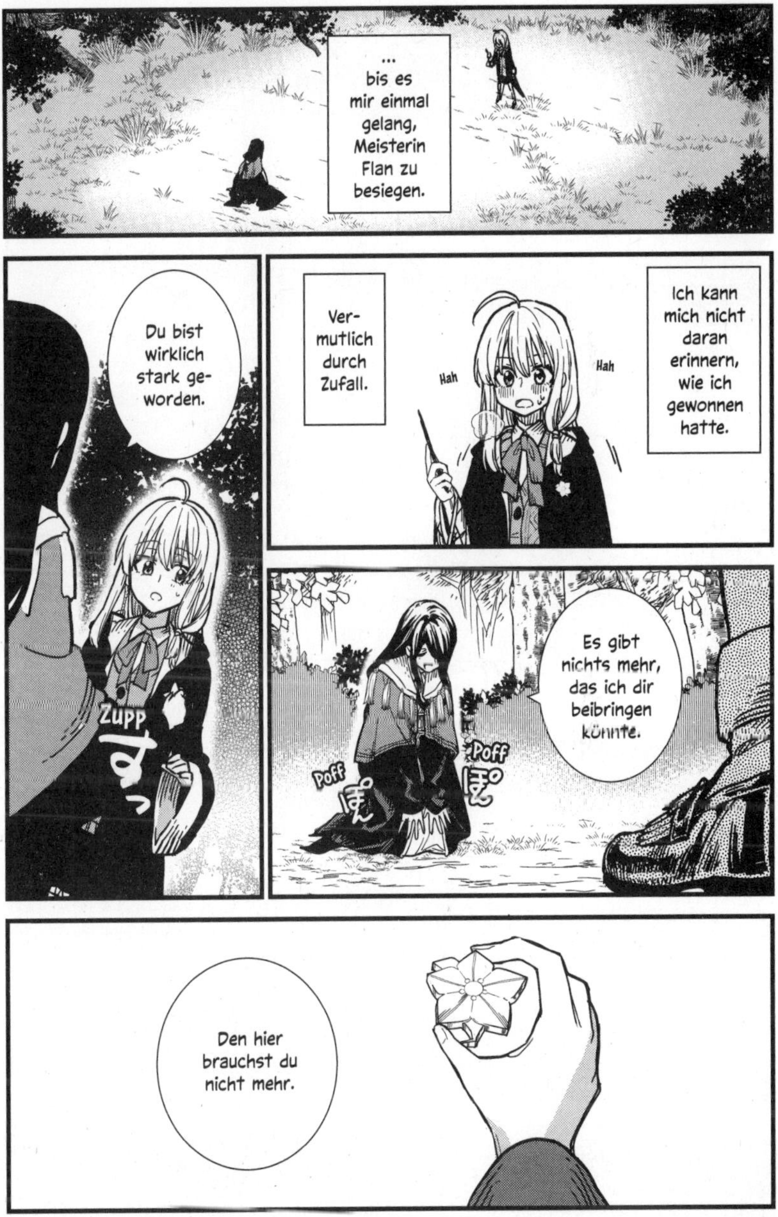
... bis es mir einmal gelang, Meisterin Flan zu besiegen.
Ich kann mich nicht daran erinnern, wie ich gewonnen hatte.
Hah
Hah
Vermutlich durch Zufall.
Es gibt nichts mehr, das ich dir beibringen könnte.
Poff
Poff
Du bist wirklich stark geworden.
Zupp
Den hier brauchst du nicht mehr.

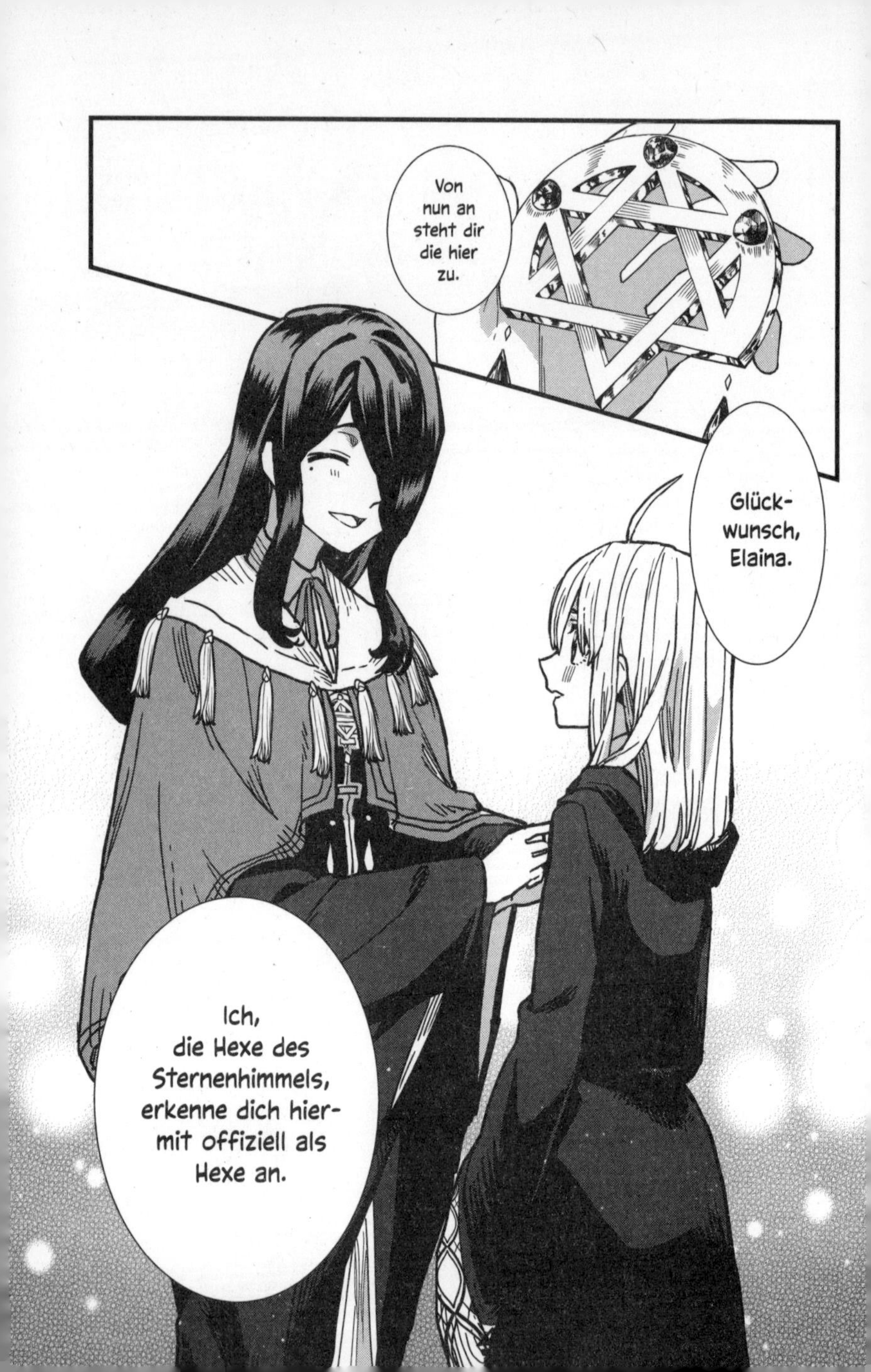
Von nun an steht dir die hier zu.
Glück-wunsch, Elaina.
Ich, die Hexe des Sternenhimmels, erkenne dich hiermit offiziell als Hexe an.

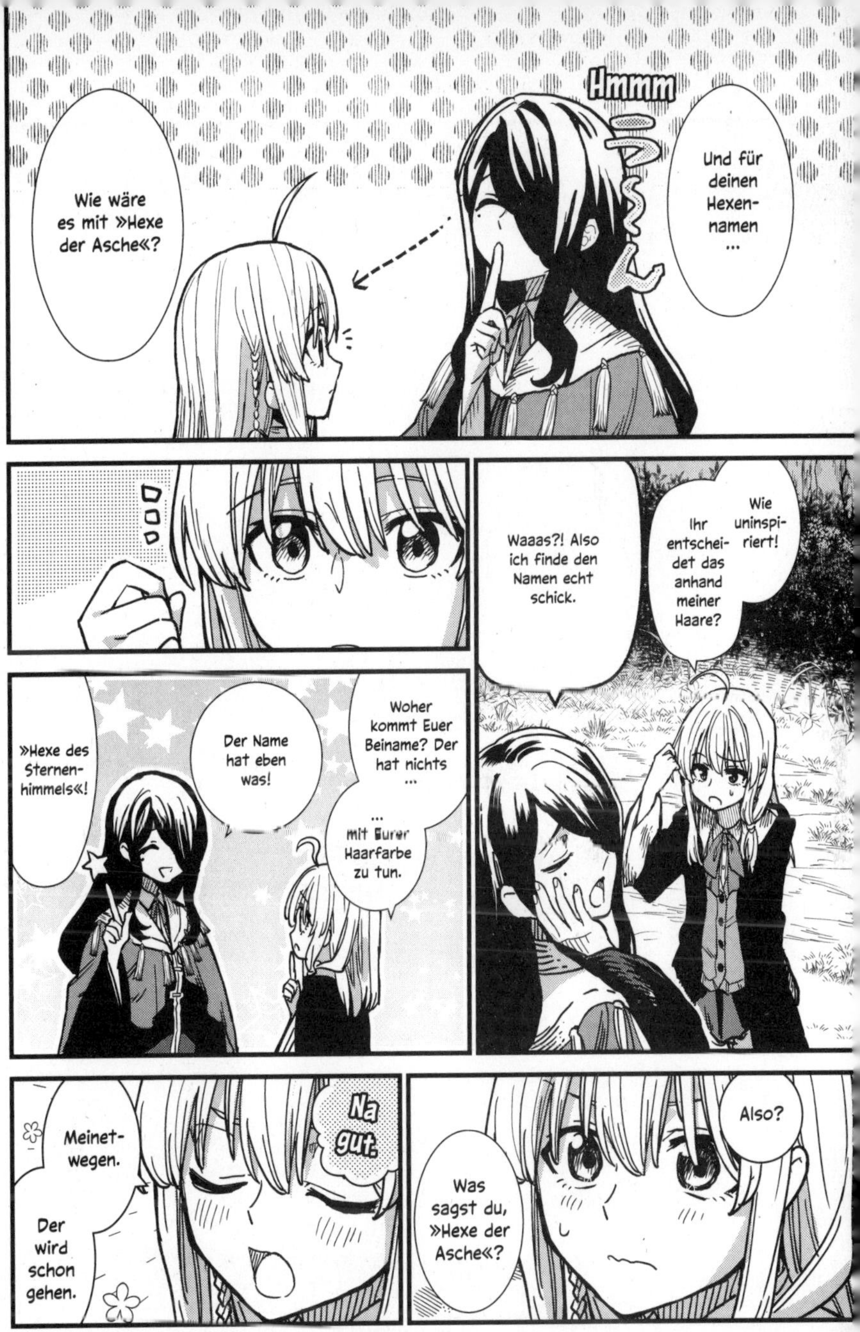
Hmmm
Und für deinen Hexennamen ...
Wie wäre es mit »Hexe der Asche«?
Wie uninspiriert!
Ihr entscheidet das anhand meiner Haare?
Waaas?! Also ich finde den Namen echt schick.
Woher kommt Euer Beiname? Der hat nichts ...
... mit Eurer Haarfarbe zu tun.
Der Name hat eben was!
»Hexe des Sternenhimmels«!
Also?
Was sagst du, »Hexe der Asche«?
Na gut.
Meinetwegen.
Der wird schon gehen.

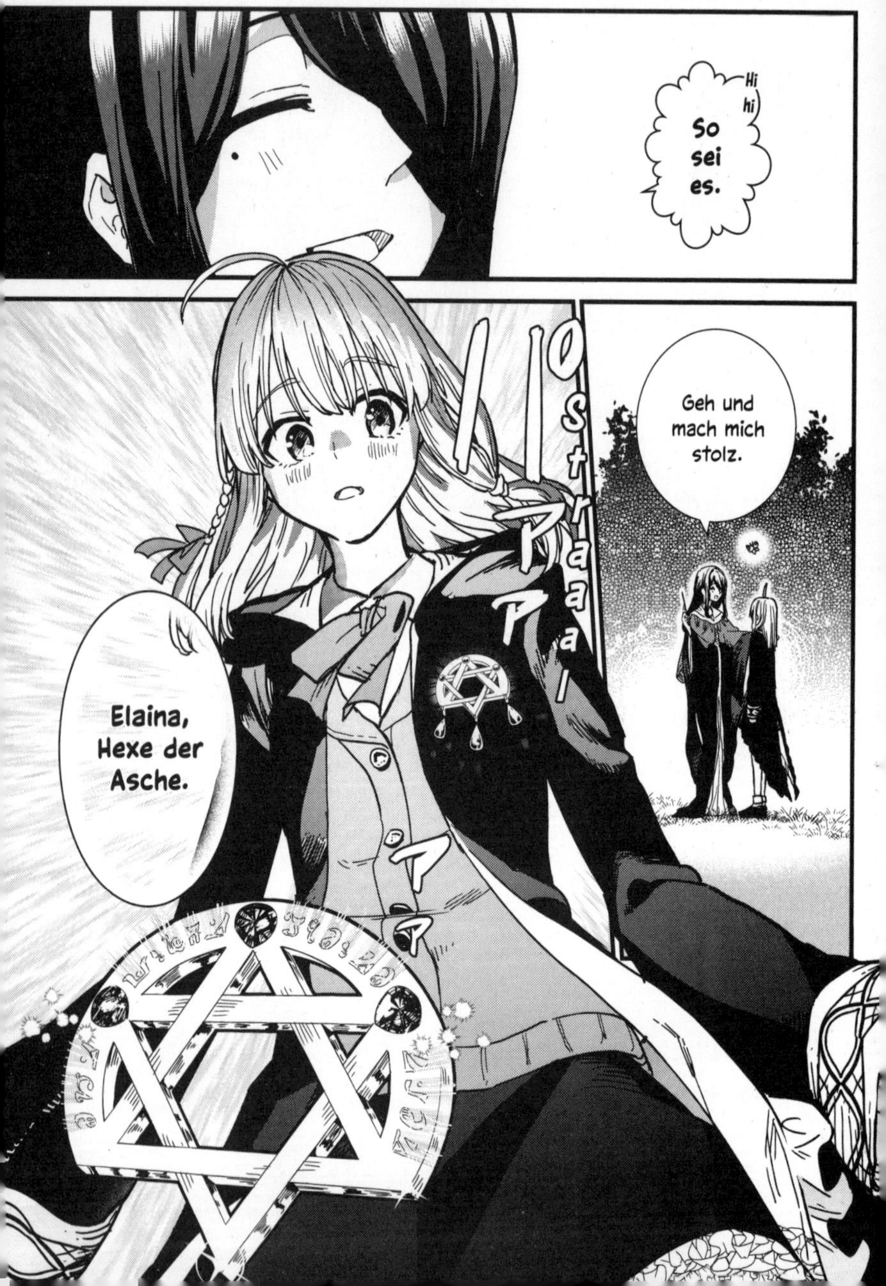
Hi hi
So sei es.
Geh und mach mich stolz.
Elaina, Hexe der Asche.
Straaaal

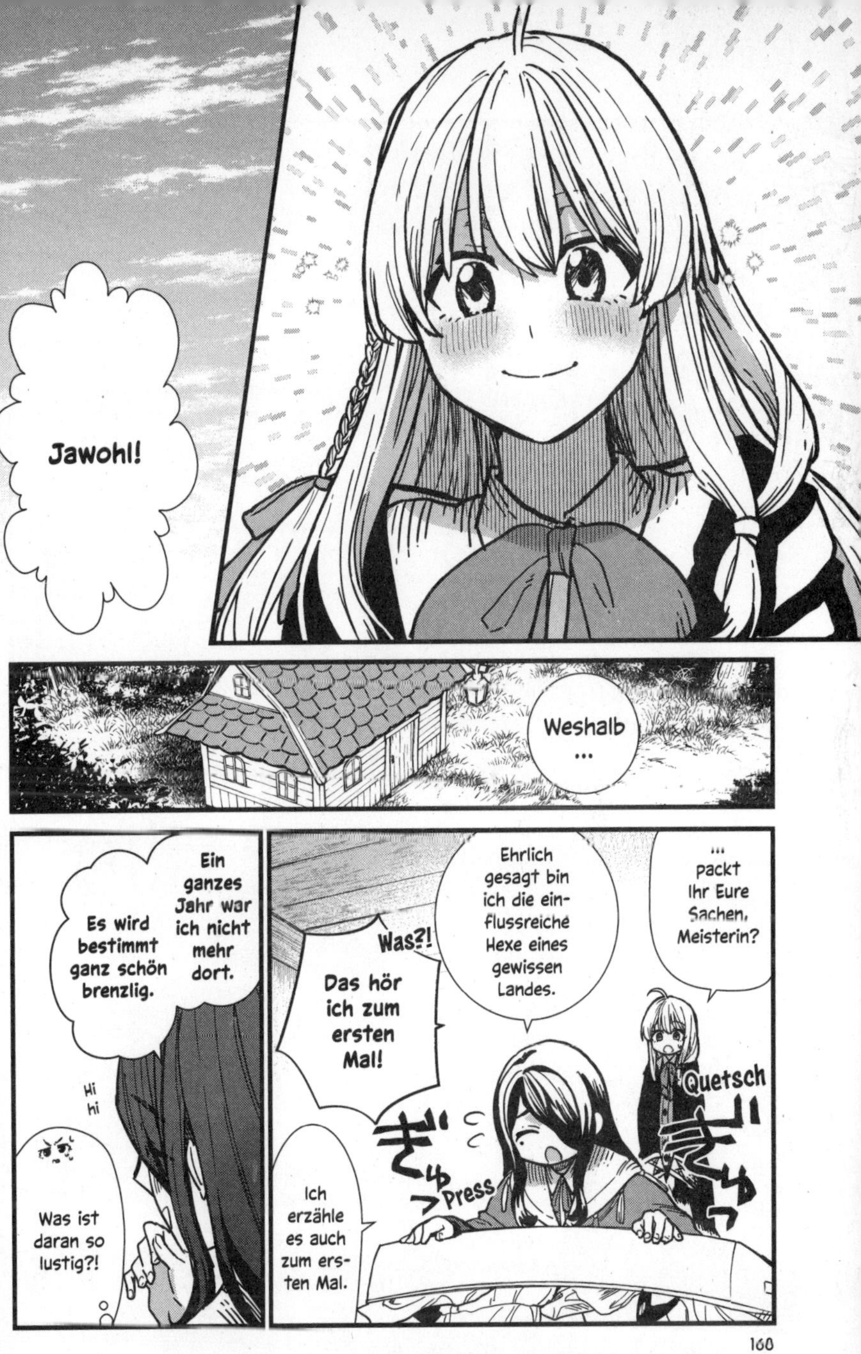
Jawohl!
Weshalb ...
... packt Ihr Eure Sachen, Meisterin?
Ehrlich gesagt bin ich die einflussreiche Hexe eines gewissen Landes.
Was?!
Das hör ich zum ersten Mal!
Ich erzähle es auch zum ersten Mal.
Quetsch
Press
Ein ganzes Jahr war ich nicht mehr dort.
Es wird bestimmt ganz schön brenzlig.
Hi hi
Was ist daran so lustig?!

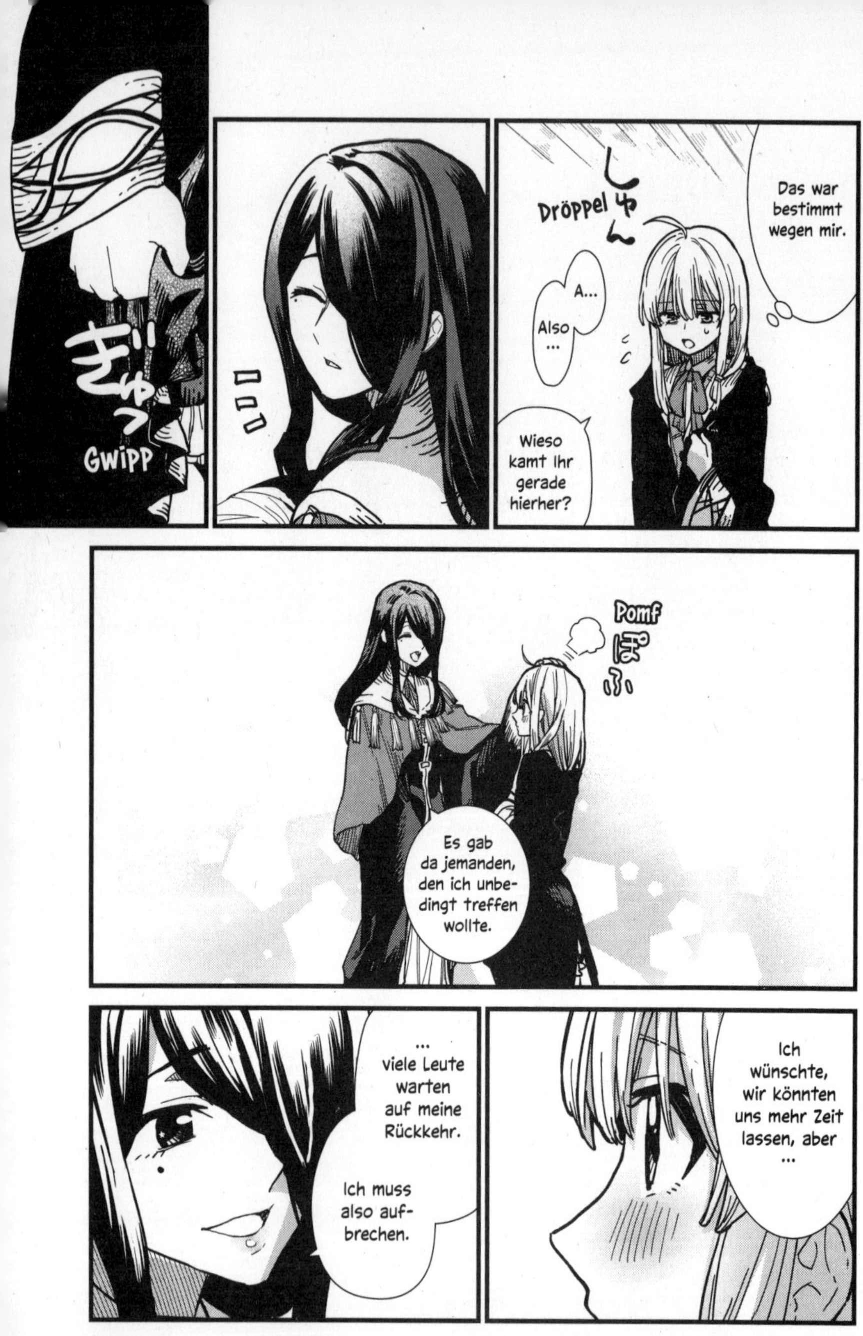
Das war bestimmt wegen mir.
しゅん
Dröppel
A...
Also ...
Wieso kamt Ihr gerade hierher?
ぎゅっ
GWIPP
Pomf
ぽふ
Es gab da jemanden, den ich unbedingt treffen wollte.
Ich wünschte, wir könnten uns mehr Zeit lassen, aber ...
... viele Leute warten auf meine Rückkehr.
Ich muss also aufbrechen.

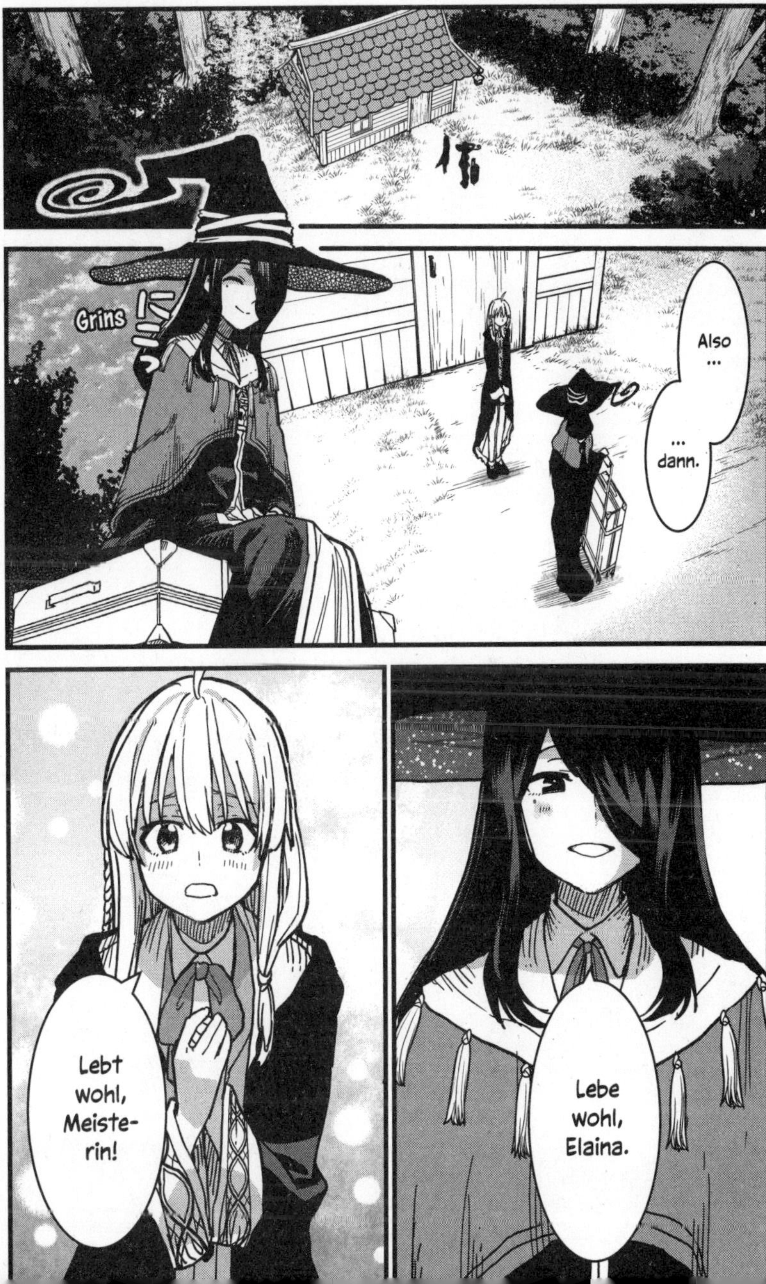

Also ...
... dann.
Grins にこっ
Lebe wohl, Elaina.
Lebt wohl, Meiste-rin!

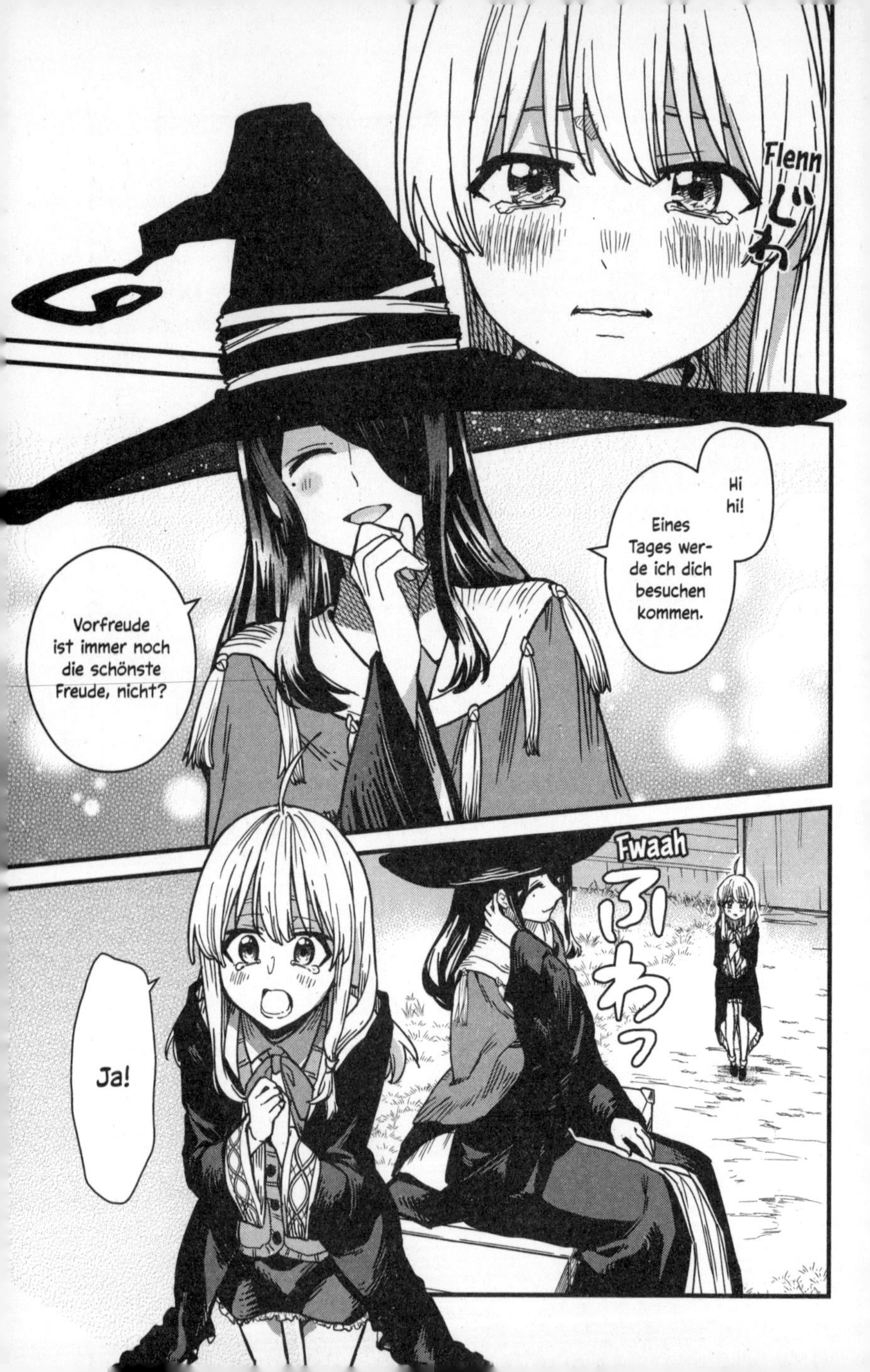
Flenn
じわ
Hi hi!
Eines Tages werde ich dich besuchen kommen.
Vorfreude ist immer noch die schönste Freude, nicht?
Fwaah
ふわっ
Ja!

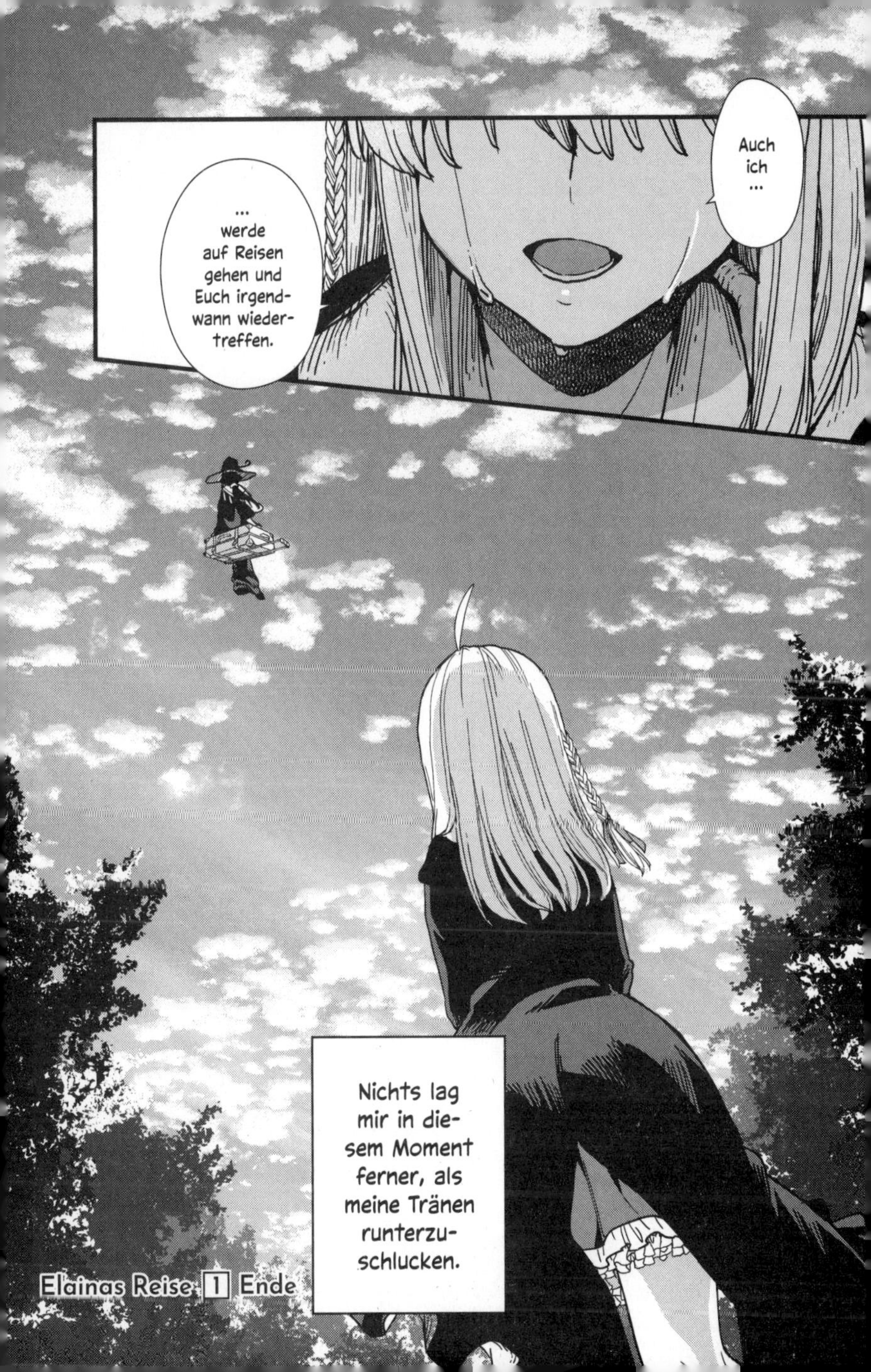
Auch ich ...
... werde auf Reisen gehen und Euch irgend- wann wieder- treffen.
Nichts lag mir in die- sem Moment ferner, als meine Tränen runterzu- schlucken.
Elainas Reise 1 Ende

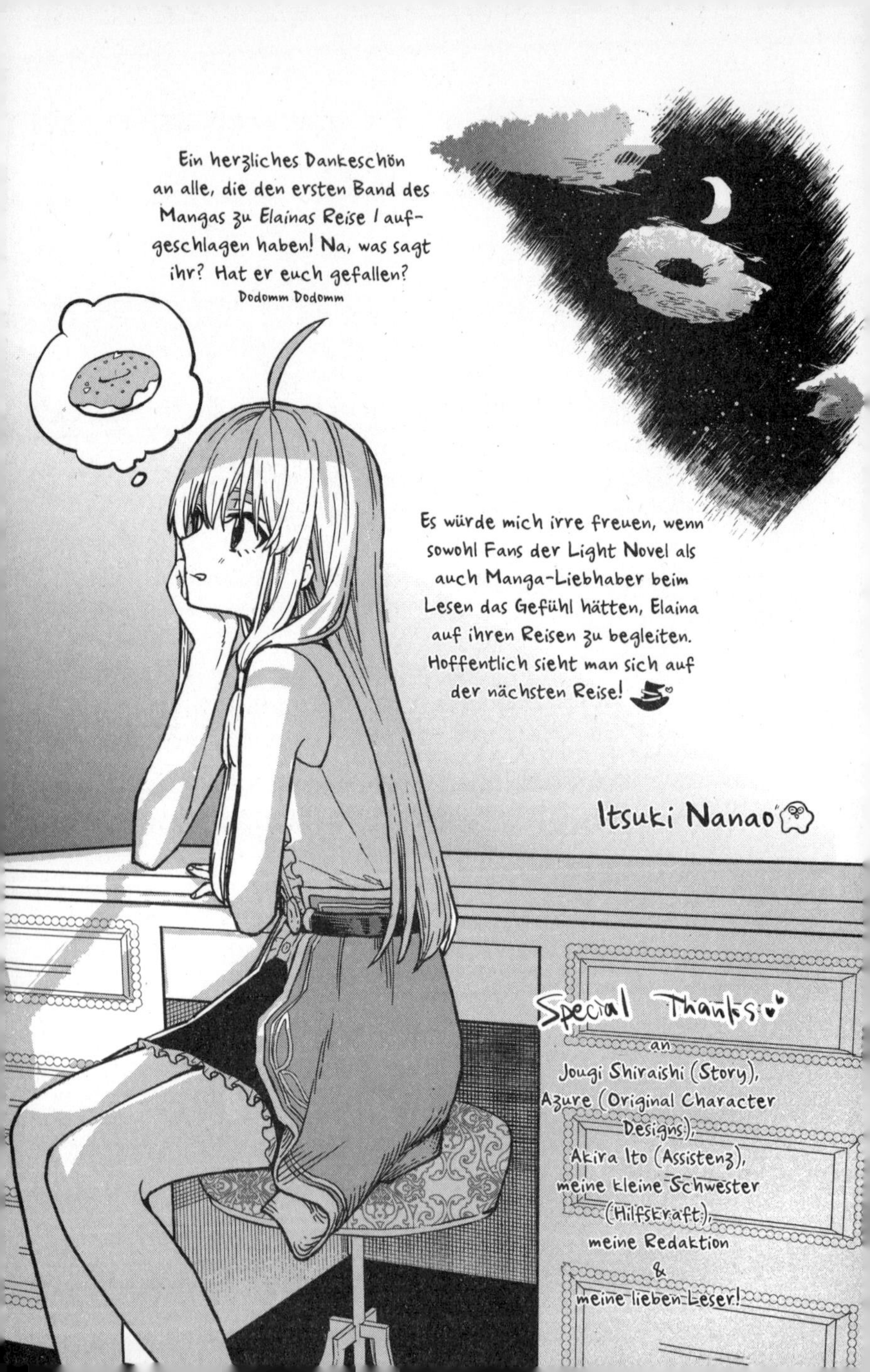
Ein herzliches Dankeschön an alle, die den ersten Band des Mangas zu Elainas Reise 1 aufgeschlagen haben! Na, was sagt ihr? Hat er euch gefallen?
Dodomm Dodomm
Es würde mich irre freuen, wenn sowohl Fans der Light Novel als auch Manga-Liebhaber beim Lesen das Gefühl hätten, Elaina auf ihren Reisen zu begleiten. Hoffentlich sieht man sich auf der nächsten Reise!
Itsuki Nanao
Special Thanks
an
Jougi Shiraishi (Story),
Azure (Original Character Designs),
Akira Ito (Assistenz),
meine kleine Schwester (Hilfskraft),
meine Redaktion
&
meine lieben Leser!

Was würdest du auf eine einsame Insel mitnehmen?

Jougi Shiraishi

»Elaina! Heute wollen wir unsere Vorstellungskraft bei einem kleinen Spiel fördern.«

Es begab sich noch zu meiner Ausbildungszeit, als mir Meisterin Flan ganz plötzlich diesen Vorschlag unterbreitete. Wir hatten eben erst unser Abendessen beendet und ich war dabei, das Geschirr abzuräumen.

»Was denn für ein Spiel?«, wollte ich wissen, woraufhin die Meisterin prompt einen vollgezeichneten Papierbogen auf dem Tisch ausbreitete.

»Es ist schrecklich! Du bist auf einer einsamen Insel gestrandet und musst dort eine Woche ausharren, bis endlich Hilfe kommt. Als du schon drauf und dran bist, den Mut zu verlieren, findest du einen Gegenstand, der am Strand angespült wurde. Um was für einen Gegenstand handelt es sich? Gib auch einen Grund für deine Antwort.«

»Hm ...«

Verstehe! Es ist das allseits bekannte Szenario, bei dem man sich für eine Sache entscheiden soll, die einem das Überleben auf einer einsamen Insel garantiert. Als Magierin bin ich vielleicht noch nicht ausgereift, aber so etwas sollte mir wirklich kein Kopfzerbrechen bereiten.

»Es ist ein Zauberstab. Dank des angeschwemmten Stabs gelingt es mir, die Pflanzen der Insel essbar zu machen – die restliche Woche zu überleben wird damit ein Klacks!«

Magie macht schließlich alles möglich. Dementsprechend selbstsicher fiel auch meine Antwort aus.

»Schade, schade. Akuter Fleischmangel zwang dich zu einer einseitigen Ernährung und du musstest ins Gras beißen. Ruhe in Frieden.«

»Warum denn das?«

»Wenn man sich beim Essen nicht genug Gedanken um eine ausgewogene Ernährung macht, wird man ernsthaft krank!«

Nach nur einer Woche ohne Fleisch wird man ja wohl noch nicht den Löffel abgeben ...

»Dann ist es eben ein Besen. Ich nehme also den Besen und verlasse damit die Insel.«

»Bedauerlich. Der Flug übers Meer entkräftet dich so sehr, dass du vor lauter Erschöpfung stirbst.«

»…«

Gut, eine halbe Ewigkeit übers Meer zu fliegen, wäre wohl wirklich ein Ding der Unmöglichkeit.

»Was soll man dann mitnehmen?«

Ich gab vorzeitig auf und bat um die richtige Antwort.

»Hm? Sollte es für eine Magierin nicht klar wie Kloßbrühe sein, dass sie ihren Zauberstab mitzunehmen hat?«

»Dann war meine erste Antwort doch korrekt!«

»Die Details aber nicht, Elaina!«

Meisterin Flan zeichnete nun Schweinchen, Kühe, Vögel – allerlei Viehzeugs eben – auf unsere nur im Papierformat existierende einsame Insel.

»Du bist auf einer einsamen Insel gestrandet. Menschen triffst du zwar nicht, aber es wimmelt dort nur so von Tieren.«

Damit hätte ich, merkte sie dann noch rotzfrech an, eine ausgewogene Ernährung gehabt und locker überlebt.

»Das ist doch total unfair!«

»Ich hab doch gleich angekündigt, dass es bei dem Spiel darum geht, deine Vorstellungskraft zu fördern! Um in unserer unerbittlichen Welt zu überleben, muss man seinen Horizont erweitern. Das war Sinn der Sache. Und da deine Antwort falsch war, übernimmst du heute für mich den Abwasch.«

»…«

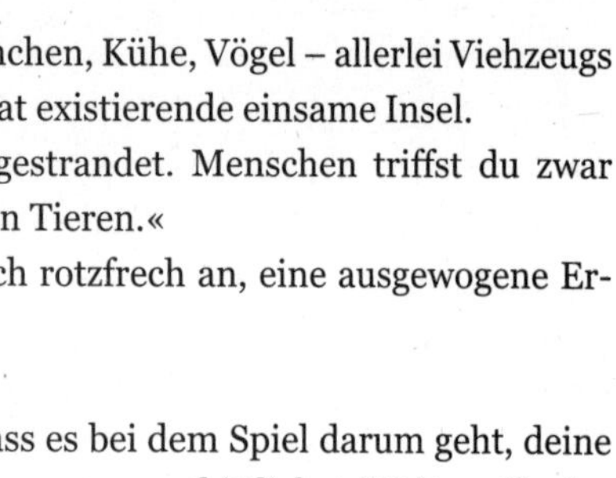

Also so geht's ja nun nicht!

»Weshalb denn?!«

Als sie sah, wie finster ich meine Augen zusammenkniff, kicherte sie laut auf.

»Hm? Konntest du dir diesen Ausgang etwa nicht *vorstellen*, als ich dich zum Spiel genötigt habe?«

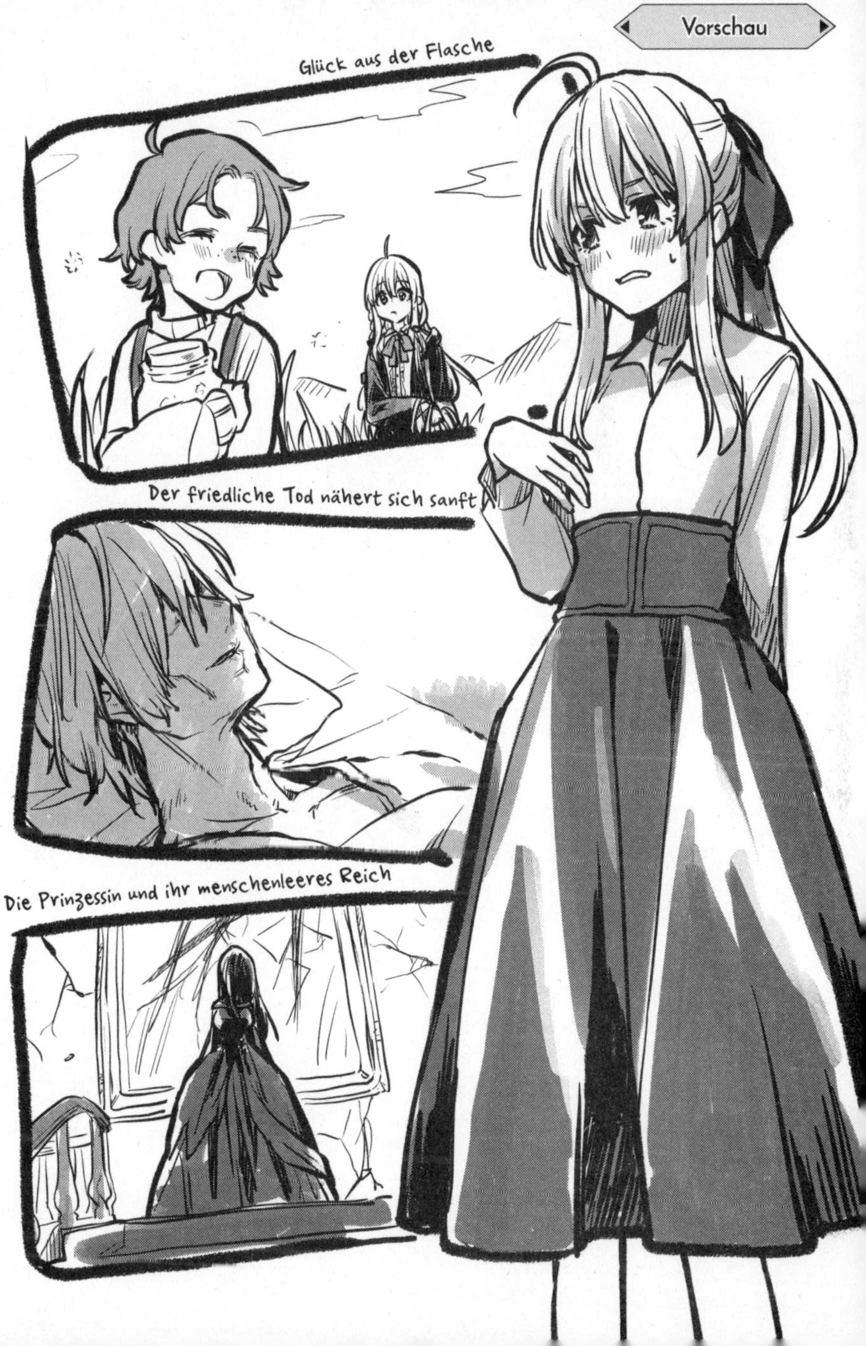
Vorschau
Glück aus der Flasche
Der friedliche Tod nähert sich sanft
Die Prinzessin und ihr menschenleeres Reich

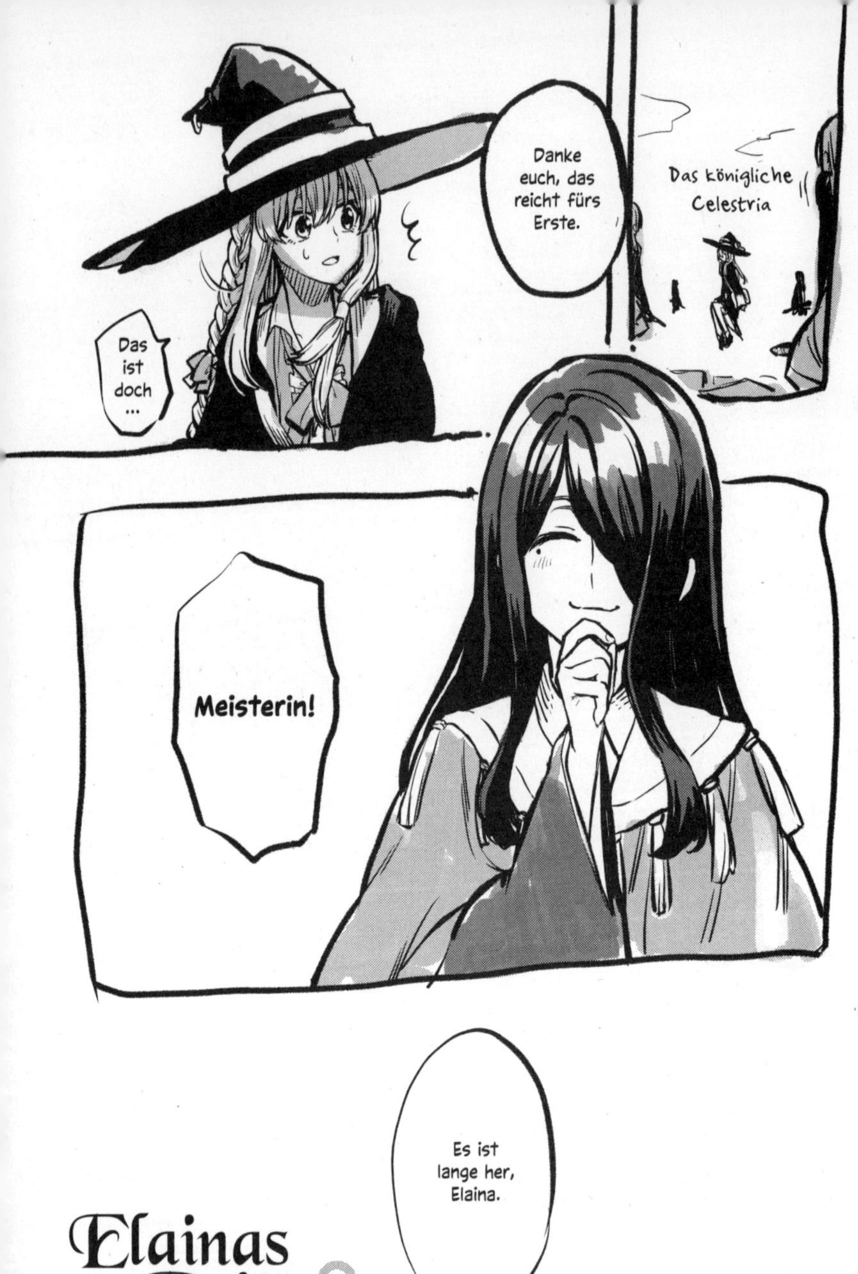
Das königliche Celestria
Danke euch, das reicht fürs Erste.
Das ist doch ...
Meisterin!
Es ist lange her, Elaina.
Elainas Reise 2

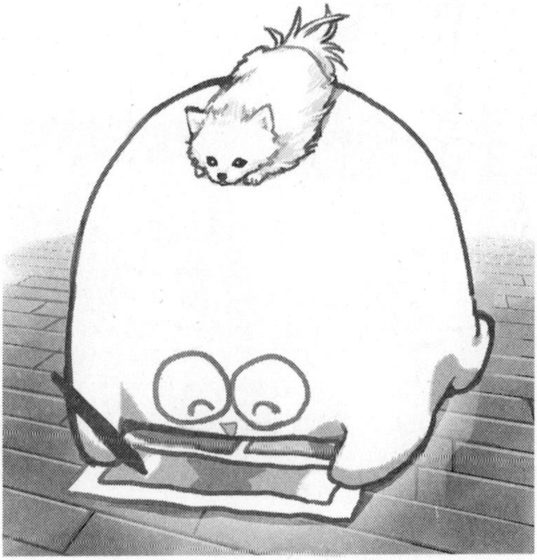

Itsuki Nanao

Ich habe zum ersten Mal das Vergnügen, die Illustrationen einer Mangaversion übernehmen zu dürfen. Puh, ist das aufregend! Es wäre mir echt ein Fest, wenn sich sowohl Fans der Light Novel wie auch Manga-Liebhaber gleichermaßen unterhalten fühlen würden!

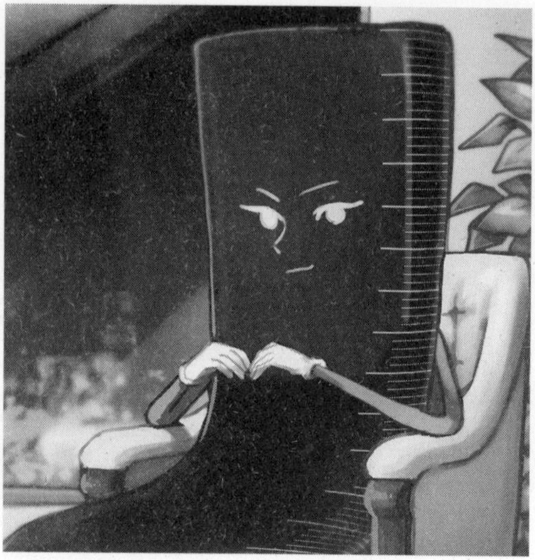

Jougi Shiraishi

Damit wurde der Manga also veröffentlicht, jawoll! Passt mir ja gut auf meine unschuldige, liebe, herzensgute und zuckersüße Elaina auf! Jougi Shiraishi, over and out!

altraverse

Deutsche Ausgabe / German Edition
Altraverse GmbH – Hamburg 2024
Aus dem Japanischen von Manuel Chillagano

MAJO NO TABITABI. vol. 01

First published in Japan in 2019 by SQUARE ENIX CO., LTD.
German translation rights arranged with SQUARE ENIX CO., LTD.
and Altraverse GmbH through Tuttle-Mori Agency, Inc.

Redaktion: Kathrin Zimon
Herstellung: Shujun Wong
Lettering: Vibrant Publishing Studio

Druck: Nørhaven A/S, Viborg
Printed in Denmark

MIX
Papier | Fördert gute Waldnutzung
FSC® C104608
FSC www.fsc.org

ISBN 978-3-96358-595-1
2. Auflage 2024

www.altraverse.de